逢庐文丛 第二辑

周询　著
任竞　王志昆　校注
刘重来　熊宪光　学术审稿

西南師範大學出版社
国家一级出版社　全国百佳图书出版单位

图书在版编目(CIP)数据

逢庐文丛. 第二辑 / 周询著 ; 任竞, 王志昆校注
. — 重庆 : 西南师范大学出版社, 2020.12
(巴渝文库)
ISBN 978-7-5697-0670-3

Ⅰ. ①逢… Ⅱ. ①周… ②任… ③王… Ⅲ. ①周询—文集 Ⅳ. ①C52

中国版本图书馆CIP数据核字(2020)第264780号

逢庐文丛第二辑
FENGLU WENCONG DI-ER JI
周询 著 任竞 王志昆 校注

责任编辑:何雨婷
特约编辑:姚良俊
装帧设计:王芳甜

西南师范大学出版社
国家一级出版社 全国百佳图书出版单位
重庆市北碚区天生路2号 邮政编码:400715 http://www.xscbs.com
西南师范大学出版社制版
重庆升光电力印务有限公司印刷
西南师范大学出版社发行
邮购电话:023-68868624
全国新华书店经销

开本:787mm×1092mm 1/16 印张:16.25 字数:300千
2020年12月第1版 2020年12月第1次印刷
ISBN 978-7-5697-0670-3
定价:128.00元

如有印装质量问题,请向本单位物流中心调换:023-68868824

《巴渝文库》编纂委员会

（以姓氏笔画为序）

《巴渝文库》专家委员会

（以姓氏笔画为序）

《巴渝文库》办公室成员

（以姓氏笔画为序）

王志昆　艾智科　刘向东　杜芝明　李远毅　别必亮　张　进
张　瑜　张永洋　张荣祥　陈晓阳　周安平　郎吉才　袁佳红
黄　璜　曹　璐　温相勇

总序

蓝锡麟

两百多万字的《巴渝文献总目》编成出版发行，一部七册，相当厚实。它标志着，历经七年多的精准设计、切实论证和辛勤推进，业已纳入《重庆市国民经济和社会发展第十三个五年规划纲要》的《巴渝文库》编纂工程，取得了第一个硕重的成果。它也预示着，依托这部重庆历史上前所未有的大书所摸清和呈显的巴渝文献的可靠家底，对巴渝文化的挖掘、阐释、传承和弘扬，都有可能进入一个崭新的阶段。

《巴渝文库》是一套以发掘梳理、编纂出版为主轴，对巴渝历史、巴渝人文、巴渝风物等进行广泛汇通、深入探究和当代解读，以供今人和后人充分了解巴渝文化、准确认知巴渝文化，有利于存史、传箴、资治、扬德、励志、育才的大型丛书。整套丛书都将遵循整理、研究、求实、适用的编纂方针，运用系统、发展、开放、创新的文化理念，力求能如宋人张载所倡导的“为天地立心，为生民立命，为往圣继绝学，为万世开太平”那样，对厘清巴渝文化文脉，光大巴渝文化精华，作出当代文化视野所能达致的应有贡献。

这其间有三个关键词，亦即“巴渝”“文化”和“巴渝文化”。

“巴渝”称谓由来甚早。西汉司马相如的《上林赋》中，即有“巴俞(渝)宋蔡，淮南《于遮》”的表述，桓宽的《盐铁论·刺权篇》也有“鸣鼓巴俞(渝)，交作于堂下”的说法。西晋郭璞曾为《上林赋》作注，指认“巴西阆中有俞(渝)水，僚居其上，皆刚勇好舞。初，高祖募取，以平三秦，后使乐府习之。因名‘巴俞(渝)舞’也”。从前后《汉书》到新旧《唐书》等正史，以及《三巴记》《华阳国志》等方志中，都能见到“巴渝乐”“巴渝舞”的记载。据之不难判定，“巴渝”是一个得名颇久远的地域历史概念，它泛指的是先秦巴国、秦汉巴郡辖境所及，中有渝水贯注的广大区域。当今重庆市，即为其间一个至关重要的组成部分，并且堪称主体部分。

关于“文化”的界说，古今中外逾百种，我们只取在当今中国学界比较通用的一种。马克思在《1844年经济学哲学手稿》里指出：“动物只生产自己本身，而人则再生产整个自然界。”因此，“自然的人化”，亦即人类超越本能的、有意识地作用于自然界和社会的一切创造性活动及其物质、精神产品，就是广义的文化。在广义涵蕴上，文化与文明大体上相当。广义文化的技术体系和价值体系建构两极，两极又经由语言和社会结构组成文化统一体。其中的价值体系，即与特定族群的生产方式和生活方式相适应，构成以语言为符号传播的价值观念和行为准则，通常被称为观念形态，就是狭义的文化。文字作为语言的主要记载符号，累代相积地记录、传播和保存、认证人类文明的各种成果，即形成跨时空的基本文献。随着人类文明的进步，文献的生成形式日益增多，但任何别的形式都取代不了文字的文献主体地位。以文字为主体的文献直属于狭义文化，具有知识性特征，同时也是广义文化的价值结晶。《巴渝文库》的“文”即专指以文字为主体的文献，整部丛书都将依循上述认知从文献伸及文化。

将“巴渝”和“文化”两个概念链接起来和合为一，标举出“巴渝文化”特指概念，乃是二十世纪中后期发生的事。肇其端，在于卫聚贤主编的《说文月刊》，1941年10月在上海，1942年8月在重庆，先后发表了他本人撰写的《巴蜀文化》一文，并以“巴蜀文化专号”名义合计发表了25篇相关专题文章，破天荒揭橥了巴蜀文化的基本内涵。继其后，从五十年代到九十年代，以成渝两地的学者群作为学术研究主体，也吸引了全国学界一些专家的关注和参与，对巴蜀文化的创新探究逐步深化、丰富和拓展，并由“巴蜀文化”总体维度向“巴蜀文明”“巴渝文化”两个向度切分、提升和衍进。在此基础上，以1989年11月重庆市博物馆编辑、重庆出版社出版第一辑《巴渝文化》首树旗帜，经1993年秋在渝召开“首届全国巴渝文化学术研讨会”激扬波澜，到1999年间第四辑《巴渝文化》结集面世，确证了“巴渝文化”这一地域历史文化概念的提出和形成距今已达近三十年，且已获得全国学界的广泛认同。黎小龙所撰《“巴蜀文化”“巴渝文化”概念及其基本内涵的形成与嬗变》一文，对其沿革、流变及因果考镜翔实，梳理通达，足可供而今而后一切关注巴渝文化的人溯源知流，辨伪识真。

从中不难看出，巴蜀文化与巴渝文化不是并列关系，而是种属关系，彼此间有同有异，可合可分。用系统论的观点考察种属，自古及今，巴蜀文化都是与荆楚文化、吴越文化同一层级的长江流域文化的一大组成部分，巴渝文化则是巴蜀文化的一个重要分支。自先秦迄于两汉，巴渝文化几近巴文化的同义语，与蜀文化共融而成巴蜀文化。魏晋南北朝以降，跟巴渝相对应的行政区划迭有变更，仅言巴渝渐次不能遍及巴，但是，在巴渝文化的核心区、主体圈和辐射面以内，巴文化与蜀文化的兼容性和互补性，或者一言以蔽之曰同质性，仍然不可移易地扎根存在，任何时势下都毋庸置疑。而与之同时，大自然的伟力所造就的巴渝山水地质地貌，又以不依任何人的个人意志为转移的超然势能，对于生息其间的历代住民的生产方式和生活方式施予重大影响，从而决定了巴人与蜀人的观念取向和行为取向不尽一致，各有特色。再加上巴渝地区周边四向，除西之蜀外，东之楚、南之黔、北之秦以及更广远的中原地区，其文化都会与之相互交流、渗透和浸润，其中楚文化与巴文化的相互作用尤其不可小觑，这就势所必至地导致了巴渝文化之于巴蜀文化会有某些异质性。既具同质性，又有异质性，共生一体就构成了巴渝文化的特质性。以此为根基，在尊重巴蜀文化对巴渝文化的统摄地位的前提下，将巴渝文化切分出来重新观照，切实评价，既合乎逻辑，也大有可为。

楚文化对于巴渝文化的深远影响仅次于蜀文化，历史文献早有见证。《华阳国志·巴志》指出：“江州以东，滨江山险，其人半楚，姿态敦重。垫江以西，土地平敞，精敏轻疾。上下殊俗，情性不同。”这正是巴、楚两种文化交相作用的生动写照。就地缘结构和族群渊源而言，恰是长江三峡的自然连接和荆巴先民的人文交织，造成了巴、楚地域历史文化密不可分。理当毫不含糊地说，巴渝文化地域恰是巴蜀文化圈与荆楚文化圈的边缘交叉地带。既边缘，又交叉，正负两端效应都有。正面的效应，主要体现在有利于生成巴渝文化的开放、包容、多元、广谱结构走向上。而负面的效应，则集中反映在距离两大文化圈的核心地区比较远，在社会生产力和文化传播力比较低下的古往年代，无论在广义层面，还是在狭义层面，巴渝文化的演进发展都难免于相对滞后。负面效应贯穿先秦以至魏晋南北朝时期，直至唐宋才有根本的改观。

地域历史的客观进程即是构建巴渝文化的学理基石。当第四辑《巴渝文化》出版面世时，全国学界已对巴渝文化概念及其基本内涵取得不少积极的研究成果，认为巴渝文化是指以今重庆为中心，辐射川东、鄂西、湘西、黔北这一广大地区内，从夏商至明清乃至于近现代的物质文化和精神文化的总和，已然成为趋近共识的地域历史文化界说。《巴渝文库》自设计伊始，便认同这一界说，并将其贯彻编纂全过程。但在时空界线上略有调整，从有文物佐证和文字记载的商周之际开始，直至1949年9月30日为止，举凡曾对今重庆市以及周边相关的历代巴渝地区的历史进程产生过影响，留下过印记，具备文献价值，能够体现巴渝文化的基本内涵的各种信息记录，尤其是得到自古及今广泛认同的著作乃至单篇，都在尽可能搜集、录入和整理、推介之列，当今学人对于巴渝历史、巴渝人文、巴渝风物等的开掘、传扬性研究著述也将与之相辅相成。一定意义上，它也可以叫《重庆文库》，然而不忘文化渊源，不忘文化由来，还是命名《巴渝文库》顺理成章。

必须明确指出，《巴渝文库》瞩目的历代文献，并非一概出自巴渝本籍人士的手笔。因为一切文化得以生成和发展，注定都是在其滋生的热土上曾经生息过的所有人，包括历代的本籍人和外籍人，有所发现、有所创造的累积式的共生结果，不应当流于偏执和狭隘。对巴渝文化而言，珍重和恪守这一理念尤关紧要。唐宋时期和抗战时期，毫无疑义是巴渝文化最辉煌的两大时段，抗战时期尤其代表着当时中国的最高成就。在这两大时段中，非巴渝籍人士确曾有的发现和创造，明显超过了巴渝本籍人士，排斥他们便会自损巴渝文化。在其他的时段中，无分籍贯的共生共荣也是常态。所以我们对于文献的收取原则，是不分彼此，一视同仁，尊重历史，敬畏前贤。只不过，有惩于诸多发抉限制，时下文本还做不到应收尽收，只能做到尽力而为。拾遗补阙之功，容当俟诸后昆。

还需要强调一点，那就是作为观念形态的狭义的文化，在其生成和发展的过程中，必然会受到一定时空的自然条件和社会条件，尤其是后者中的经济、政治等广义文化要素的多层性多样性的制约和支配。无论是共时态还是历时态，都因之而决定，不同的地域文化会存在不平衡性和可变动性。但文化并不是经济和政治的单相式仆从，它也有自身的构成品质和运行规律。一方面，文化的发展与经济、政治的发展并不一定同步，通常呈现出相对滞后性和相对稳定性，而在特定的社会异动中又有可能凸显超前，引领未来。另一方面，不管处于哪种状态下，文化都对经济、政治等等具有能动性的反作用，特别是反映优秀传统或先进理念的价值观念和行为准则，对整个社会多维度的、广场域的渗透影响十分巨大，不可阻遏。除此而外，任何文化强势区域的产生和延续，决然都离不开文化贤良和学术精英富于创造性的引领和开拓。这一切，在巴渝文化三千多年的演进流程中都有长足的映现，而《巴渝文库》所荟萃的历代文献正是巴渝文化行进路线图的历史风貌长卷。

从这一长卷可以清晰地指认，巴渝文献为形，巴渝文化为神，历代先人所创造的巴渝地域历史文化的确堪称源远流长，根深叶茂，绚丽多姿，历久弥新。如果将殷商卜辞当中关于“巴方”的文字记载当作文献起点，那么，巴渝文献累积进程已经有3200余年。尽管文献并不能够代替文物、风俗之类对于文化也具有的载记功能和传扬作用，但它作为最重要的传承形态，载记功能和传扬作用更是无可比拟的。《巴渝文献总目》共收入著作文献7212种，单篇文献29479条，已经足以彰显巴渝文化的行进路线。特别是7212种著作文献，从商周到六朝将近1800年为24种，从隋唐至南宋将近700年为136种，元明清三代600多年增至1347种，民国38年间则猛增到5705种，分明已经展示出了巴渝文化的四个行进阶段。即便考虑到不同历史阶段确有不少文献生存的不可比因素，这组统计数字也昭示人们，巴渝文化的发展曾经历了一个怎样的漫长过程。笼而统之地称述巴渝文化博大精深未必切当，需要秉持实事求是的学理和心态，对之进行梳理和诠释。

第一个阶段，起自商武丁年间，结于南朝终止。在这将近1800年当中，前大半段恰为上古巴国、秦汉巴郡的存在时期，因而正是巴渝文化的初始时期；后小半段则为三国蜀汉以降，多族群的十几个纷争政权先后交替分治时期，因而从文化看只是初始时期的迟缓延伸。巴国虽曾强盛过，却如《华阳国志·巴志》所记，在鲁哀公十八年（前477）以后，即因“楚主夏盟，秦擅西土，巴国分远，故于盟会希”，沦落为一个无足道的僻远弱国。政治上的边缘化，加之经济上的山林渔猎文明、山地农耕文明相交错，生产力低下，严重地桎梏了文化的根苗茁壮生长。其间最大的亮点，在于巴、楚交流、共建而成的巫、神、辞、谣相融合的三峡文化，泽被后世，长久不衰。两汉四百年大致延其续，在史志、诗文等层面上时见踪影，但表现得相当零散，远不及以成都为中心的蜀文化在辞赋、史传等领域都蔚为大观。魏晋南北朝三百多年，巴渝地区社会大动荡，生产大倒退，文化生态极为恶劣，反倒陷入了裹足不前之状。较之西向蜀文化和东向楚文化，这一阶段的巴渝文化，明显地处于后发展态势。

第二个阶段，涵盖了隋唐、五代、两宋，近七百年。其中的前三百余年国家统一，驱动了巴渝地区经济社会恢复性的良动发展，后三百多年虽然重现政治上的分合争斗，但文化开拓空前自觉，合起来都给巴渝文化注入了生机和活力。特别是科举、仕宦、贬谪、游历诸多因素，促成了包括李白、“三苏”在内，尤其是杜甫、白居易、刘禹锡、黄庭坚、陆游、范成大等文学巨擘寓迹巴渝，直接催生出两大辉煌。一是形成了以“夔州诗”为品牌的诗歌胜境，流誉峡江，彪炳汗青，进入了唐宋两代中华诗歌顶级殿堂。二是发掘出了巴渝本土始于齐梁的民歌“竹枝词”，创造性转化为文人“竹枝词”，由唐宋至于明清，不仅传播到全中国的众多民族和广大地区，而且传播到全世界五大洲，这一旷世奇迹实为历代中华民歌之独一无二。与之相仿佛，宋代理学大师周敦颐、程颐先后流寓巴渝，也将经学、理学以及兴学施教之风传播到巴渝，迄及明清仍见光扬。在这两大场域内，领受他们的雨露沾溉，渐次有了巴渝本土文人如李远、冯时行、度正、阳枋等的身影和行迹。尽管这些本土文人并没有跻身全国一流，但他们在局部范围的异军突起，卓尔不群，在巴渝文化史上终究有标志意义。就文化突破价值而言，丝毫不亚于1189年重庆升府得名，进而将原先只有行政、军事功能的本城建成一座兼具行政、军事、经济、文化、交通等多功能的城市。尽有理由说，这个阶段显示出巴渝文化振起突升，重新融入中华文化的大进程，并给自己确立了不可忽视的地位。

第三个阶段，贯通元明清，六百多年。在这一时期，中华民族统一国家的族群结构和版图结构最终底定，四川省内成渝之间的统属格局趋于稳固，经济社会发展进入了新的里程，巴渝文化也因之而拓宽领域沉稳地成长。特别是明清两代大量移民由东、北、南三向进入巴渝地区，晚清重庆开埠，相继带来新技术和新思想，对促进经济发展、社会开放和文化繁荣起了大作用。本地区文化名人应运而生，前驱后继，文学如邹智、张佳胤、傅作楫、周煌、李惺、李士棻、王汝璧、钟云舫，史学如张森楷，经学如来知德，佛学如破山海明，书画如龚晴皋，成就和影响都超越了一时一地。特别是邹容，其《革命军》宣传民主主义国民革命思想，更是领异于清末民初，标举着那个时代先进政治学的制高点。外籍的文化名人，诸如杨慎、曹学佺、王士禛、王尔鉴、李调元、张问陶、赵熙等，亦有多向的不俗建树。尽管除邹容一响绝尘之外，缺少了足以与唐宋高标相比并的全国顶尖级的大师与巨擘，但在总体文化实力上确乎已经超越唐宋。这就好比按照地理学分类，巴渝境内的诸多雄峰尚属中山，却已群聚成为相对高地那样，巴渝文化在这个阶段也构筑起了有体量的相对高地。

第四个阶段，本应从1891年重庆开埠算起，延伸至今仍没有终结，但按《巴渝文库》文献取舍的既定体例，只截取了从1912年中华民国成立开始，到1949年9月30日为止的一段，共38年。虽然极短暂，社会历史的风云激荡却是亘古无二的，重庆在抗日战争时期成为全中国的战时首都更是空前绝后的。由辛亥革命到五四运动，重庆的思想、政治精英已经站在全川前列，家国情怀、革命意识已经在巴渝地区强势贲张。至抗战首都期间，数不胜数的、难以列举的全国一流的文化贤良和学术精英汇聚到了当时重庆和周边地区，势所必至地全方位、大纵深地推动文化迅猛突进，从而将重庆打造成了那个时期全中国的最大最高的文化高地，其间还耸立着不少全国性的文化高峰。其先其中其后，巴渝本籍的文化先进也竞相奋起，各展风骚，如任鸿隽、卢作孚、刘雪庵就在他们所致力的文化领域高扬过旗帜，向楚、杨庶堪、潘大逵、吴芳吉、胡长清、张锡畴、何其芳、李寿民、杨明照等也声逾夔门，成就不凡。毫无疑问，这是巴渝文化臻至鼎盛、最为辉煌的一个阶段，前无古人，后世也难以企及。包括大量文献在内，它所留下的极其丰厚的思想、价值和精神遗产，永远都是巴渝文化最珍贵的富集宝藏。

由文献反观文化，概略勾勒出巴渝文化的四个生成、流变、发展、壮大阶段，当有助于今之巴渝住民和后之巴渝住民如实了解巴渝文化，切实增进对于本土文化的自知之明、自信之气和自强之力，从而做到不忘本来，吸收外来，面向未来，更加自觉地传承和弘扬巴渝文化，持续不懈地推动巴渝文化在新的语境中创造性转化，创新性发展。对于本土以外关注巴渝文化的各界人士，同样也具有认识意义。最先推出的《巴渝文献总目》没有按照这四个阶段划段分卷，而是依从学界通例分成“古代卷”和“民国卷”，与如此分段并不相抵牾。四分着眼于细密，两分着眼于大观，各有所长，相得益彰。

《巴渝文献总目》作为《巴渝文库》起始发凡的第一部大书，基本的编纂目的在于摸清文献家底，这一个目的已然达到。但它展现的主要是数量。回溯到文化本体，文献数量承载的多半还是文化总体的支撑基座的长度和宽度，而并不是足以代表那种文化的品格和力量的厚度和高度。文化的品格和力量蕴含在创造性发现和创新性发展中，浸透着质量，亦即思想、价值、精神的精华，任何文化形态均无所例外。因此，几乎与编纂《巴渝文献总目》同时起步，我们业已组织专业团队，着手披沙拣金，精心遴选优秀文献，分门别类，钩玄提要，以期编撰出第二部大书《巴渝文献要目提要》。两三年以内，当《巴渝文献要目提要》也编成出版以后，两部大书合为双璧，就将对传承和弘扬巴渝文化，历久不衰地发出别的文化样式所不可替代的指南工具书作用。即便只编成出版这样两部大书，《巴渝文库》文化工程即建立了历代前人未建之功，足可以便利当代，嘉惠后世，恒久存传。

《巴渝文库》的期成目标，远非仅编成出版上述两部大书而已。今后十年内外，还将以哲学宗教、政治法律、军事、经济、文化科学教育、语言文学艺术、历史与地理、地球科学、医药卫生、交通运输、市政与乡村建设、名人名家文集、方志碑刻与报纸期刊等十三大类的架构形式，分三步走，继续推进，力争总体量达到300种左右。规划明确的项目实施大致上安排启动、主推、扫尾三个阶段，前后贯连，有序推进。2018年至2020年为启动阶段，着力做好《巴渝文库》文化工程的实施规划和项目发布两项工作，并且形成10种有影响的示范性成果。2021年至2025年为主推阶段，全面展开《巴渝文库》文化工程十三大类的项目攻关，努力完成200种左右文献的搜集、整理、编纂和出版任务，基本呈现这一工程的社会影响。2026年至2028年为扫尾阶段，继续落实《巴渝文库》文化工程的各项规则，既为前一阶段可能遗留的未尽项目按质结项，又再完成另外90种文献的搜集、整理、编纂和出版任务，促成这一工程的综合效应得到充分体现。如果届时还不能如愿扫尾，宁肯延长两三年，多花些功夫，也要坚持责任至上，质量第一，慎始慎终，善始善终，确保圆满实现各项既定目标。

应该进一步强调，《巴渝文库》是重庆有史以来规模最大、历时最长的综合性文化工程，涉及先秦至民国几乎所有的学科。与一般的文献整理和课题研究不同，它所预计整理、出版的300种左右图书，每种图书根据实际文献数量的多少，将分成单册与多册兼行，多册又将分成几册、数十册乃至上百册不等，终极体量必将达到数千册，从而蔚成洋洋大观。搜集、整理、编纂和出版如此多的文献典籍，必须依靠多学科的专家、学者通力合作，接力建功，这其间必定会既出作品，又出人才，其社会效益注定将是难以估量的。

规划已具轮廓，项目已然启动，《巴渝文库》文化工程正在路上。回顾来路差堪欣慰，展望前景倍觉任重。从今往后的十年内外，所有参与者都极需要切实做到有抱负，有担当，攻坚克难，精益求精，前赴后继地为之不懈进取，不竟全功，决不止息。它也体现着党委意向和政府行为，对把重庆建设成为长江上游的文化高地具有不容低估的深远意义，因而也需要党委和政府高屋建瓴，贯穿全程地给予更多关切和支持。它还具备了公益指向，因而尽可能地争取社会各界关注和扶助，同样不可或缺。事关立心铸魂，必须不辱使命，前无愧怍于历代先人，后无愧怍于次第来者。初心长在，同怀勉之！

2016 年 12 月 16 日初稿

2018 年 9 月 27 日改定

凡例

《巴渝文库》是一套以发掘梳理、编纂出版巴渝文献为主轴，对巴渝历史、巴渝人文、巴渝风物等进行广泛汇通、深入探究和当代解读，以供今人和后人充分了解巴渝文化、准确认知巴渝文化，有利于存史、传箴、资治、扬德、励志、育才的大型丛书。整套丛书都将遵循整理、研究、求实、适用的编纂方针，运用系统、发展、开放、创新的文化理念，力求能如宋人张载所倡导的"为天地立心，为生民立命，为往圣继绝学，为万世开太平"那样，对厘清巴渝文化文脉，光大巴渝文化精华，作出当代文化视野所能达致的应有贡献。

一、收录原则

1.内容范围

①凡是与巴渝历史文化直接相关的著作文献，无论时代、地域，原则上都全面收录；

②其他著作之中若有完整章（节）内容涉及巴渝的，原则上也收入本《文库》；全国性地理总志中的巴渝文献，收入本《文库》；

③巴渝籍人士（包括在巴渝出生的外籍人士）的著作，收入本《文库》；

④寓居巴渝的人士所撰写的其他代表性著作，按情况酌定收录，力求做到博观约取、去芜存菁。

2.地域范围

古代，以先秦巴国、秦汉巴郡辖境所及，中有渝水贯注的广大区域为限；民国，原则上以重庆直辖（1997年）后的行政区划为基础，参酌民国时期的行政建制适当张弛。

3.时间范围

古代，原则上沿用中国传统断代，即上溯有文字记载、有文物佐证的先秦时期，下迄1911年12月31日；民国，收录范围为1912年1月1日至1949年9月30日。

4.代表性与重点性

《巴渝文库》以“代表性论著”为主，即能反映巴渝地区历史发展脉络、对巴渝地区历史进程产生过影响、能够体现地域文化基本内涵、得到古今广泛认同且具有文献价值的代表性论著。

《巴渝文库》突出了巴渝地区历史进程中的“重点”，即重大历史节点、重大历史阶段、重大历史事件、重要历史人物。就古代、民国两个阶段而言，结合巴渝地区历史进程和历史文献实际，突出了民国特别是抗战时期重庆的历史地位。

二、收录规模

为了全面、系统展示巴渝文化，《巴渝文库》初步收录了哲学宗教、政治法律、军事、经济、文化科学教育、语言文学艺术、历史与地理、地球科学、医药卫生、交通运输、市政与乡村建设、名人名家文集、方志碑刻报刊等方面论著约300余种。

其中，古代与民国的数量大致相同。根据重要性、内容丰富程度与相关性等，“一种”可能是单独一个项目，也可能是同“类”的几个或多个项目，尤以民国体现最为明显。

三、整理原则

《巴渝文库》体现“以人系文”、“以事系文”的整理原则，以整理、辑录、点校为主，原则上不影印出版，部分具有重要价值、十分珍贵、古今广泛认同、流传少的论著，酌情影印出版。

每一个项目有一个“前言”。“前言”，包括文献著者生平事迹、文献主要内容与价值，陈述版本源流，说明底本、主校本、参校本的情况等。文献内容重行编次的，有说明编排原则及有关情况介绍。

四、出校示例

（一）出校改字例

1.明燕京再被围皆能守，独闯来即破。杜勋、曹化淳[①]献城计早定也。

校记：①淳，原作“浡”，据《明史》卷三百五改。下同。

2.清节平生懔四知，何劳羊酒祀金卮[①]。夕阳汉口襟题处，暮雨西山帘卷时。

校记：①卮，原作“危”，误，据文义、音律改。

（二）出校不改字例

1.喉舌穿成珠一串，肌肤[①]借得雪三分。

校记：①肌肤，文听阁本作“容光”。

2.靴底霜寒光弼刀，壶中唾化苌宏[①]血。

校记：①宏，当作“弘”，避清高宗弘历名讳。以下不再出校。

3.无依鸟[①]已愁三匝，不厌书还读百回。

校记：①鸟，疑为“乌”之误。

五、注释示例

（一）名物制度类

1.清时川省田赋，只地丁一项为正供，然科则[①]极轻。

注释：①科则：征收田赋按田地类别、等级而定的赋率。

2.有其人已死，子孙已析产，然仅分执田契管业，未将廒册[①]上粮名改为各继承人之名，以致此一户之粮，须由数家朋纳者。

注释：①廒册：又名鱼鳞册，是旧时为地籍管理和征收赋税而编制的土地登记簿册。

3.警察总局，设皇华馆内，为岑云阶制府任内所创办[①]。

注释：①光绪二十九年（1903）四月初一，成都的警察总局正式挂牌理事。

（二）生僻字、异体字类

1. 川省毗连藏卫，又西南之越西、宁远，西北之懋功、松潘，悉属夷巢，种族纷繁，指不胜偻[①]。

注释：①偻：此处指弯曲。

2. 公之声威，虽远近詟[①]伏，然临下接人，仍蔼然如书生。

注释：①詟：zhé，惧怕、忌。

3. 先太守对以宦京八年，措资摒挡[①]，非咄嗟[②]可办。公曰：是固恒情，然或亦规避新疆耶？先太守见其神明，始实谓：寒唆[③]若远宦万里，则骨肉恐无聚日。公曰：谅哉！此等事只可绳受恩深重之大臣。

注释：①摒挡：收拾料理。

②咄嗟：duō jiē，霎时。

③寒唆：穷苦的读书人。

（三）用典类

1. 每岁十二月二十日前后，大小各官署皆行封印礼。次年正月二十日前后，皆行开印礼。其日期悉由钦天监诹定奏明，由部通行遵照。在封印期间内，每日仍照常启用，惟于印外加盖"预用空白"四字戳记。上行公文，则曰："遵印空白"盖封印、开印，久成虚文，其礼式直如告朔饩羊[①]而已。

注释：①告朔饩羊：古代的一种制度，原指鲁国自文公起不亲到祖庙告祭，只杀一只羊应付一下。后比喻照例应付，敷衍了事。

2. 又尝见公从径尺许之窗孔内耸身而出，复耸身而入，无丝毫牵挂及声响，真可谓"熏笼上立，屏风上行"[①]矣。

注释：①据《太平广记》记载，李泌少时，能屏风上立，熏笼上行。因李泌一生爱好神仙佛道，犹如神仙中人。

序言

周询，字宜甫，晚号逢庐老人，贵州麻江人。其祖籍为汝南郡，旧居湖南衡山县，清乾隆中年迁入今麻江县羊场镇①。又自称“原籍湖南衡山”②。生于清同治九年（1870年）③。又，《逢庐联话》卷四：“余以同治辛未生，至民国辛未年六十一。”则生于1871年，约卒于1950年。

父周之翰（1826—1887），后改名侪亮，初字西园，后改字西屏。清咸丰辛亥年(1851年)举人，同治元年（1862年）壬戌科应试，奉旨以内阁中书记名。未逾月，即补授汉票签中书舍人，兼充国史馆校对，本衙门撰文。又两年，奏署内阁侍读。以俸满内阁中书，截取同知，分发四川，定居成都。先后权绵竹、打箭炉厅，后改宜宾知府，松潘直隶同知④，卒于松潘任内。

周询幼年入川，先后师从于成都杨敏斋、陈蔗村⑤，光绪辛卯年（1891年）中副榜⑥，光绪三十二年（1906年）任广安知县，一年后“奉调滇南”。不久回

---

①《麻江学贤公支祠碑记》：“吾家系出汝南郡，旧居湖南衡山县，清乾隆中年，吾高祖永安公，以贸易入黔，懋迁有无之地，恒在都匀麻江间，久之，与邦人士情谊日洽，喜此地风俗之敦朴，山川之幽美，遂家于麻邑之乐荡羊场。”

②《题犍为朱氏所藏衡湘图》：“余家原籍衡山，乾隆初始迁黔。”

③《塔南读左》：“民国二十七年，时年六十有八。”《骈文存稿》中民国三十三年，自注：“时年七十四。”

④ 参见《逢庐联话》卷五《石京兆》《暘谷公》《先太守诗联》；《蜀海丛谈》卷二十《先大守公》。

⑤ 参见《逢庐联话》卷五《松坎河》；《逢庐文存》卷四《祭吴恭人文》《杨敏斋》。

⑥ 参见《逢庐联话》卷二《先外祖旸谷公》。

川，任职于四川隆昌县。光绪三十四年（1908年），先补授彭山县，改补梁山，未及到任；宣统元年（1909年），任四川清理财政局提调；宣统二年（1910年），任华阳知县[①]。

辛亥革命后，出任巴县知事，因不满袁世凯称帝辞职[②]。回蓉后任成都中国银行行长，不久离职。民国六年（1917年），再任成都中国银行行长。民国九年（1920年），由成都中国银行行长调渝，任重庆中国银行行长。民国十年（1921年）后，以中国银行渝行行长兼汉行副行长[③]。

周询任重庆中国银行行长，历时超过21年，[④]工作之余，著书自娱，其晚年自编的《逢庐丛书》，原稿共计134册，包括：

1.《芙蓉话旧录》原稿4册

2.《志异》原稿20册

3.《蜀海丛谈》原稿20册

4.《五经玉屑》原稿10册

5.《读书识小》原稿8册

6.《成语原解》原稿16册

7.《文存》原稿5册

8.《骈文存稿》原稿4册

9.《读史简评》原稿16册、抄本2册

10.《塔南读左》原稿5册、抄本1册

11.《联话》原稿6册

12.《石头记说鼓》原稿1册

13.《随笔》原稿8册

14.《红楼百咏》原稿1册

15.《逢庐诗存》原稿7册

① 参见《逢庐联话》卷一。

② 参见《逢庐文存》卷四《祭吴恭人文》。

③ 参见《逢庐联话》卷三、卷五、卷八、卷二。

④《逢庐文存》卷五："余绾银行二十有一年。"

其中，除20世纪80年代出版过《蜀海丛谈》（影印版）、《芙蓉话旧录》（点校版）两种外，《逢庐丛书》稿本、抄本长期保存在重庆图书馆善本书库。

周询文集内容极为广泛，涉及传统的经、史、子、集所有大类。其中，最为人熟知的是除20世纪80年代出版的《蜀海丛谈》《芙蓉话旧录》。《蜀海丛谈》，民国二十四年（1935年）成书，三卷，两卷制度，一卷人物，为民国蜀地地方史志重要史料。民国三十七年（1948年）6月云阳刘守礼序称："追忆蜀中掌故……自民元上溯逊清，凡川中百年间政财文教，以及名人轶事，罔不备载，日积月累，成此巨编。所载全属事实，当今人士，多曾睹闻，可资信证，猗与盛矣。"而其"其所记制度类之文，浩瀚如千顷之波，盖由胸罗万象，融为一炉而成"；"至其所纪人物之事，类皆发扬幽光，有功名教之作"。周询文集"原稿皆出手书，字体秀健，点画不苟"，当年"惜以限于资力，不能影印，否则更有助于临摹也"。

周询学富五车，文笔简练，论史颇有见地。如《文存》卷五《论王安石》中论及王安石变法以及司马光、苏轼等反对新法，其结论为：

故曰："安石非小人也，乃君子而误用小人者也。司马光苏轼等，诚君子也，乃君子因恶小人而疾之已甚者也。汉明党锢之祸，皆此弊也。"孟子曰："今夫水，搏而跃之，可使过颡，激而行之，可使在山。旨哉喻乎！小人不足警，君子可不三思欤。"

《塔南读左》卷二之《吕相绝秦》：

吕相绝秦之语，洋洋洒洒，浏利负滑，然实而按之，则强词夺理之处，指不胜屈。晋惠赖秦入国，而背施幸灾，负穆已甚。韩原被虏。秦既不杀不囚，且以礼送归，归后，又济晋灾，可谓以德报怨，乃曰："又不能成大勋而为韩之师。"其强词者一。秦晋围郑，穆公动于烛之武之言，订盟退师。子犯请击秦。文公不肯背德而罢，何尝有诸侯将致命于秦，而文公绥静之事。此强词者二。三帅迭败，秦岂能无报，晋不敢出，遂封殽尸而还，何尝如吕相所言之甚。此强词者三。公子雍为赵盾所主立，且命先蔑士会入秦逆雍。秦始多与徒卫，后忽变计，拒秦为寇，是晋负秦，非秦负晋，乃曰："率我蝥贼，荡摇边疆。”此强词者四。此等言论，稍明历史者，皆不值一噱，何能令秦折服耶。

《塔南读左》卷四之《子产存乡校》：

孔子曰：“天下有道，则庶人不议，非禁其议，乃无可议也。”子产不阻乡校之论政，既以纾民气，且以鉴从违，其识远而其心公矣，此即后世议院之权舆。然议院时成一哄之市，而乡校不闻争执者，无议政之权，而纵之使言，则无所挟而言自公，有其权而奉之使言，则有所挟而言易私矣。若乡校者，无定人，无定时，无定事，有则论之，无则不言，而采纳与否，则仍听诸执政者，民抑何必挟其私以徒取无谓耶。然亦非执政者明公，不能得其益，否则仍不如其已也。

《逢庐丛书》涉猎甚广，凡与四川有关的，均有记载，且多为正史不详者，如《逢庐随笔》卷二《骆文忠》：

花县骆文忠公秉璋，字玉门，为清咸同间名臣。其督川之勋绩，视在秦、鄂、湘等省为尤著。得民之深，亦以在川为最。公初以湖南巡抚，奉命入川，察办事件。途间有以他事递诉呈者，拒弗受，晓之曰：“除奉命所办外，不能涉及他事也。”比至顺庆，即拜督川之命，则谓吏民曰：“自今日始，川事皆吾分内事矣。”

时石、李窜扰川境，各邑土匪，乘机蜂起。顺庆距省六日程，公沿途惩奸除暴，比至成都，已诛戮二百余人。受篆后，首劾免布政使祥某，斩中军副将陈八仙以徇，文武无不股栗。节署内有厅事三楹，曰“来喜轩”。公于轩中，置小方几百数十具，分绘一百余厅州县详明地图，贴于几上。分之各为一邑，合之则为全省。政暇回旋浏览，山川道里，烂熟胸中。故发从指使，用兵如神，卒以此生擒石达开于紫大地，不数年而全蜀肃清。

公督川六载，孑身远宦，仅一姪某随侍起居。骑箕之日，文武同在榻前，启笥惟旧衣数袭，廉俸八百余金而已。城中父老闻耗，数千百人，争欲入哭，当事者以风宪衙门，不允擅进。众乃就照墙下设位哭拜，络绎不绝。且皆衰绖以临，全城人家桃符，皆易红而白。当道恐类国丧，反复开喻，始将白联揭去。灵輀回粤时，舟至夔府，绅民夹岸迎祭。时值水枯，柩船滞于浅际，绅民争去鞋袜，入水捧船使行，其得民之深如此。

公之专祠在成都，中有塑像酷肖。每值岁首，纵民瞻拜。元夜以前，十数日中，泥首像前者，竟日无少间。祠门有联云：“北门卧护思羊叔，西蜀贤良继孔明。”殆非虚语。龛前有公自挽联云：“十载忝清班，于翰詹科道而洊转京卿，奉使遍齐州豫州凉州，回首宦途成梦幻，卅年膺外任，历秦楚滇湘以莅兹巴蜀，督师平李逆石逆蔡逆，殚心戎务识时艰。”又有张某联云：“才望重蓬瀛，子云本班彪父党，忆昔燕台霜冷，鄂渚风清，曾侍先生几杖。讴思遗巴蜀，韦皋为诸葛后身，即今玉垒烟销，锦江波静，更营丞相祠堂。”又有某公集唐句联云：“伯仲之间见伊吕，嗣皇继圣登夔皋。”盖公于同治初年，以川督遥拜协揆。又黄公起元联云：“主圣则臣贤，纬武经文，一德一心孚北阙。民怀兼吏畏，春礿秋尝，斯人斯庙重西陲。”此联为先太守所书。

周询诗文俱佳，尤好用典，如《蓬庐随笔》卷三《淮阴侯祠》：

山西灵石县韩侯岭，峻坂百折，车行极艰。淮阴侯墓，在山之绝顶，实为侯瘗头处，陶文毅公《蜀輶日记》论之最详。墓前即为侯祠，岁久就圮。光绪庚子，夏琅溪提督，率师勤王，驻兵于此，始葺而新之。壬寅秋，余由北京改官入川，经此下车，入祠展拜。见两壁题咏如林，尤以“十年成败一知己，七尺存亡两妇人”一联为警绝。戏台一联云：“气盖世，力拔山，见公束手。歌大风，思猛士，为子伤怀。”又殿左门首一联云：“汉自薄功臣，几见真王留寸土。侯原无异志，惟余孤塚傲长陵。”皆隽峭可喜。余亦有诗题壁云：“荒祠落木乱乌啼，灵石峰前日又西。十载重轻关两大，一王真假误三齐。印符已兆烹功狗，钟室何须罪牝鸡。大好头颅终砍却，当年胯下早拚低。”

又如《蓬庐文存》卷一《芙蓉话旧录自序》：

锦波东去，流大江日夜之声，玉垒西来，变终古风云之色。碧坊走马，旧属雄都。赤岸眠犀，夙称繁会。沸天丝管，萃冠履之三千，扑地阎闾，数人家之十万。适值成功者退，长星且进一杯。亦既末祚将移，落日讵回三舍。虽鼎新革故，足销精卫之魂，然铁马金戈，屡洒杜鹃之血。王侯第宅，燕去谁家，城郭人民，鹤归不识。九衢车马，尽花样之翻新，十里亭台，惟草色其依旧。对河山而举目，咏陵谷以惊心。

最典型的用典，集中表现在《逢庐文存》中，如《六朝如梦鸟空啼赋》：

世变云浮，流光电速，玉树方终，黄梁已熟。星随物换，留一枕之春婆，风送歌来，峙千章之夏木。看隋帝隄边之柳，终古藏鸦，问郑樵隍下之蕉，几人逐鹿。阅遍临春结绮，化为蝴蝶一双，朅来载酒携柑，听唤鸳鸯卅六。当六朝之递擅也，业建孙吴，据地峙三分之鼎，国迁东晋，渡江应五马之谣。迨膺图于前宋，旋代禅于二萧，洎霸先之就灭，遂王气之全消。四八寺烟雨楼台，漫诩龙盘虎踞，三百年繁华冠盖，都归凤泊鸾飘。问祖刘夜半之鸡，莫挽山河于北戒，话王谢堂前之燕，徒誇金粉于南朝。盖由纲常陵替，篡窃乘除，花草埋幽，罔思后患，葫芦依样，孰鉴前车。侧鹓班者徒矜文采，握鸿图者祇事诗书。跋扈将军，既鹰瞵而鸱嚇，围棋宰相，竟鷇处而鹑居。神州已付沉沦，犹燕雀处堂而弗觉，同室但相攘夺，直鸡鹜争食之不如。所以神器互窥，魁权盗弄，归魂伤蜀帝之鹃，卜世逊齐卿之凤。长星之绿酒笑倾，隔岸之青山目送。换尽王侯第宅，谁复地识金间，几番社稷人民，空说城名铁瓮。看沧桑之迭变，咸伤国祚匆匆。叹鼎革之频仍，漫咎天公梦梦。是何异客卧邯郸，峰登缥缈。谢家留春草池塘，萧寺现昙花多少。如泡如幻，乌衣巷空有夕阳，非想非因，绛帻人已争报晓。朝云暮雨，可逢莲步人来，賸水残山，俨似槐安国小。招来白鹤，难寻华表之仙，打起黄莺，莫恨枝头之鸟。惟见弥天树绿，匝地花红，流莺嘹呖，语燕惺忪。鼓吹诗肠，聊吟庚鲍，砭针俗耳，净洗丝桐。乌鹊翻飞，犹绕秦淮之月，鹧鸪上下，如呼吴苑之风。溯千里之衡阳，雁来秋早，落三山于天半，凤去台空。客有穿云蜡屐，冒雨扶藜，凭吊台城之北，寻幽辱井之西，相与溯凤毛之风采，留鸿爪于雪泥。和双声绛树之歌，美人安在，展一幅衍波之纸，好句分携。依旧建业城边，蓴香鲈美，遥想寒山寺里，月落乌啼。

其随笔文采斐然，且多戏谑之语，如《逢庐随笔》卷一之《下比仿此》：

南皮张文襄公掌文衡时，取士专重才气，故凡气充词沛者，多列上选。清时乡、会试制艺，每篇不得过八百字，逾则虽经中式，然被礼部磨勘揭出，试官例得罚俸处分，中式者亦应停科。文襄同治癸酉典蜀试，中式者因文过八百停会试者，多至数人。既而公留督蜀学，童试及生员之科岁考，其文卷例不送部磨勘，于是逞才者更敢放笔畅言。偶出两扇题，有某生用两大比格分诠，甫将出比誊完，试卷已无余地。盖即此一比，已一千余言矣。此生乃于出比之末，注四字曰“下比仿此”，纳卷而出。公得之，大加叹赏，仍置之高等，一时传为笑谈。

卷二之《大姑》：

张文襄公未通籍时，在京悦一妓，名大姑。公赠以联云：“大抵浮生若梦，姑从此地销魂。”分嵌“大姑”二字，豪迈浑脱，大有太原公子裼裘而来之概。

卷二之《两赵典试》：

光绪戊子科，合肥蒯礼卿编修光典，与四川宜宾赵寅臣主事亮熙，同典贵州乡试，意气不合，途间即遇事龃龉。入闱后，衡文尤多争执，甚至破口互詈。贵州广顺赵仲莹殿撰以炯，则于是科典四川乡试，寅臣先生戏出一联曰：“蜀赵典黔试，黔赵典蜀试，同是六品官，一状元、一主事。”有人戏作下联云：“正考骂副考，副考骂正考，偕行万余里，两伙计、两冤家。”本地风光，组织天然，闻者莫不捧腹。

卷五之《匾额》：

匾额虽仅数字，然求其贴切浑成或新颖夺目者，殊不多觏。

华阳县城隍庙戏台匾，为“世事视是”四字，择同音之字，撮成一语，却又关合戏台，甚觉新异。又成都有安乐寺，祀刘后主，戏楼一匾曰“此间乐”，虽近滑稽，然颇贴切。又有谐谈者云：“有某教之庙，悬一匾，曰：‘西方圣人’。值关圣过此，怒命周仓以刀劈毁之。周将军举刀一挥，匾适横去其半，遂变而为‘四万王八’四字，闻者莫不捧腹。”又清光绪间，四川建昌道员宝森，文靖公之弟也，恃乃兄当国，恣意凌傲。偶值灾拯募捐，当地富绅某，不肯多助，宝恨之而不见于色，且佯谓人曰：“某尚能捐此数，已出我望，某日当送一匾额嘉奖之。”命工在署内秘制。至日，某富翁集族友以待，宝命鼓乐伴送匾往，外用红缎套衣之，嘱使者曰：“须悬定始揭套。”众争瞩目，比揭视，乃“为富不仁”四字也。某翁瞠目气结，愧恧几无以自容，真可谓恶作剧矣。

本次出版点校本，底本为周询晚年自编的《逢庐丛书》原稿，其中，《读史简评》原稿16册、抄本2册；《塔南读左》原稿5册、抄本1册。抄本仅在疑难处参考。原文夹注标点，出校，均按巴渝文库《凡例》规定施行。

王志昆

2020年8月

校注说明

一、《逢庐文丛》收录范围

以重庆图书馆藏周询《逢庐丛书》手稿为底本做整理、点校、注释。

二、《逢庐文丛》收录内容

《芙蓉话旧录》4册，《志异》20册，《蜀海丛谈》20册，《五经玉屑》10册，《读书识小》8册，《成语原解》16册，《文存》5册，《骈文存稿》4册，《读史简评》16册、抄本2册，《塔南读左》5册、抄本1册，《联话》6册，《石头记说鼓》1册，《随笔》8册，《红楼百咏》1册，《逢庐诗存》7册。

三、《逢庐文丛》校注与标点

1. 所收录诗词文章力求保持底本原貌，若遇脱讹倒衍者，则改之，改则必出校注，统一以脚注说明。

2. 原文中作者的自注文字，全部移为脚注，并以“自注”标明。

3. 为保持原文风格，文中的汉语数字和历史纪年保持原貌，不做改动。

4. 原文表述受时代、方言等影响，文中常出现一些与现今通行规范不合的惯用词，一概原文照录。

5. 校注以冷僻字、疑难字、通假字、史实、典故、典章制度、人名地名、化用他人诗文为主，偶或疏通句意。冷僻字、疑难字等注音释义。通假字指出所通何字。史实、典故、引语、典章制度、人名地名、化用他人诗文力求引用原典，尽量考据出处。至于前文已注条目，后文不再详注。

6. 原手稿无标点，一律按现行通行规范标点。

四、《逢庐文丛》字体

1. 原文为繁体字，全部改用简体字，但在有可能影响原文文义时，则用原文。原文中的古体字、异体字，改用相应的通行规范用字，但有特殊含义者，则用原字。

2. 为免烦琐重复之嫌，繁体字不出校。古今字、异体字出校。

目录

CONTENTS

总序 ◎ 1

凡例 ◎ 1

序言 ◎ 1

校注说明 ◎ 1

逢庐随笔 ◎ 1

卷一 ◎ 1

律赋 ◎ 1

试帖诗 ◎ 2

比干墓 ◎ 2

浔阳琵琶图 ◎ 2

惠陵诗 ◎ 3

惠陵联 ◎ 3

成都府试院 ◎ 3

王宫午 ◎ 4

会元 ◎ 4

晨门曰 ◎ 4

锦城新咏 ◎ 5

下比仿此 ◎ 6

大姑 ◎ 7
松筠庵 ◎ 7

卷二 ◎ 8
张月卿 ◎ 8
薛涛井 ◎ 8
刘止唐 ◎ 9
工部草堂 ◎ 9
崇丽阁 ◎ 10
两赵典试 ◎ 10
般周 ◎ 10
汪仙圃 ◎ 11
秋兴八首 ◎ 11
骆文忠 ◎ 13
疆吏评语 ◎ 14

卷三 ◎ 15
淮阴侯祠 ◎ 15
两湖督署 ◎ 15
杨妃祠 ◎ 16
严中丞 ◎ 16
李西沤 ◎ 17
马王庙 ◎ 17
钱纸巷 ◎ 17
云贵公所 ◎ 18
制义用骚体 ◎ 18
金陵怀古 ◎ 18
状元名应五行 ◎ 19
丁公祠 ◎ 19

岳阳楼 ◎ 20
东坡读书楼 ◎ 20
土豪 ◎ 20
张文襄 ◎ 21

卷四 ◎ 22
金忠甫 ◎ 22
贵山书院 ◎ 22
万臬使 ◎ 23
试帖 ◎ 23
诗钟 ◎ 23
沈园 ◎ 24
柏相 ◎ 24
戏台 ◎ 24
昭烈殿 ◎ 25
陈制府 ◎ 25
万斐成 ◎ 26
清暑丸 ◎ 27
续戏台 ◎ 27
国史馆总裁 ◎ 27

卷五 ◎ 28
柯学使 ◎ 28
十姨庙 ◎ 28
陕抚疏语 ◎ 29
刘某 ◎ 29
成都府 ◎ 30
刘文壮公 ◎ 30
黄鹤楼 ◎ 30

周犊山 ◎ 31
匾额 ◎ 31
汤阴岳庙 ◎ 32
邯郸 ◎ 32
灯谜 ◎ 32
楼大令 ◎ 34
译音命名 ◎ 34

卷六 ◎ 35
极乐寺 ◎ 35
教官 ◎ 36
长联 ◎ 36
高刺史 ◎ 36
马果肃公 ◎ 37
曾文正公 ◎ 37
昭化 ◎ 38
重谐花烛 ◎ 38
昭忠祠 ◎ 39
文襄孙 ◎ 39
甲午之役 ◎ 39
续十姨庙 ◎ 40
林白水 ◎ 41

卷七 ◎ 42
阎张乌孙 ◎ 42
左文襄公 ◎ 42
湘潭令 ◎ 43
昭君墓 ◎ 43
续诗钟 ◎ 44

翁相国 ◎ 44
李文忠公 ◎ 44
续匾额 ◎ 45
石京兆 ◎ 45
挐沙 ◎ 47
翼王 ◎ 47
盗油 ◎ 48

卷八 ◎ 49
西湖 ◎ 49
旸谷公 ◎ 50
先太守诗联 ◎ 51
杨敏斋 ◎ 52
中华会馆 ◎ 53
赵顺平侯祠 ◎ 53
唐大令 ◎ 53
追悼将士 ◎ 53
松坎河 ◎ 54
大钟寺 ◎ 54

逢庐文存 ◎ 55

卷一 ◎ 55
刘母陈太夫人六旬寿序 ◎ 55
题郑樨邻先生蝇头小楷册子 ◎ 57
雪泥爪印集序 ◎ 58
芙蓉话旧录自序 ◎ 59
守约盦集序 ◎ 59
罗济澄亲家六旬寿言 ◎ 60

贺张禹九襄理与肖梅博士结婚启 ◎ 61
周母洪太夫人七旬寿言 ◎ 62
祭吴恭人文 ◎ 64

卷二 ◎ 66
吴恭人告墓文 ◎ 66
蒋达轩先生清光绪丙戌科殿试策书后 ◎ 66
光华大学募捐修校启 ◎ 67
贺曹君天受与康彩女士结婚序 ◎ 68
杨府田夫人寿言 ◎ 69
何甥建伯新村筑室落成序 ◎ 70
六朝如梦鸟空啼赋 ◎ 71
陈季略刺史暨德配庄莲史夫人诗画合册序 ◎ 72
田母陈太夫人八旬晋三寿言 ◎ 73
邓甥新村朴居被毁纪念序 ◎ 74

卷三 ◎ 76
刘母陈太夫人八旬寿序 ◎ 76
榕村逢庐落成记 ◎ 78
卢母彭太夫人七旬寿序 ◎ 79
塔南读左自序 ◎ 80
田甥习之四十双庆 ◎ 81
侄孙女同康与其婿赵永余结婚贺词 ◎ 82
送王甥新华由合江调管五通桥中国银行序 ◎ 83
中国银行总经理宋公汉章七十寿文 ◎ 83
臧以允先生闳庐诗集序 ◎ 84

卷四 ◎ 86
赠袁小如师长序 ◎ 86

姻世讲王君豫章四十寿言 ◎ 87
万公寿山上将六十晋二寿言 ◎ 88
赠余啸风先生并补寿六十 ◎ 89
贺莫柳忱总长南山筑室落成 ◎ 90
寿杨芳龄校长五旬双庆 ◎ 90
赠田华清姻世兼庆其生辰 ◎ 91
赠许克猷先生 ◎ 92
寿臧康泰姻世讲暨德配王夫人四旬双庆 ◎ 93

卷五 ◎ 95
陈丽生先生暨谢夫人八旬双寿 ◎ 95
国民公报由省移渝发刊祝词 ◎ 96
麻江学贤公支祠碑记 ◎ 96
巴县陈恩溥先生八十寿文 ◎ 97
刘母曹太夫人八旬寿文 ◎ 99
刘杨母刘夫人墓志铭 ◎ 100
夏君云舫暨德配傅夫人七旬双寿序 ◎ 101
小品存稿 ◎ 103
代刘甫澄省主席题刘府李夫人像赞 ◎ 103
代刘航琛撰谢赙奠通启 ◎ 103
题周母洪太夫人像赞 ◎ 104
夏君云舫及配傅夫人七旬双寿联 ◎ 104
代友人寿陆军部何敬之部长五十联 ◎ 104
挽方和斋姻文 ◎ 104
代铭侄撰挽叶元龙之太翁 ◎ 105
南山疗养院开幕贺词 ◎ 105
题邓蓂阶蓂园亭子 ◎ 105
又 ◎ 105

又代铭侄拟联 ◎ 106
又代蕒阶拟蕒园二字匾后跋语 ◎ 106
戏作渝中空袭赋 ◎ 106
吊大隧道文 ◎ 107
代林寿山作送李宣臣八十寿联 ◎ 108
挽王豫章 ◎ 108
代仲眉作 ◎ 108
代建伯习之玟如新华四人作 ◎ 109
代善泽光熙四孙作 ◎ 109
代伯初作 ◎ 109
代中国银行文书股同人作 ◎ 109
代杨芳龄作贺巴蜀中学十年纪念 ◎ 109
代省银行撰送孔部长长财政十周年纪念 ◎ 110
论王安石 ◎ 110
重耳归国之阙疑 ◎ 111
公瑾长武乡七岁考 ◎ 112
历朝终始叫应之趣 ◎ 112
代撰寿夏左佩銮君六十联 ◎ 112
毛母周太夫人墓赞 ◎ 113
致第二十七集团军杨子惠总司令聘充顾问启 ◎ 113
逢庐联话 ◎ 113
偶语随记 ◎ 115
记红楼梦事 ◎ 116
题胡景藩收藏册页 ◎ 117
题张熙午所藏光绪年间学务处撮影 ◎ 118

逢庐联话 ◎ 119
卷一 ◎ 119
卷二 ◎ 127
卷三 ◎ 134
卷四 ◎ 140
卷五 ◎ 147
卷六 ◎ 154

塔南读左 ◎ 161
自序 ◎ 161
卷一 ◎ 162
郑庄克段 ◎ 162
颍考叔 ◎ 162
王师助伐翼 ◎ 163
宋宣宋穆 ◎ 163
羽父请杀桓公 ◎ 163
八佾 ◎ 163
会于嬴 ◎ 164
郑庄公 ◎ 164
子同生 ◎ 164
郑忽辞昏 ◎ 164
郑厉杀傅原 ◎ 165
申生与急 ◎ 165
邓享楚子 ◎ 165

齐徒人费 ◎ 165
管鲍 ◎ 166
曹刿论战 ◎ 166
石祁子语 ◎ 166
彭生化豕 ◎ 166
卫戴公文公 ◎ 167
管仲得君 ◎ 167
晋惠杀里克 ◎ 167
庆郑见杀 ◎ 167
臧文仲论宋襄 ◎ 168
秦穆夫人 ◎ 168
介之推 ◎ 168
季友 ◎ 168
伐东山皋落氏 ◎ 169
寺人披 ◎ 169
城濮之战 ◎ 169
晋文杀颠颉 ◎ 170
柩声如牛 ◎ 170
桓文 ◎ 170
狐射姑 ◎ 171
晋公子雍 ◎ 171

卷二 ◎ 172
长狄侨如 ◎ 172
士会归晋 ◎ 172
公子元辞齐君 ◎ 172
蛇出泉宫 ◎ 173
孟孙有后 ◎ 173

楚戎之战 ◎ 173
羊斟 ◎ 174
莒仆 ◎ 174
鉏麑灵辄 ◎ 174
赵盾弑晋灵 ◎ 174
郑灵公 ◎ 175
反马 ◎ 175
邲与城濮 ◎ 175
逢大夫救赵旃 ◎ 176
伯宗 ◎ 176
申舟 ◎ 176
楚庄 ◎ 177
逢丑父 ◎ 177
巫臣取夏姬 ◎ 177
鞌之战 ◎ 178
晋献齐捷 ◎ 178
晋卫聘鲁 ◎ 178
鲁朝聘晋 ◎ 178
鲁欲求成于楚 ◎ 179
莒城恶 ◎ 179
施氏妇 ◎ 179
吕相绝秦 ◎ 179
鄢陵之战 ◎ 180
范文子 ◎ 180
晋杀三郤 ◎ 180
晋立悼公 ◎ 181
齐之寺人 ◎ 181
郑志宋志 ◎ 181

卷三 ◎ 182
戳扬干仆 ◎ 182
魏绛和戎 ◎ 182
匠庆用槚 ◎ 182
子产论伐蔡 ◎ 183
季氏城费 ◎ 183
晋悼复霸 ◎ 183
于思侏儒 ◎ 184
楚杀公子壬夫 ◎ 184
偪阳 ◎ 184
陈生与伯舆讼 ◎ 184
吴秦 ◎ 185
晋受郑赂 ◎ 185
晋舍新军 ◎ 185
师旷对晋悼 ◎ 186
瘈狗 ◎ 186
荀偃瘅疽 ◎ 186
士匄逐栾氏 ◎ 186
楚薳子冯 ◎ 187
邾庶其 ◎ 187
乐王鲋 ◎ 187
郑黑肱语 ◎ 187
晏婴不死崔难 ◎ 188
晋杀栾盈 ◎ 188
子员使秦 ◎ 188
伯氏三世 ◎ 188
宁喜献复献公 ◎ 189
宋太子痤 ◎ 189

向戌弭兵 ◎ 189
崔杼之死 ◎ 190
崔杼庆封 ◎ 190
鲁宋如楚 ◎ 190
绛县老人 ◎ 190
共姬 ◎ 191
子产赂伯石 ◎ 191
季武子取卞 ◎ 191

卷四◎ 192
鲁立昭公 ◎ 192
子产存乡校 ◎ 192
伯有耆酒 ◎ 192
子产论治邑 ◎ 193
赵文子 ◎ 193
徐吾犯妹 ◎ 193
赵孟赋《常棣》◎ 194
实沈台骀 ◎ 194
齐陈氏得氏 ◎ 194
卢蒲嫳 ◎ 194
伯州犁 ◎ 195
向戌子产献礼 ◎ 195
晋三不殆 ◎ 195
竖牛 ◎ 195
楚灵王 ◎ 196
刑书邱赋 ◎ 196
昭公知礼 ◎ 196
孟僖子 ◎ 197

屠蒯酌饮 ◎ 197
晋致阎田 ◎ 197
晏婴 ◎ 197
楚灵求鼎 ◎ 198
晋昭投壶 ◎ 198
公子慭 ◎ 198
楚灵之死 ◎ 198
埋璧卜嗣 ◎ 199
老祁虑癸 ◎ 199
晋楚久不用兵 ◎ 199
不纳鼓叛 ◎ 199
籍谈 ◎ 200
斩木求雨 ◎ 200
陆浑 ◎ 200
许世子止 ◎ 200
宋归郳俘 ◎ 201
莒婺 ◎ 201
吴光与伍员 ◎ 201
宗鲁 ◎ 201
生前得谥 ◎ 202
宋元公 ◎ 202

卷五 ◎ 203
子产相郑 ◎ 203
城郢 ◎ 203
周沈宝珪 ◎ 204
钟离之役 ◎ 204
猛朝之乱 ◎ 204

鹏鸽 ◎ 204
鲁昭逊国 ◎ 205
吴伐楚丧 ◎ 205
郤宛之难 ◎ 205
羊舌灭族 ◎ 206
执宋仲几 ◎ 206
平子葬谥昭公 ◎ 206
史墨论鲁昭 ◎ 206
祝佗 ◎ 207
吴师入郢 ◎ 207
阳虎囚桓子 ◎ 207
宋卫叛晋 ◎ 207
阳虎出奔 ◎ 208
阳虎适赵氏 ◎ 208
夹谷之会 ◎ 208
夫差 ◎ 208
苌弘 ◎ 209
南氏生男 ◎ 209
郢劝立辄 ◎ 209
楚昭与夫差 ◎ 209
陈恒立阳生 ◎ 210
吴征百牢 ◎ 210
季札退师 ◎ 210
子胥谏防越 ◎ 211
公为 ◎ 211
孔门多勇士 ◎ 211
西狩获麟 ◎ 211
齐简宠阚止 ◎ 211

子路死难 ◎ 212

白公之乱 ◎ 212

己氏杀蒯聩 ◎ 212

卫匠 ◎ 212

孔门存鲁 ◎ 213

逢庐随笔

卷一

◎律赋

昔以律赋试士，皆尚整丽充沛。所限之韵，大都不过七八字，因韵多一字，则赋多一段也。余尝于《江左校士录》中，见有汉高祖置酒沛宫击筑歌《大风赋》，以题字为韵，共十二段。有某君赋，仅二百余字，而十二韵无一遗者。其文曰：“云气蒸霄，风威卷地。鹿走郊原，龙吟沛泗。虽曰人事，岂非天置？帝生于沛，长而度大。三千子弟，少年相会。十有余年，转战在外。既入关中，回首山东。渺渺故宫，浪浪天风。淮南告急，帝乃自击。一声凯歌，满目山河。父老拜手，拜手饮酒。请留十日，愿祝万寿。有风萧萧，和之宜筑。我念故乡，欲歌而哭。我怀猛士，神往而复。嗟彼父老，春秋俱高。长风何急，短曲何豪。风散云乱，歌残酒半。父老告君，子孙臣汉。呜呼！前歌拔山，难归故土。后唱秋风，何足继祖。”苍凉雄放，节短音长，真能以少许胜人多许者。

◎试帖诗

清时以试帖诗[1]取士，例须于起四句中，将题字拆碎点出。虽见巧思，然殊桎梏性灵。有四川绵竹县令王某，因公下乡，值停舆休息，散步前进。见一义塾，入视，则塾师已出，惟学童数人，在坐咿唔，所读皆四子五诗经等类。只一稍长者，学作试帖之起四句。视所作题，为"两三星火是瓜州"，得三字，原作已全抹去。师为另改四句云："是星还是火，两两复三三。柳岸潮初落，瓜州路未谙。"新清俊逸，将题神题景，完全写出，不禁拍案叫绝。向学童辈问师姓名并问其游泮否。对曰："未也。"未几县试，王遂擢为县案首入庠，次科领乡荐，联捷成进士，亦文字因缘之佳话也。

◎比干墓

余戊戌春，应礼闱，自襄樊乘骡车北上。一日，过比干墓，至魏家营早饭。入店，见壁上大书"谒比干墓，戏作俳体诗"。云："赤心亦可剖，当刳禄山之腹验真否。叔父亦可杀，当使燕王父子共伏高皇法。暴君手段英君用，天下快心群小痛。胡为三郎，郎当大师走，不学商辛施毒手。吁嗟乎！谓古无奇刑，蚩尤身为涿鹿尘，曾不损黄帝仁。谓当贷亲贵，零雨三年诛管蔡，曾不为周公罪。不肖之心，虽剖千百不为残，纣独何为施之于比干？如彼禄山燕棣之属反得完？天乎，天乎，何其慎[2]！"奇横排奡，书法亦极奔放，末署"萝溪"二字，不知其为何人。后十余年，始于《樊山集》中，得见此诗。

◎浔阳琵琶图

尝见友人持一团扇，上绘《浔阳琵琶图》，题诗云："琵琶新，妾青春，琵琶旧，妾衰陋。琵琶初弹调未工，不重琵琶重妾容。琵琶弹成老将至，人老琵琶何足

① 试帖诗：试贴诗是中国封建时代的一种诗体，常用于科举考试，也叫"赋得体"，以题前常冠以"赋得"二字得名；起源于唐代，多为五言六韵或八韵排律，由帖经、试帖影响而产生。

② 慎：古同"颠"。

侍。吁嗟乎！重色多，知音少，空抱琵琶叹妾老。愿将此意告同人，抛却琵琶须趁早。”纯用白描，音节激楚，令垂老落拓者，读之泪下。

◎惠陵诗

蜀汉昭烈帝之惠陵，在成都南门外，诸葛忠武祠之右。祠之第一重殿宇，仍专祀昭烈。东西两庑，分塑蜀汉名臣之像，每人神位侧，竖一小碑，刊其本传。第二重殿，始祀忠武。由祠至陵，一径曲通，修篁夹道，陵隆然如巨阜。缭以雉垣，寝殿朝房皆备。有人于垣上题诗云：“三国议纷纷，丞相得真主。史策系偏安，终非定论语。我生千载后，携樽重吊古。不见汉家人，犹见汉家土。翁仲寂无言，空山泣杜宇。”落落数语，悲壮苍凉，末署“少山氏”三字。后有恐其日久漫漶者，另为镌石，并加跋识，嵌诸墙头，至今尚存。亦可谓文人之好事矣。

◎惠陵联

惠陵寝殿前，有清同治间成都将军崇实题联云：“一抔土，尚巍然，问他铜雀荒台，何处寻漳河疑塚。三足鼎，今安在，剩此石麐[①]古道，令人想汉代官仪。”沉郁顿挫，不愧杰作。下联末二句，盖即指昭烈殿前，东西两庑之肖像也。崇字朴山，谥文勤。

◎成都府试院

成都皇城，为明蜀王故宫，清时作为乡试贡院。贡院之左，为成都太守试郡属童生之所，俗呼曰“府试院”。杨庆伯中丞重雅，守成都时，题试院大堂一联云：“我生与永叔同乡，衡鉴无私，得士急求如轼、辙。此地是升庵故里，仪型未远，论文何必溯渊、云。”一切本身，一切本地，极细意熨帖之致，盖中丞为江西庐陵人也。

① 麐：同“麟”。

◎王宫午

王介青大令，名宫午，山东人。清咸、同间，由进士授知县入蜀，历膺繁剧，有健吏之目。嫉之者就其“宫午”二字，分撰一联刺之云：“倒像好官排场，可惜心中偏半点。全是村牛气象，先从头上宰一刀。”又光绪间，黔人作京官者，有熊某，好交游，终日车水马龙，奔走无暇。同时有王某者，则闭关却扫，不见一客。有就其两人之姓，为联分嘲之云：“能者多劳，跑断四只狗腿。主人厌客，缩著一点龟头。”皆极有巧思。

◎会元

清光绪丙戌科会试，会元刘培，直隶人，富于赀[①]，有谓其以万金买关节得冠多士者。未几，新进士复试，刘竟殿军，于是口实愈甚。是科四总裁，有两人为旗籍，其余两人，一为孙莱山尚书毓汶，山东人；一为祁文恪公世长，山西人。有人嘲以联云：“万金买得会元，宁有是乎？所怪忽而榜首，忽而榜尾。八旗不识文章，由来久矣！况添一个老东，一个老西。”语峭而冷，闻者无不绝倒。

◎晨门曰

清代以制艺取士时，童试例于起讲作成，誊[②]入试卷后，试官即逐卷于起讲末盖章，盖防倩[③]替及调换也。有某学使，以“晨门曰”三字命题。盖章时，见一童，起讲领题之下，已写就一句云：“古今一晦明耳。”讶其语气非凡，叩之曰：“汝之谋篇布局何如？”对曰：“拟擘分两大比。”两大比者，帖括艺中之一格，或两扇题，则一扇一比；或以两义诠题，则一义一比也。学使曰：“汝以何两义分诠？”对曰：“一比晨，一比门耳。”学使愈惊为奇创，复问之曰：“此句自是从晨字作想，对比起句已得之否耶？”对曰：“对比拟用‘天地一阖辟耳’。”学使不禁叫绝，向诸生扬言曰：

---

① 赀：“赀”通“资”，赀财，钱财。

② 原文作“謄”，依词义改为“誊”。

③ 倩：指借、借助。

“汝等努力作文，惟第一名已在此矣。”盖借晨门二字寄慨，则下文是知其不可而为之意，已如立竿见影，真所谓超超元箸也。榜发，遂以冠军入泮[①]。

◎锦城新咏

清光绪初，平远丁文诚公宝桢督川时，革故取新，积弊一涤。吏绅中之不利于私者，遂不免褚伍[②]腾谤，有作《锦城新咏》二十四首以诋丁者。事虽近于吹求，诗则隽永可诵。昔能全举其词，今已强半遗忘矣。

第一首云：“借甚威名化鹤来，谁知毛羽是凡胎。监司何用真虚设，轮委原公已早裁。幕府心红徒耗费，少年面白尽贤才。全川安堵原无病，偶遇庸医事事哀。”

其刺川盐改官运一首云：“不作名臣作盗臣，无端又作卖盐人。忍教淡食愁乡里，肯使余财富蜀民。本为复淮通运路，何须漏楚暗侵邻。将厘抵塞原无过，寄语司农算一寻。”盖官运成后，黔盐更贵。又彼时川盐侵销淮岸者颇多，文诚陈改官运疏内，谓川盐一经整饬，淮岸即可收复。卒之鄂西五府一州，仍为川盐销地，谓之漏楚。

其刺较场隙地种桑一首云：“不须演武好栽桑，绿叶成荫满较场。自古原蚕空有禁，于今归马本无妨。高居重镇若儿戏，直挫雄风是女郎。赢得边庭传异事，兔罝争奉马头娘。”

其刺田子实刺史秀栗一首云：“狗盗鸡鸣笑孟尝，狐裘行赂媚闺房。苦心阴结金钟万，辣手能雠[③]傅蔡方。载宝而朝通政府，奸权有宠到平康。可怜衰迈伊川老，也向田文叩首忙。”盖田为当时健吏，官泸州知州，文诚出京时，有毁之者。本欲劾之，到川后，竟大加器赏，反予保荐。有谓其效信陵窃符故事而然者。金钟万，皆文诚如夫人之母家姓，傅蔡方三人，皆司道，为田掊击被劾去者。伊川，指其时布政使程豫。程年已七十余，见傅蔡诸人罢免，危不自安，曾纡尊拜田。入门，竟伏拜缔交。

① 入泮：泮池，古代学宫前的水池，清代称考取秀才为入泮。

② 褚伍：本泛指军队，这里指众人。

③ 雠：原文作“讐”。

其余零句，如“暗蓝一转还丹顶，明白几回表赤心”，对仗极工。盖文诚督川时，因灌县堰工及官运等事，屡被言官弹劾，谕令其明白回奏；又曾派重臣来川察办，得革职留任处分。旋赏给四品顶戴，后仍开复原官。

又云：“粥厂新添馋太守，灞陵多少故将军。”盖文诚由鲁抚移节蜀中，随来旧部，多绾兵符。川中前随骆文忠公平石、蓝之诸宿将，皆投闲置散。又成都每冬设粥厂济贫，文诚用人多偏重，有候补知府某，数年不得一差，竟困极入厂食粥也。

又有刺官运句云：“肩挑背负民皆盗，狗苟蝇营官是商。”盖官运行后，引盐贵而票盐贱，遇引票相错之地，票盐即易侵灌引岸。票盐者，即小民负贩销售者也。其税厘并无偷漏，惟售非其地而已。当时禁止侵灌，刑罚未免过峻。

又有刺王湘绮句云：“新法传家胸有甲，秋风作客腹无壬。”又此首结韵云：“生女勿悲应更喜，一年馆谷一千金。”盖湘绮与文诚为儿女姻亲，延主成都尊经书院。对句且将湘绮之字，分嵌于首尾。

此廿四首之前，尚有骈骊小引，内有一排云：“我不能诗，见佳句犹镌梨枣。人如有意，进忠言盍采刍荛。”余亦极工峭，惜不能全记。此诗刊印多张，北京、成都两地，同日布散殆遍。文诚睹此诗，忿甚。然多方侦缉，迄不得作者主名，亦黠矣哉！

◎下比仿此

南皮张文襄公掌文衡时，取士专重才气，故凡气充词沛者，多列上选。清时乡、会试制艺，每篇不得过八百字，逾则虽经中式，然被礼部磨勘揭出，试官例得罚俸处分，中式者亦应停科。文襄同治癸酉典蜀试，中式者因文过八百停会试者，多至数人。既而公留督蜀学，童试及生员之科岁考，其文卷例不送部磨勘，于是逞才者更敢放笔畅言。偶出两扇题，有某生用两大比格分诠，甫将出比誊完，试卷已无余地。盖即此一比，已一千余言矣。此生乃于出比之末，注四字曰“下比仿此”，纳卷而出。公得之，大加叹赏，仍置之高等，一时传为笑谈。

◎大姑

张文襄公未通籍时，在京悦一妓，名大姑。公赠以联云："大抵浮生若梦，姑从此地销魂。"分嵌"大姑"二字，豪迈浑脱，大有太原公子[1]裼裘而来之概。

◎松筠庵

北京松筠庵，为明朝杨忠愍公故宅，后即改为忠愍祠。余三十余年前，计偕到京，入祠瞻拜，见神龛前一联云："燕市宅依然，两疏共传公有胆。铃山堂在否，十年不出彼何心。"蕴藉浏亮，惜忘作者姓名，今不知尚存否？

① 太原公子：指唐太宗李世民。

卷二

◎张月卿

成都两湖公所，为湘鄂两省人士，宦游蜀中者所同建。湖北张月卿先生，名凯嵩，官四川布政使时，制联悬戏楼云："俊采集蓉城，济济宾僚，端不负春秋佳日。与君置酒言欢，且休提衡浦雁声、武昌鱼味。笙歌征鞠部，纷纷丝管，恰难值案牍余间。笑我登场作剧，直合谱邯郸仙枕、沧海蜃楼。"盖先生由翰林，于咸、同间，积功洊升云贵总督，后因事降四川布政，故以仙枕、蜃楼，寄谪居之慨。此联为孙吟帆大令海所书，出入颜、柳，可称双绝。孙，甘肃人，由优贡授知县。

◎薛涛井

成都东门外，大江之滨，有薛涛井，为洪度故居，井即当年取水染笺者。园林清幽，久为都人士觞咏之所。陕西伍介康大令，名生辉，于厅事题联云："古井冷斜阳，问几树枇杷，何处是校书门巷。大江横曲槛，占一林烟月，要平分工部祠堂。"张月卿方伯莅任时，司道于此公宴洗尘。方伯见联激赏，因联上未题年月，疑为古迹。问伍为何时人，有答以现是此间候补知县，张遂默识于心。清时，藩臬[1]到任，例分期传见需次人员。一日，伍随班参谒，张一见手版，即不禁喜形于

① 藩臬：藩臬指藩司和臬司，明清两代的布政使和按察使的并称。

词曰："作古井冷斜阳者来矣。"倾谈移时，次日即檄署仪陇县事。大令之名作，与方伯之爱才，一时传为佳话。

◎刘止唐

薛涛井畔，石刻题咏林立，以双流刘止唐先生沅数绝为最。仅记其最后一首云："春风几度感年华，红豆飘零薄命嗟。一刻千金人易老，不堪回首忆枇杷。"对联则伍大令所题外，尚有何子贞先生"诗笺茗椀[1]香千载，云影波光活一楼"一联，脍炙人口。盖井水甘洌，到此者无不品茶而去。又云南剑川赵樾村观察，名藩，有题联，出语遗忘，对语云："十一镇，传人有几，赢得鬓边裙角，姓名翻为护花留。"[2]盖井畔有石刻洪度小传，内述十一镇节度，皆曾过访，备详十一人姓名，多为史册所未见者，语虽冷刻，然实不谬。

◎工部草堂

成都工部草堂，在城外西南隅五里许，地极清幽，与梵安寺共一大门。寺殿之右，曲径斜通，修篁蔽日，中为诗史堂，后为三贤祠。祠设三龛，中供少陵，左为山谷，右为放翁。王湘绮有联云："自诩诗成风雨惊，将平生硬语愁吟，开得宋贤两派。莫言地僻经过少，看今日酌泉荐食，俨同吴下三高。"诗史堂有某公联云："诗有千秋，南来寻丞相祠堂，一样大名垂宇宙。桥通万里，东去问襄阳耆旧，几人相忆在江楼。"又长洲顾幼耕先生，名复初，联云："异代不同时，问如此江山，龙蜷虎卧几诗客。先生亦流寓，有长留天地，月白风清一草堂。"先生为耕石学士喆嗣，咸、同间避乱入蜀，以工诗及精书画，知名一时。历任将军制府，皆延居幕中，故语颇自况。又诗史堂后，有海宁沈朗三方伯，名寿榕，集杜七律八首，极弹丸脱手之致，石刻壁间，惜不记忆。

---

① 椀：同"碗"。

② 据赵藩的《介庵楹句辑钞·题成都薛涛井吟诗楼》，题联为："百丈井，照影可怜，况余笺样诗心，才调信如香茗绝。十一镇，传人能几，难得鬓边裙角，姓名翻借护花留。"

◎崇丽阁

与薛涛井毗连之胜迹，尚有崇丽阁。阁凡四级，建于清光绪丁亥、戊子间，俯瞰江流，势极雄壮。登最高层，则城西百里外诸山，青翠可见。有巨联云："大江东去，爽气西来。"字作八分体，遒劲亦足相称。阁下有横楼曰"濯锦"，顾幼耕先生题联云："引袖拂寒星，古意苍茫，看四壁云山，青来剑外。停琴伫凉月，予怀浩渺，送一篙流水，绿到江南。"

◎两赵典试

光绪戊子科，合肥蒯礼卿编修光典，与四川宜宾赵寅臣主事亮熙，同典贵州乡试，意气不合，途间即遇事龃龉。入闱后，衡文尤多争执，甚至破口互詈。贵州广顺赵仲莹殿撰以炯，则于是科典四川乡试，寅臣先生戏出一联曰："蜀赵典黔试，黔赵典蜀试，同是六品官，一状元、一主事。"有人戏作下联云："正考骂副考，副考骂正考，偕行万余里，两伙计、两冤家。"本地风光，组织天然，闻者莫不捧腹。

◎殷周

清光绪癸巳恩科，殷如璋周锡恩两太史，同典湖北乡试。榜发后，落第者啧有烦言。有人为联诋之，即就两人之姓名，组织成文。联云："殷礼不足征，可怜如聩如聋，妄把文章量玉尺。周任有言曰，难得恩科恩榜，好凭交易博金钱。"五雀六燕[1]，铢两悉称，其剖拆璋字、锡字，尤为巧不可阶[2]。又某科钱学士桂森与吴祭酒树梅，同典浙江乡试。有人即其姓名为联云"钱塘桂子森森落；吴下梅花树树开"，亦极天然。

---

① 五雀六燕：意思是比喻双方轻重相差不多，出自《九章算术·方程》。

② 阶：本义是等级、层次，这里指不能达到的高度。

◎汪仙圃

福建汪仙圃先生，清道、咸间，官贵州知府，最工于楹联，所作无不脍炙人口。今将百年，殆无存者。兹就四十年前在乡时，所见所闻之能记忆者，录之于后。

题屠云关云："人上翠微梯，蓬岛春阴天尺五。客来书画舫，桃花流水月初三。"

题乡贤祠楼云："乡之先生，从此千古。后有来者，更上一层。"

题甲秀楼桥柱云："水从碧玉环中出。人在青莲瓣里行。"

题江南会馆花园云："花深深，柳阴阴，听远岸声歌，且凉凉去。风滟滟，月淡淡，数隔城更点，可缓缓归。"盖会馆即在城根，夏时纳凉者多在此。夜分，则城内更柝[①]，历历可听也。

又贵阳府城隍庙，改塑十殿地狱变相，公时守贵阳，于望乡台、奈何桥、血污池等处，各制小联镘其上。余只记其剥皮亭联云："似此等冥顽，死后何须留面目。看这般苦楚，生前总要顾皮毛。"警世之旨，尤严而不刻。

◎秋兴八首

光绪庚子拳匪之乱，时湖北嘉鱼刘幼丹先生，名心源，官成都府知府。忧时感事，作拟工部秋兴八首以寄慨，一时和者虽众，终无及原唱之佳者。

诗云：

"自割珠崖懒卧薪，汉家买得太平春。
头悬南阙无奇士，眼挂东门有愤臣。
九节度师当敌馁，八罗土国责牢贫。
吾生不幸言微中，痛哭乾坤一杞人。"

"闻说祠坛满玉京，少林拳法动公卿。

① 更柝：古代打更用的梆子，这里指打梆子的声音。

烧城赤舌惊天焰，祖市苍头沸地声。
王衍诸人无活计，孙恩何处有神兵。
汉廷将相真儿戏，惭愧猪奴赌一枰。”

“一击不成便倒戈，满天刀雨下修罗。
无谋五战终迁郢，有泪三呼欲渡河。
帝子柴车村落寞，皇孙麦饭路蹉跎。
相公老矣宗王少，手执金瓯计若何。”

“朱雀门前万刃环，千官步出北邙山。
天星散处惊三殿，沧海横流撼九寰。
上将无头军气墨，侍臣有血帝衣斑。
洛阳冠盖飘零尽，多少露车死未还。”

“高阁名流看陆沉，蒙尘黄屋已西临。
摧残时局填膺愤，堕落人才抱膝吟。
广武两军谁敌手，兴元一诏属天心。
汉唐宫殿岧峣在，王气终南郁到今。”

“西清散尽百年珍，南内荒苔冒战尘。
虏骑飞来城改帜，官军薙罢野空囷。
让书急索将军首，和议孤悬宰相身。
太息守陴兵夜哭，当年即墨又何人。”

“喋血京师尚未干，田间伙涉又成团。
清时有警唐天宝，乱后多才汉建安。
一览山河收泪起，百年宫府抱冰看。
官家幸莫忘今日，槜李君臣事不难。”

“大力相期挽壑舟，诸公台省作闲侯。
洗空凡马谁皋乐，呼起荒鸡有祖刘。
乱后朋侪刀底活，老来功业镜中愁。
少陵同洒西风泪，鼓角中原万里秋。”

公所为诗联，无不脍炙人口。郡属简州建巨桥，名曰万安，公题桥柱云：“听百里溪声，画境当参吴道子。续万安桥记，书名我愧蔡君谟。”

又公少孤，为胞兄教养成立。在郡时，迎兄入蜀，殁于郡署。公哭以联，今只记其起二句，出语为：“少年兄是师，老来兄是客。”对语为：“宦情我如水，归兴我如云。”虽失全豹，已见隽永。

公为丙子翰林，清时官至安徽臬使，民国二年，起为湖南巡按使，来电约余赴湘，余以绝意仕途谢却，公不久亦归道山。知己之感，殊难忘也。

◎骆文忠

花县骆文忠公秉璋，字玉门，为清咸同间名臣。其督川之勋绩，视在秦、鄂、湘等省为尤著。得民之深，亦以在川为最。公初以湖南巡抚，奉命入川，察办事件。途间有以他事递诉呈者，拒弗受，晓之曰：“除奉命所办外，不能涉及他事也。”比至顺庆，即拜督川之命，则谓吏民曰：“自今日始，川事皆吾分内事矣。”

时石、李窜扰川境，各邑土匪，乘机蜂起。顺庆距省六日程，公沿途惩奸除暴，比至成都，已诛戮二百余人。受篆后，首劾免布政使祥某，斩中军副将陈八仙以徇，文武无不股栗。节署内有厅事三楹，曰“来喜轩”。公于轩中，置小方几百数十具，分绘一百余厅州县详明地图，贴于几上。分之各为一邑，合之则为全省。政暇回旋浏览，山川道里，烂熟胸中。故发从指使，用兵如神，卒以此生擒石达开于紫大地，不数年而全蜀肃清。

公督川六载，孑身远宦，仅一侄某随侍起居。骑箕之日，文武同在榻前，启笥惟旧衣数袭，廉俸八百余金而已。城中父老闻耗，数千百人，争欲入哭，当事者以风宪衙门，不允擅进。众乃就照墙下设位哭拜，络绎不绝。且皆衰绖以临，全城人家桃符，皆易红而白。当道恐类国丧，反复开喻，始将白联揭去。灵輀辆回粤时，舟至夔府，绅民夹岸迎祭。时值水枯，柩船滞于浅际，绅民争去鞋袜，入水捧船使行，其得民之深如此。

公之专祠在成都，中有塑像酷肖。每值岁首，纵民瞻拜。元夜以前，十数日中，泥首像前者，竟日无少间。祠门有联云："北门卧护思羊叔，西蜀贤良继孔明。"殆非虚语。龛前有公自挽联云："十载忝清班，于翰詹科道而洊转京卿，奉使遍齐州豫州凉州，回首宦途成梦幻。卅年膺外任，历秦楚滇湘以莅兹巴蜀，督师平李逆石逆蔡逆，殚心戎务识时艰。"又有张某联云："才望重蓬瀛，子云本班彪父党，忆昔燕台霜冷，鄂渚风清，曾侍先生几杖。讴思遗巴蜀，韦皋为诸葛后身，即今玉垒烟销，锦江波静，更营丞相祠堂。"又有某公集唐句联云："伯仲之间见伊吕，嗣皇继圣登夔皋。"盖公于同治初年，以川督遥拜协揆。又黄公起元联云："主圣则臣贤，纬武经文，一德一心孚北阙。民怀兼吏畏，春礿秋尝，斯人斯庙重西陲。"此联为先太守所书。

◎疆吏评语

清光绪中年以后，渐行新政，合肥李文忠公，洞悉东西各国情形。然其督直也，于新政则若不甚措意。

南皮张文襄公之督两湖，则百端具举，惟所办又未尽惬人意。

有评两公者曰："张南皮闭目而奔；李合肥张目而卧。"

又西林岑云阶制府春煊，与项城、南皮同负时望。有评三公者曰："南皮有学无术，项城有术无学，西林不学无术。"人亦多推为确论。

卷三

◎淮阴侯祠

山西灵石县韩侯岭，峻坂百折，车行极艰。淮阴侯墓，在山之绝顶，实为侯瘗头处，陶文毅公《蜀輶日记》论之最详。墓前即为侯祠，岁久就圮[1]。光绪庚子，夏琅溪[2]提督，率师勤王，驻兵于此，始葺而新之。壬寅秋，余由北京改官入川，经此下车，入祠展拜。见两壁题咏如林，尤以“十年成败一知己，七尺存亡两妇人”一联为警绝。戏台一联云：“气盖世，力拔山，见公束手。歌大风，思猛士，为子伤怀。”又殿左门首一联云：“汉自薄功臣，几见真王留寸土。侯原无异志，惟余孤塚傲长陵。”皆隽峭可喜。余亦有诗题壁云：“荒祠落木乱乌啼，灵石峰前日又西。十载重轻关两大，一王真假误三齐。印符已兆烹功狗，钟室何须罪牝鸡。大好头颅终砍却，当年胯下早拚低。”

◎两湖督署

余戊戌会试后，回经汉口，过江谒张文襄公。见督署头门联云：“北启荆襄，南包衡岳，中有九江合流，形胜无双，楚尾吴头一都会。内修政事，外饬戎兵，兼理四裔交涉，师资不远，林前胡后两文忠。”可谓雄文称题。又公入相后，岁首题门联云：“朝廷有道青春好，门馆无私白日闲。”亦颇见名相风度。

---

① 圮：塌坏、倒塌。

② 夏琅溪：夏毓秀，字琅溪，云南昆明人，清朝将领。

◎杨妃祠

马嵬坡杨妃墓，在大道旁数十武。墓前有祠，中供太真栗主[①]，题曰："唐明皇帝贵妃杨氏神位。"墓碑为毕秋帆尚书所题。余壬寅筮仕[②]入川，过此停舆入览。四壁两廊，题咏殆遍，最爱林文忠公八首，云：

"六军何事驻征骖，妾为君王死亦甘。抛却蛾眉安将士，人间从此重生男。"

"费尽金钱贾祻胎，猪龙谁遣入宫来。重泉尚听渔阳鼓，可有胡儿哭母哀。"

"才过生日祝长生，谁料生天促此行。六月佛堂凉似水，梵王挥手竟无情。"

"龙脑汤泉也自温，华清宫殿锁千门。红尘荔枝来何晚，一嗅余香不返魂。"

"翻幸长门一斛珠，不随车骑委泥涂。报他寿邸群妃道，好是罗敷自有夫。"

"在地犹为连理枝，却因摇落怨花时。秋风若待歌团扇，那得君王辗转思。"

"金粟堆前独鸟呼，棠梨树下月轮孤。三郎不遣招同穴，空使香魂入梦苏。"

"借甚才名长恨篇，先皇惭德老臣宣。诗家解识尊亲义，杜老而还祗郑畋。"

又第三首原注云："六月朔，为太真生日，距马嵬之变，只旬日耳。"第四首原注云："妃甫绝，而嘉州进荔枝至，上挥泪命力士荐之，见外传。"

此诗用石刻嵌于廊壁，为文忠手书，字尤秀劲可爱。此外，佳作尚多，惜不能记忆矣。

◎严中丞

四川新都严渭春先生，名树森，由广西巡抚解组回川后，治双第于成都。一在桂王桥西街，门联云："两朝恩眷三持节，五岭归来再读书。"一在骆公祠街，与蜀汉赵顺平侯之洗马池，仅隔一墙，侯祠即在池上。门联云："钟鼎旧传唐节度，门墙新傍汉通侯。"皆名贵可诵。

① 栗主：用栗木做成的神牌位。
② 筮仕：古人将出做官，卜问吉凶，后指初出做官。

◎李西沤

李伯子先生，名惺，四川垫江人。西沤，其斋名也。先生诗文，无不高迈，尤工试帖诗，盖以唐、宋气魄出之。故绝非描头画角者，所可同日而语。

科举时代，西沤试帖，殆无不家置一编。先生以翰林侍读，乞休归蜀，主讲省城锦江书院。宣庙特许以专折言事，大吏惮其风骨，尤加敬礼。先生试帖中，有赋得“夜半无人私语时”。得“生”字一首，其起四句云：“密语私相誓，良宵剧有情。别无人一个，已是夜三更。”久已脍炙人口。

一日，同城文武，公宴演剧，先生亦在座。伶人某，素滑稽，值扮窃盗出，开口即用前诗第三、四两句，作登场语。座客闻之，深恐先生不怿，乃先生掀髯笑曰：“若辈亦读我试帖诗耶？”然此二句用作偷儿科诨，实可谓绝无仅有矣。

◎马王庙

成都马王庙，为有清中叶绿营官兵集资所修。门首有石刻一联云：“卜王道其昌乎，歌天马徕从西极。此房星之精也，有苍龙见于东方。”马王无典可举，联语矞[1]皇典茂，确是马王口气。闻系李西沤先生，掌教锦江书院时所作。字体仿圣教序，无一懈笔。惜石质不坚，年代渐久，下段已多剥落矣。

◎钱纸巷

成都省城钱纸巷，因有业制冥钱者之公所，故以名街。公所门前有联云：“内方外圆，形同万选。通幽合漠，价三都。”以羌[2]无故实之事，而运典造句如此雅切，洵非能手不办。

① 矞：yù，彩云，古人认为祥瑞：“云则五色而为庆，三色而成矞。”

② 羌：文言助词，用在句首，无义。

◎云贵公所

遵义黎莼斋先生庶昌，光绪中，出使英、日各国，归授四川川东道。履任后，值重庆滇、黔两省同乡，正创建云贵公所。先生于戏楼题联云：“溯二千年秦汉遗风，犹存此地巴渝舞。阅四万里欧罗列国，仍爱中原雅颂声。”爱国之忱，可谓溢于言表矣。

◎制义用骚体

制义取士，最重绳墨，虽负不羁之才，亦不得不敛抑就范。

光绪戊子科，四川乡试，首题为“太师挚适齐”全章。有某君之文，已取中矣，因二场录旧，遂被斥落，仅将其文附刊闱墨之末。惟既未获隽，例即不拆弥封，故闱墨上只列其卷面红号，无由著其姓名。其文起讲仿典谟体，中段仿史汉，末段则以骚体作结，云：“吾知孔子必有以招之曰，翳泱泱之齐国兮，竞新声于遄台。夫何张乐于洞庭兮，岂惟楚之有材。毋迷津于下蔡兮，竟一往而不回。家匪秦而为秦声兮，何击缶之摧且哀。望幽人而不见兮，或云在河之隈。游汉皋以翱翔兮，将要之以琼瑰。嗟海邦不可以久处兮，中有蛟龙与龟能。山川兮抑郁，城郭兮崔嵬。我所思兮秋水，复极目兮蓬莱。寄尺书兮千里。招故人兮盍归乎来。”深情逸响，在帖括中，可谓前无古人，后无来者之作。

◎金陵怀古

偶阅《江左校士录》，见有《金陵怀古》题。选刊者五六人，大都自孙吴至陈后主，一朝一首。有某君之作，则于陈朝后，加明太祖及福王各一首。《怀明太祖》云：“杯酒亲酬刘布衣，手提长剑定南畿。何期万古雄图盛，难阻三春燕子飞。夷族方知臣节固，立孙应悔庙谋非。金川门外悲笳动，剩有残兵卧落晖。”《怀福王》云：“一曲春灯半壁休，南朝天子又无愁。梅花空洒孤臣泪，桃叶犹呼五夜舟。天堑兵来歌席散，孝陵鬼哭故宫秋。旧时淮水东边月，又照降旛出石头。”

◎状元名应五行

前清科举时，同治戊辰状元洪钧，名带金旁；辛未状元梁耀枢，名带木旁；甲戌状元陆润庠，名带水旁；光绪丙子状元曹鸿勋，名带火旁；丁丑状元王仁堪，名带土旁。

又清时，京城各省会馆，例将本省所出特殊官爵，用红笺书写，张挂影壁。惟四川会馆，公侯伯子男皆备，为他省所无。盖岳钟琪封三等威信公，杨遇春封一等昭勇侯，许某封三等壮烈伯，鲍超封一等子，罗斯举封一等男。有人戏出联云："四川四等爵，公侯伯子男。"言四等者，盖取子男同一位之义。有对之者云："五科五状元，金木水火土。"皆系事实，而对仗又极工，可称警绝。

◎丁公祠

平远丁文诚公宝桢，卒于川督任，后朝旨命于济南、成都两地，建立专祠。迨鲁祠已落成，蜀祠尚未经始。仅就贵州会馆内，尹、王二公祠神龛之左，为位以祀。华阳胡念生先生，名延，在资州高怡楼刺史幕中，为高捉刀撰联，悬文诚位前云："中兴元老首勤王，文足化荆楚，武足平宸濠，生成学术勋名，一派渊源母敛县。东国去思还似蜀，前者河渠书，今者盐铁论，想像崇祠峻宇，百灵风雨大明湖。"此联以尹、王二公与文诚合组，紧切彼时附祀地位。下联语含讽叹，蜀祠竟由是观成。文章功效，非浅鲜也。

又文成专祠告成后，夏淑轩中丞，尚官四川，题联云："崇封依尚父营邱，风雨护灵楸，景慕如瞻先世履。尸祝继武侯祠庙，江山余古柏，栽培犹见老成心。"盖文诚巡抚山东，其遗爱之深，更甚于蜀。卒后，东省士绅，请葬于济南。夏之上联引用齐丁公事，可称工切。

又祠之左偏有戏台，台上一联云："难忘谢傅风流，问一角黔山，谁念苍生重载酒。依旧锦城丝管，听双声绛树，同开绿野好娱宾。"绮丽熨帖。因未署名，不知为何人手笔。

◎岳阳楼

岳阳楼上，有狂生题联云："吕道人，太无聊，八百里洞庭，飞过去，飞过来，一个神仙谁在眼。范秀才，亦多事，数十年光景，甚么先，甚么后，万家忧乐独关心。"神仙将相，一齐抹煞，使纯阳、希文见之，亦当为之捧腹。

◎东坡读书楼

嘉定有东坡读书楼，何子贞先生督学四川时，题联云："江上此楼高，问坡颖而还，千古读书人几个；蜀中遊迹遍，看嘉峨并秀，扁舟载酒我重来。"科举时，学使三年一任，按临各郡，试生童两次。前曰岁考，后曰科考，此盖科考时所题，故曰重来。又邑人刘少春茂才题楼联云："文字忌恢奇，叹磨蝎临宫，颠倒竟成才子例。海山容放浪，数飞鸿爪印，勾留终是故乡多。"亦颇为子贞先生所激赏。

◎土豪

贵州某邑，有廪生某，清咸、同间，苗匪作乱，某练乡团，捍卫桑梓，颇著声望。然平日武断乡曲，劣迹亦多。承平后，邑令胪陈[①]罪状，褫衿[②]通缉。某虽逃亡，却未出县境，匿乡间一观音寺中。值大士会期，寺僧倩其作联贴庙门。某因寺中所塑为独手观音，援笔立成云："几杵疏钟，荡开西极广千界。一只妙手，擎住南荒半壁天。"未几，县令下乡，税驾此寺。见联，召寺僧问曰："某匿尔寺耶？"僧瞠目无以应。某闻之，已逾垣遁去。盖豪霸口气，自流露于不觉也。

---

① 胪陈：宣布、陈述。

② 褫衿：褫夺青衿，即褫夺秀才资格。

◎张文襄

南皮张文襄公，所为联语，无一不磅礴浑涵，绝非抽黄对白[1]者所能望其项背。其寿合肥李文忠公七十云："中国相司马矣，老子其犹龙乎。"又寿项城五十云："五岳同尊，惟嵩独峻。百年上寿，如日方中。"又督两粤时，题广州三忠祠云："臣事君以忠，其三人，斯仁至矣。士见危授命，虽百世，有宋存焉。"集四书语，如生铁铸成。三忠者，祀宋文文山、陆秀夫、张世杰也。又前清初铸银币，一面以龙为模型，一面铸"光绪元宝"四字。公题武昌银圆局联云："楚国以为宝，天用莫如龙。"真有吐弃[2]一切之概。

---

① 抽黄对白：指只求对仗工稳。

② 吐弃：唾弃。

卷四

◎金忠甫

金忠甫太常，与濮紫泉中丞，同在军机处充章京多年。金以三品京卿兼领班，骎骎乎[①]大用矣。乃一病遽殂，身后萧然，将货其京中住宅，为归榇[②]之用。濮挽以联云："禁清出入十年余，剧怜群玉山头，丹顶将开炉火尽。茗话从容昨日事，重过乌衣巷口，雕梁无恙主人非。"情文斐亹，不愧杰作。

◎贵山书院

科举时代，各省会及郡县，皆设书院，为士子肄业之所。贵州全省书院曰贵山，大门联云："天地之性人为贵，风雨不动安如山。"分嵌"贵山"二字，成语天然，且贴切书院。字为袁锡臣先生所书，气魄环伟。

又贵阳城内贡院中，有道光时贺藕庚先生在黔抚任内，充乡试监临，题联云："论功名不凭德行文章，哪怕你万苦千辛，到此休作侥幸想。诸执事须竭心思耳目，莫负他三年一度，吾侪况是过来人。"一勉士子，一警试官，可谓仁者之言蔼如[③]。

---

① 骎骎乎：马跑得很快。

② 榇：泛指棺材。

③ 蔼如：对人和善的有仁德的人。唐代韩愈《答李翊书》："仁义之人，其言蔼如也。"

◎万臬使

光绪庚子冬，四川臬使万公培因，卒于官。时吴子修学士正督蜀学，挽万联云：“国都巨变，亘古所罕闻，公是生天成佛人，傥鹤化归来，定依恋汉家宫阙。先朝旧臣，今又一个弱，我有倾河注海泪，听鹃啼悽切，祇空吟杜老诗篇。”盖万公为曾湘乡幕府，历官三朝。殁时，拳匪之祸未息，两宫尚蒙尘在外也。联语寄慨遥深，故为时传诵。

◎试帖

科举时代之试帖诗，虽非衡文者[①]所偏重，然亦有时因一二联为主司所激赏，竟掇巍科者。

云南某科乡试，诗题为“飞鸿响远音”。有某君一联云：“关山千里夜，天地一声秋。”遂以抡元。又四川某科乡试，诗题为“巴江学字流”，有某君一联云：“大波三折去，远派八分收。”亦得列魁。前联之浑灏贴切，后联之双绾无痕，洵皆不易得也。

◎诗钟

诗钟即击钵刻烛遗意，虽属词章小道，然有时题太窘，虽名士亦为束手。[②]各格中，尤以双钩及碎联为不易。

昔年在北京，见冷云帆孝廉，作“之乎也者”四字双钩云：“之绕江流人去也，者番风景客知乎。”又有拈得“一二三四”四字为碎联者，众嫌其太易，请再加四字，拈得“天地人和”。然一联仅十四字，碎联一格，又不准将题字蝉联。题既占去八字，只能用六字间隔成句，大有熏笼上立，屏风上行之苦。某太史句云：“四围人影三弓地，一剪和风二月天。”不特斧凿无痕，且居然名句矣。又一日，拈得“之”字、“两”字，用鹤顶格分嵌两句之首。余集旧句云：“之子远行少鸿雁，两人

① 衡文者：品评文章的人，特指主持科举考试的考官。

② 诗钟是中国古代文人的一种限时吟诗文字游戏，大约出现在清嘉庆、道光年间。诗钟限一炷香工夫吟成一联或多联，香尽鸣钟，所以叫“诗钟”。

相对画螳螂。”合座亦颇激赏。又有分咏一格，将人物之雅与俗者，各拟若干，分拈其一，各咏一句，合成一联。如汉光武与溺器云：“五更蹴起严光足，千古空悲智伯头。”是此格不难于咏雅，而难于咏俗。有拈俗得顶棚者云：“未许空梁落燕泥。”得粪坑者云：“浅深惟有上农知。”得亮蓝顶者云：“头衔一转便成丹。”皆能于羌无故实中，出以雅驯，而又确切不移，故为难能可贵。

◎沈园

梁茝邻先生《楹联丛话》，载其罢官归里后，自撰客厅联云：“有客醉，无客睡，福简简，吁可愧。长歌粗，短歌疏，诗平平，聊自娱。”格调颇觉新颖。

余尝于成都沈氏园中，见联与此同调云：“花正好，春不老，此中人，长寿考。月初圆，夜未阑，将进酒，小游仙。”后高氏所修之双柳村，亦刻此联悬之。

◎柏相

清咸丰戊午科场案，柏相国葰①伏法后，人多悲之。有朝士挽联云：“其生也荣，其死也哀，雨露雷霆皆帝德。臣门如市，臣心如水，皇天后土鉴孤衷。”先太守时以会试在京，寄居同乡京官萧润宇先生家，先生欲送一挽帐，帐上四字，屡易皆不惬心。先太守为拟“黄粱梦醒”四字，于柏相身分遭际适合，是非则存而不论，见者无不叹为超脱。盖君主专制时代，遇此等事，著笔殊难也。

◎戏台

四十年前，在贵阳应乡试时，见某庙戏台上有联云：“千百年后，大家都是古人，趁此时立定脚根，做一个忠臣义士、孝子贤孙，照样演来也好看。廿四史中，细事皆成铁案，到今日编入曲谱，把几多霸图权谋、朋奸党恶，和盘托出不留情。”此联虽处处戏台皆可通用，然流利爽朗，亦自可诵。

① 柏相国葰：柏葰（？—1859），巴鲁特氏，原名松葰，字静涛，蒙古正蓝旗人，清朝大臣。柏葰素持正，自登枢府，与载垣、端华、肃顺等不协，因“戊午科场案”而被杀。

◎昭烈殿

成都诸葛忠武祠，前殿祀昭烈，后殿乃祀武侯，所谓“君臣同閟宫”[1]也。昭烈殿石柱上，有清同治间成都将军崇实镘联云：“使君本天下英雄，正统攸归，王气钟楼桑车盖。巴蜀系汉朝终始，神灵如在，遗民拜古柏祠堂。”气魄沉雄。下联首句，尤为新创。

◎陈制府

贵阳陈筱石先生，名夔龙，由癸未进士，改部郎，洊擢封圻，历任四川、两湖、直隶等省总督。鼎革后，退居申江。丙寅，值七十初度，作《感事书怀》七律十章云：

“弹指光阴到古稀，君亲两负我何依。忍看慈母密缝线，惭对先皇旧赐绯。道阻泷冈惟梦绕，石填沧海与心违。草间偷活宁言寿，神武当年悔见几。”

“学礼学诗鲤过庭，八龄孤露感零丁。留楹书卷埋头读，当户机声茹泪听。中岁潜郎嗟枥马，衰年急难叫原鸰。悬鳏病榻虚眉桉，墓草清明几度青。”

“意气平生总郁陶，楼床偃卧不堪豪。伯鱼三娶难偕老，司马一官是散曹。半日读书皋廡静，穷年避债赧台高。尹京适遘红巾乱，歃血刑牲敢告劳。”

“雪天泥印爪飞鸿，按部班春处处同。十载宦游五行省，一生知己两文忠。北来掌钥门终启，西上迴车路已穷。河岳英灵江汉水，不曾报政漫言功。”

“劫灰历尽数华年，曾见红桑变海田。避地生涯余皂帽，传家故物有青毡。笛梅偶赋梅花曲，雪砌空余柳絮篇。莫忘彭城旧雨约，白头兄弟对床眠。”

“披荆昔扫六街尘，种秫今为栗里人。垂老尚能遵汉腊，佯狂或许託殷仁。麻鞋子美天涯梦，革带休文病后身。纵到百年仍是寄，水云重认画图新。”

“不教闻乐感临觞，中露流离只自伤。汉上忍攀前种柳，淮南留得寄生桑。遗山野史文堪续，灵武中兴事岂忘。傥过夷门谈任侠，未酬身命鬓先苍。”

“琼篇周甲写成图，一纪星驰岁月徂。独倚小窗看北斗，早留生圹傍西

① “君臣同閟宫”：泛指祠堂。杜甫《古柏行》：“忆昨路绕锦亭东，先主武侯同閟宫。”

湖。楚人皆竞资三户，汉币终须复五铢。欲俟河清吾老矣，闲携藤杖溯桑弧。”

“开府归来雪满头，联吟白社几经秋。蕉阴著笔都成梦，花近伤心懒下楼。一集一官删少作，某山某水话前游。当湖烟月如招隐，祇恐渔竿早见投。”

“拜赐宫衣梦已遥，恩荣端午集东朝。河阳忽报天王狩，江表终看贼景枭。鹦鹉问安烦陇使，杜鹃饮恨隔津桥。新蒲细柳年年绿，点缀生朝转寂寥。”

又先生督直隶时，陈中丞昭常，官吉林巡抚，甚相得，且联宗焉。鼎革后，同侨沪渎。癸丑九月初，中丞卒，先生挽以联云：“与子共疆圻，谁使神州陆沉，故国河山空陨涕。吾家好兄弟，太息重阳节近，满城风雨罢登高。”真情文兼至之作也。

◎万斐成

四川泸县万斐成明经，诗文皆有豪迈气。应童试时，初名“人敌”。张文襄督蜀学，爱其才，而嫌取名涉自矜，为更曰“慎”。中江李眉生先生殁后，四川同乡京官，公挽一联，万时在京，即出其手。联云：“为先朝曾文正特赏奇才，忆昔石头浪恶，铁瓮城高，狼牙大纛尽纵横，上马杀贼，下马作露布。是君家李谪仙一流人物，即今吴苑草荒，苏台花落，红粉青衫都寂寞，举头望月，低头思故乡。”相传李有二妾，为太平天国某王妃，已先李殁，故有红粉青衫之语。

又泸邑有某进士，官县令，改教职归，七旬余卒，身后萧然。万挽联云：“寿经七秩，宦历卅年，老矣先生，回思道路万千，北马南船几奔走。囊鲜一钱，家徒四壁，这般结局，寄语少年三五，东涂西抹又何为。”借题警世，亦殊跳脱。

泸县在前清为直隶州，光绪初，有刺史某，健而酷。万控诸大府，某以事中伤之，褫衿通缉。万亡入京十余年，某刺史殁后始回川。有挽某联云：“蜀国瘴氛开，叹白马素车，公真西去。泸江风浪恶，幸扁舟皂帽，我又南旋。”

万在京时，有都门杂感七律二十首，于时人皆有美刺。其刺恭邸云：“老去姬公甘避谤，年来烛武亦精亡。”其刺李合肥云：“和戎乐美风斯下，上相星辉日不明。”其美刘渊亭前半首云：“旌旗拥出黑云都，拂拂虬髯胆气粗。卧榻岂容他客睡，孱王须仗伟人扶。”其结尾一首有云：“骂座未嫌杯酒冷，无官才觉布衣尊。”皆警句也，惜不能全记矣。

◎清暑丸

钟符卿观察，名文虎，浙江海宁人。精岐黄，与余有姻谊。见余好制药施送贫苦，赠余一方，名“清暑丸”，谓系积数十年之经验，斟酌配合而成。凡夏秋两季，有冒暑或感不正之气者，服此无不立愈，试之果然。

其方每剂为：连翘十两，藿香五两，枳壳八两，厚朴八两，槟榔六两，荆芥四两，苏叶、苏梗各二两，青蒿三两，花粉四两，神曲四两，茯苓八两，香薷一两，焦栀六两，酒苓八两，陈皮六两，大力子六两，法半夏五两，知母五两，木通三两，泽泻八两，青皮二两，甘草二两，木香二两，滑石八两，车前子四两，麦芽十两，木瓜四两，苡仁八两，银花七两，共研为末。再用大腹毛八两，煎水糁制为丸，每粒如小绿豆大，每包之丸，约重四钱。每服壹包，轻或半包。

余自得方，年年制送，今已十稔，服者辄愈，而尤以劳力苦人为易奏效。岁约施十余剂或二十余剂，恐日久失传，爰识其方于此。

◎续戏台

前记贵阳某庙戏台联，取其气充词沛。兹又得情文并茂者两联，一为北京正乙祠云：“八千场秋月春风，尽销磨蝴蝶梦中、琵琶弦上。三百副金樽檀板，最怅触桃花扇底、燕子灯前。”一为上海某戏园云：“休羡他快意登场，也须夙世根基，才博得屠狗封侯，烂羊作尉。姑借尔寓言醒世，一任当前烜赫，总不过草头富贵，花面逢迎。”又北京庆乐园戏台上“大千秋色在眉头”一联，传为吴梅村先生所作所书，曾见于《楹联丛话》。余戊戌会试在京，犹见岿然存在，迨庚子，园为拳匪所焚。此三百年故物，亦遂随付一炬，可胜惜哉！

◎国史馆总裁

张幼樵先生，有座师某公，官国史馆总裁，卒于位。先生挽以联云：“成一代史，何可无公，那堪册稿飘零，顿惊绝笔。封万户侯，不如知己，胜有纵横涕泪，来赋招魂。”吐属名贵，双方身分皆见。

卷五

◎柯学使

柯中丞逢时，湖北人。由翰林任陕西学政时，题使署二堂联云："结习难忘，袖中携半卷离骚，美人香草。征轺所历，天外看三峰落雁，玉女莲花。"上联切湖北，下联切陕西，已觉风韵卓绝，而借离骚美人香草，对落雁玉女莲花，字字工稳，尤为巧不可阶。

◎十姨庙

蓟园居士所著《无稽谰语》一书，因所载多秽亵事，清光绪间，即列入淫书，禁止售卖。中有十姨庙一则，言因杜拾遗讹为杜十姨事，庙中遂塑女像十人供奉之。有书生夜宿庙中，遇女鬼十人，各集旧句，赋七律一首。余只记得四首云：

"嫁得萧郎爱远遊，每因风景却生愁。桃花脸薄难藏泪，桐树心孤易感秋。阆苑有书多付鹤，画屏无睡待牵牛。旁人未必知心事，又抱轻衾上玉楼。"

"本来银汉是红墙，云雨巫山枉断肠。与我周旋宁作我，为郎憔悴却羞郎。闲窥夜月销金帐，倦倚春风白玉床。谁为含愁独不见，一生赢得是凄凉。"

"风景依稀似去年，画堂金屋见婵娟。曾经沧海难为水，愿作鸳鸯不羡仙。归去岂知还向月，坐来虽近远于天。何时兆此金钱会，一度思量一惘然。"

"平生原不解相思,莫遣玲珑唱我词。有酒惟浇赵州土,无人会说鲍家诗。常将白雪怜苏小,不用黄金铸牧之。我是梦中传彩笔,遍从人问可相宜。"

细腻熨帖,极弹丸脱手之妙。惜书早绝迹,无从检补其遗忘矣。

◎陕抚疏语

光绪甲辰、乙巳间,余在川督幕中,各省皆初办官报,互相寄阅。时抚陕者为升吉甫中丞,记得秦中官报所载升抚奏牍内,有两疏,语颇俊峭。

一为有广西知府惠荣,在桂服官多年,迭膺保奖。迨柯中丞逢时抚桂,亦极倚惠,两广总督岑春煊,与柯积不相能,遂谓惠前在某府任内,有滥杀良民事,竟劾奉谕旨褫职,发往军台效力赎罪。

惠行至西安,升廉得其冤,为疏请宽免余罪,改留陕西效用。疏中先将惠荣被屈及岑以意气用事情形说明,后复按数语云:"窃谓是非何尝之有。从来两人之口,一毁而一誉;一人之身,乍贤而乍佞。臣固不敢谓一督臣之纠参,必出于意见;亦不敢谓众抚臣之保荐,悉出于偏私。即以枉杀无辜言之,诛盗贼千,难免无良民一。论者没其诛千盗之功,但责以杀一民之罪。彼抑何以自解?"

一为光绪季年,饬各省酌提地方官吏中饱之资,以供举办新政之用。升抚具奏,沥陈陕省郡县瘠苦,向少陋规,无从酌提。末谓廉俸万不足资赡给,若搜括过尽,则贤者惧贻亏累,不免相率求归。若不计贴赔,甘以所得归公,恐其心更不可问。又云:"夫使人人中饱,诚属无良。然使人人皆饥,国谁与立?"阅者无不叹为精警。两疏所请,亦皆得报可,词令关系,非浅鲜也。

◎刘某

民国四年,项城[①]令各省召集各县代表,于省城开会通过君宪,然后复选数人入京拥戴。四川某县代表刘君到省未及开会,是年十月,殁于蓉垣旅次。有他县代表某君,挽以联云:"为国是不惜溯江边锦浪而来,残照又黄昏,今昔山河悲屈

① 项城:袁世凯,河南项城人,故人称"袁项城"。

子。趁阳月竟借访岭上梅花以去，白云迷玉宇，仓黄皇缟纻失刘安。”寄慨遥深，为时传诵。

◎成都府

四川成都知府署，为蜀汉武乡侯故邸。大门外，有绰楔一座，中书“古天府”三字。表里两面，一面左右分书“开诚心”“布公道”二语，一面分书“集众思”“广忠益”二语。大堂内有石狮二，传为汉物。张筱詹先生治郡时，题堂联云：“此地素称丞相亮，惭予也号益州张。”可谓蕴藉风流。先生名日晸，贵州清镇县人，由翰林官至云贵总督。

◎刘文壮公

庐江刘文壮公秉章督川时，为长公子完婚。所娶乃合肥李文忠公侄女，由皖送亲入蜀成礼，祁祁如云，极一时富贵之盛。文壮有七律四首纪事，先溯己身未遇时之寒苦，后乃示勉戒之意。余只记其前二首云：

“四十年前挽鹿车，荆钗裙布到蓬庐。朝餐饭后为磨墨，夜绩灯边伴读书。淡扫眉痕来拥彗，吟成腹稿出锄蔬。盈门灿烂今如此，冻饿无忘虎口余。”

“嵯峨蜀道马虺隤，三峡江声吼若雷。为尔一年功可惜，劳他万里送将来。珠求沧海装琴柱，玉琢蓝田作镜台。试想外姑珍重意，东床须称出群才。”

又第四首前四句云：“白发生儿始觉迟，老来五桂挺新枝。尔看群季皆黄口，我盼先声誉白眉。”皆极隽朗可诵。

◎黄鹤楼

武昌黄鹤楼，咸、同间毁于兵燹，事定后，重修落成。有某巨公题联云：“我从千里而来，看江上梅花，已开到红羊劫后。谁云一去不返，借楼中玉笛，仍吹起黄鹤高飞。”有谓上联出自何道州，下联为李文忠所对，未知信否？后此楼又兆焚如，联亦销归乌有矣[①]。

◎周犊山

周犊山先生，名镐，文情豪迈，所作制艺，尤蓬勃充沛。科举时代，凡笔气平庸者，无不奉为金圭臬。犹记其作《卒之东郭墦间之祭者》题文，中幅有散体一段云：

“为问墦间之祭，其富者耶？其贵者耶？当其凭权借势，乐且无央。罗长筵，设广席，有酒如淮，有肉如林，啼笑满前，笙歌起后，一时喧宾狎客，又各献技以相取媚。斯时也，一斗不醉，一石不醉，几不知人间有老死事。乃钟鸣漏罢，兴尽悲来。门前车马顿稀，堂上人琴俱渺。牧童樵竖，斫墓木以为薪。狡兔丰狐，凿墓田而争穴。如使鬼犹求食，从前醉饱之徒，不其馁而。即或寡妻弱妾，具一盂麦饭，痛洒荒郊。然其人已死，其鬼不灵，曾见有生前酒肉，携入九原者？呜呼！浮云梦幻，转瞬皆虚，生存华屋处，零落归山邱，昔人所为过富贵之门而为之痛哭者也。墦间之魂魄有知，其亦憬然于富贵之不可保，饮食之不足羡耶？”

就上文富贵饮食酒肉等字，立言寄慨，藻不妄抒，足令荣利薰心者读之，如闻暮鼓晨钟，自发深省，不可谓无益世教之文也！

◎匾额

匾额虽仅数字，然求其贴切浑成或新颖夺目者，殊不多觏。

华阳县城隍庙戏台匾，为“世事视是”四字，择同音之字，撮成一语，却又关合戏台，甚觉新异。又成都有安乐寺，祀刘后主，戏楼一匾曰“此间乐”，虽近滑稽，然颇贴切。又有谐谈者云：“有某教之庙，悬一匾，曰‘西方圣人’。值关圣过此，怒命周仓以刀劈毁之。周将军举刀一挥，匾适横去其半，遂变而为‘四万王八’四字，闻者莫不捧腹。”又清光绪间，四川建昌道员宝森，文靖公之弟也，

① 黄鹤楼原址在湖北武昌蛇山，1700多年来屡建屡毁，最后一次毁于清光绪十年（1884年）大火。

恃乃兄当国，恣意凌傲。偶值灾拯募捐，当地富绅某，不肯多助，宝恨之而不见于色，且佯谓人曰："某尚能捐此数，已出我望，某日当送一匾额嘉奖之。"命工在署内秘制。至日，某富翁集族友以待，宝命鼓乐伴送匾往，外用红缎套衣之，嘱使者曰："须悬定始揭套。"众争瞩①目，比揭视，乃"为富不仁"四字也。某翁瞠目气结，愧恧几无以自容，真可谓恶作剧矣。

◎汤阴岳庙

戊戌春，由河南道赴礼闱，经汤阴，入岳庙展拜，见大门联云："凛凛生气，悠悠苍天。"诚足包扫一切。庙中联语虽多，终无能出此二句意义之外者。足见着墨不在多，一语可抵人千百也。

◎邯郸

经邯郸谒吕祖庙，殿中塑吕祖南面坐。左壁塑一床，卢生攲枕而卧。右壁塑主人炊黄粱。壁间题诗颇多，余亦书绝句："鸡声喔喔晓窗寒，短榻孤檠竟夜安。我是痴人偏讳梦，无因无想过邯郸。"

◎灯谜

灯虎②一道，虽行小慧，然亦足见匠心。旧日文人墨客，罔不烂熟四书五经，故谜底大都以此数书为范围。忆弱冠时，每值元夜前后，与同学同年诸君，或到处觅射，或设灯自出，几于如醉如狂，寝馈不释。兹就从前自拟及射获者，追忆数十条，汇录于后。

"司马家儿。《左传》一句。"——晋，吾宗也。

"与公瑾交如饮醇醪。《左传》一句。"——是以比周。

"伯姬归于宋。《唐诗三百首》一句。"——老大嫁作商人妇。

---

① 瞩：原文作"属"，通"瞩"，依词义改。

② 灯虎：即灯谜，比喻暂时被隐瞒着的事物。这里，虎有"虎踪猫迹"之意，意思是暗藏痕迹，近似"蛛丝马迹"。

“天官弟子。《诗经》一句。”——家伯冢宰。

“太上老君弟子。《诗经》一句。”解铃格。——皇父孔圣。

“不信东厨司命神。《左传》一句。”——灶焉知天道。

“教妾常独宿。《四书》三句。”——回也，其庶乎，屡空。

“粮卯册被焚。《诗经》一句。”——民胥然矣。

“江上月明。《诗经》一句。”——冬之夜。

“低唱贪看貌似花。《四书》一句。”——不大声以色。

“印月。《诗经》一句。”——为章于天。

“黄娟一丝化十茎。《诗经》一句。”——是绝是忽。

“髇[1]头。《诗经》一句。”——以矢其音。

“日月长开宇宙窗。《诗经》一句。”——天之牖民。

“岁岁为帝者师。《诗经》二句。”——翙翙其羽，亦傅于天。

“一封恩诏到黔南。《诗经》一句。”——覃及鬼方。

“孝廉词。《诗经》一句。”——靡神不举。

“俳。《诗经》二句。”——人之云亡，心之悲矣。

“佛门中二老。《诗经》一句，”——释之叟叟。

“汾阳居职中书令，尚有三千六百天。《左传》一句。”——子仪在位十四年矣。

“羊灯。《左传》一句。”——未卜其夜。

“岁行在戍将死。《左传》一句。”——犬毙。

“卖打。《左传》人名一。”——鬻拳。

“贵造属羊。《左传》一句。”——君之齿未也。

“远色。《左传》一句。”——女不可近乎。

“洗监。《左传》一句。”——大决所犯。

“白帝子化蛇当道。《四书》一句。”——唯赤则非邦也与。

“泥马渡江。《左传》一句。”——康王跨之。

“夏云多奇峰。《诗经》一句。”——天作高山。

“青衫。《左传》人名一。”——司马乌。

① 髇：骨+孝，左右结构，xiāo，古响箭。

“中供天地君亲师位。《左传》一句。”——五大不在边。

“竹舆常载北平儿。《礼记》一句。”——君子之车恒当户。

“下榻斗室。《诗经》一句。”——有客宿宿。

“在柳下季垄五十步樵采者死不赦。《礼记》一句。”——刍有诛。

“梦长庚星入怀。《礼记》一句。”——是为白也母。

余多不能记忆矣。

◎楼大令

诸暨楼蔷庵大令，名藜然。由己卯举人，大挑[1]知县仕蜀，与余同在锡清弼制府幕中。节署客厅就圮，锡公葺而新之，嘱先生代拟楹联。先生撰两联以进，一云：“杯茗共谈谐，要关怀国计民生，莫作处堂宴乐。庭花几开落，每枨触天时人事，敢虚运甓光阴。”一云：“献颂不如纳规，愿坐上宾僚，立言都似王怀祖。集思乃能广益，见蜀中参佐，下教犹师葛武乡。”锡公取献颂一联用之，实则杯茗一联为胜也。然公之践履笃实，亦即此可见矣。

◎译音命名

以译音命名者，本无义意可言。清光绪间，满洲大员中，有名乌拉喜崇阿者，人戏以鸿飞遵远渚为对。有名额勒和布者，则以腰系战裙为对。有名乌拉布者，则以蚕吐丝为对。皆字字工稳，出人意表。

① 大挑：大挑是清朝乾隆年间制定下的一种科考制度，为的是让已经有举人身份但又没有官职的人有一个晋升的机会。

卷六

◎极乐寺

北京西直门外，高梁桥侧，有极乐寺，境殊幽邃。明时以牡丹称，乾隆时多荷花，同、光间则擅海棠之盛，中复间以丁香。每当暮春三月，姹紫嫣红，纷如碎锦，一时名流，如潘文勤公、张文襄公与李莼客慈铭、吴清卿大澂、樊樊山增祥诸先生，觞咏流连，殆无虚日。莼客有七古一首云："风城一雨花更娇，嬉春排日无停镳。命俦夙驾起清旭，马蹄又踏高梁桥。阜城门外绿莎软[1]，清绝濠流荻芽短。浴鹅眠犊更宜人，故里风光客中满。寺门尚远花光来，漫天锦绣连云开。下者珊瑚上虎魄，细亦玉树堆玫瑰。天公斗巧乃至此，令人一步千徘徊。国花堂畔艳尤绝，宝钗十万亭亭列。朱阑一曲垂绿杨，却衬临风舞回雪。幢幢佛殿金炉烟，鹿苑柰花开满前。就中一树最姝丽，棠梨胖合成双妍。花红花白眩香国，雪肤丹颊真天仙。平生看花未曾饱，何惜银瓮百回倒。羡杀优昙深拥帘，白头僧向花中老。谁家绣毂吹香尘，花丛结队红裙巡。蝶醉莺酣杂语笑，时见绿叶衔红巾。碧纱如烟隔窗影，掩映花枝出深靓。繁华一梦狂英飞，畹畹夕阳在西岭。五塔寺前花光多，茶陵祠墓扃烟萝。幽寻更入废园去，相约薰风来看荷。"今则海棠又归乌有矣，沧桑陵谷，非一转眼事哉。

---

① 软：原文作"輭"。

◎教官

某广文提堂联云："天子命之教，人才系此官。"分嵌"教官"二字，语气何等尊重。又有某广文题堂联云："百无一能何所教，十有九分不像官。"则过谦而失于寒乞相矣。又有吴姓广文，耳轮残缺，老而无须，齿多脱落。诸生童戏为像赞云："教官本姓吴，无耻之耻无。然而无有尔，则亦无有乎。"盖取耻与齿、尔与耳、乎与胡音相通也。学使点名之际，有童生上堂领卷，见吴龙钟侍案侧，忆及赞语，不禁胡卢。学使勃然，究其失笑理由。童不能隐，举赞语以对。学使第见其缺耳无须，莫由察其齿，遂疑其有污鄙行为，竟登诸白简。

◎长联

对联以孙髯所题云南大观楼者为最长，然尚有长于此者。某名士眷一雏妓，有齧臂盟。迨成名往访，已香消玉殒。某挽以一联，出语云："试问十九年磨折，却苦谁来。如蜡自煎，如茧自缚，莫奈何罗网横加。曾语郎云：'子固怜薄命者，乃惜一援手耶？呜呼！可以悲矣。'忆昔芙蓉露下，杨柳风前，舌妙吴歌，腰轻楚舞。每睹酡颜之醉，辄劳玉腕之携。天台无此缘，会真无此乐，广寒无此遊。纵教善病工愁，伴他憔悴，尚蓦地谈心遥夜，数尽鸡筹。况平时嫋嫋婷婷，齐齐整整。"对语云："那图两三月欢娱，便抛侬去。望鱼长渺，望雁长空，保不定琵琶别抱。然为渠计，卿岂昧夙根哉？而乃再失身也。噫嘻！殆其死乎。即今豆蔻香销，靡芜路断，门犹崔认，楼已秦封。难招红粉之魂，枉堕青衫之泪。女娲弗能补，精卫弗能填，少翁弗能祷。但愿乞灵示梦，与我周旋，更大家稽首情天，求还鸳牒。或有个生生世世，妇妇夫夫。"每只至一百二十余字之多，而能跌宕回旋，一气贯注，视孙作实未遑多让。

◎高刺史

贵阳高怡楼刺史，名培榖，官四川资州、直隶州多年。光绪癸巳，有言官劾川督刘秉章用人偏私，高名在列。朝命大员察办，劾去州县数人，高得解脱。甲午，又有言官纠参,复派重臣严察,高卒落职。其弟香舲大令,官湖北某县,遂往依之,未几病殁于鄂。高有刑钱幕友颜君镜卿,时馆四川盐道署。颜先一月丁母忧,旋闻高耗,寄联挽云:"雅望重黔灵,忆当年领郡亲民,有爱公、有畏公,吁!蜀道本难行,岂料翻云旋覆雨;大招闻楚些,正藐躬含悲失恃,哭生我、哭知我,噫!旻天胡不弔,忍教孤露泣晨星。"本身丁内艰,与闻旧居停讣,两事渺不相涉,乃连类言之。如此春容大雅,洵非能手莫办。

◎马果肃公

马果肃公名维祺,字介堂,云南阿迷州人,官四川提督。光绪丙午,理塘泰凝寺土番倡乱,川督锡良疏请命公率师声讨。甫戡定,而巴塘番夷戕驻藏帮办大臣凤全于红亭子。锡督又奏请命公移师征之,并保建昌道赵尔丰为之副。赵未及启行,而公已克复巴塘,归凤公忠骸,并置两土司于法,得旨赏头品顶戴,穿黄马褂。回省后,绘巴塘凯旋图,遍征题咏。余时在锡公幕中,泰凝巴塘两役文檄,实始终其事,爰题二律以应云:

"平蛮争道狄侯功,飒爽英姿矍铄翁。地水六师先定策,天山三箭竟櫜弓。收余汉使节缨碧,斩得楼王剑影红。难怪君恩稠迭贲。黄衣新赐五云中。"

"南郭秋风听凯歌,将军手已挽天河。娵隅我愧郝蛮府,勋业公真马伏波。振臂能呼创病起,攻心无待运筹多。凌烟阁上论功日,留取他年立本摹。"

盖果肃用兵,谋勇兼著。巴塘变起,奉命后即策画精详,惟士卒甫于役泰凝,又当劲敌,不免疲瘁。公朝夕激励,创病皆起,用能一鼓集事。公卒于宣统元年,饰终之典,备极优渥,人皆称为福将云。

◎曾文正公

曾文正公最长于联语,惟集中无此类,兹就夙昔所闻而能记忆者录之。挽胡文忠公太夫人云:

"武昌据天下上游,看儿曹整顿乾坤,纵横扫荡三千里。陶母是女中人杰,恸仙舆永辞江汉，感激悲歌百万家。”

又挽李忠武公续宾云：

“国家生我辈何为，独有千秋，湘水东流遗恨在。天下数英雄有几，又弱一个，中原北望古愁多。”

又挽塔忠武公齐布云：

“谥比武乡侯，百战奇勋青史在。寿同岳少保，千秋名将白头难。”

又左文襄公挽塔忠武公云：

“三千里提剑南来，涅臂铭忠，誓扫妖氛清皖鄂。忆客岁春风试马，秋雨挥矛，何期铁锁沉江，一鼓压浔阳壁垒。卅五载投戈西去，捐躯报国，长留愤气壮山河。看此日妇孺讴歌，搢绅俎豆，罔不珠盘荐苾，大家拜湘水祠堂。”豪情感慨，适如其人。

◎昭化

昭化县旅店中，有题壁二诗云：

“柝声如雨落寒村，呼客荒鸡更断魂。怒马与云争险道，破关偷月度重门。留兵守钥头俱白，扶梦看碑眼尚昏。沽得旗亭一杯酒，沧桑聊借醉中论。”

“猿啼鹤唳杜鹃哀，都为偏安惜将才。龙种后来仍北面，牛头终古向西回。战场白骨春前草，故国青山劫后灰。天险至今雄不得，东南门户已全开。”

时正庚子辛丑间，红灯教作乱之后也。

◎重谐花烛

重谐花烛，世所罕见，泰西各国，亦颇重此。有清一代，惟冯潜斋太史事见诸记载，此外鲜有传者。巴县汪云松太守之尊人，茂萱封翁与德配张夫人，于民国戊辰冬月，届合卺周甲之期，戚友辈发启征辞，应者如云。余亦致二律云：

“镇越堂高敞绮筵，曳裾群拜地行仙。繇来百岁寻常事，难得双星六十年。连理春回香雪海，比肩曲叠大罗天。人间佳话知多少，福寿如公事始全。”

“森森兰玉集簪缨，豸绣霏华冠众英。一品衣披朝有誉，万家泽被佛同生。世钦鸿案相庄德，老擅鸱夷货殖名。竚看云礽争绕膝，和鸣重忆凤凰声。”

封翁以商起家，乐善不倦。云松入官后，得膺一品封典，一堂四代，大耋齐眉，洵人瑞也。

◎昭忠祠

湖南周渭臣军门，名达武，清咸、同间，转战两湖陕、甘、川、黔等省，勋绩颇著。承平后，为所部阵亡将士建昭忠祠于成都城东北隅。祠内有联云：“白马旧同盟，五百人起义衡湘，援黔援楚援秦羌，羽檄竞驰风，回首战场成吊古。碧鸡新建祀，三千里莅兹巴蜀，死敌死难死瘴疠，精诚长贯日，招魂大地此归来。”

◎文襄孙

张文襄公有孙某，敏而好学，习军事学。某年，日本大操，公命其与湖北提督张彪之子同往观于东京。事竣返国，抵武昌，入节署时，马逸不能止，触墙而蹶，所佩刀，斫入腹内，移时竟殒。公哭之恸，自撰挽联云：“宗慤坠马竟戕生，负我期望乘长风破海浪之志。汪锜虽殇亦何憾，恨汝未能执干戈卫社稷而亡。”不特词意深挚，用典亦如天造地设。

◎甲午之役

光绪甲午中日之役，翁叔平相国与孙莱山尚书同在军机。李文忠深知海军不足恃，持重主和，翁、孙则不免书生积习，与李意见不协。卒至丧师辱国，割地输币。贻误戎机之文武，卫汝贵、龚照玙等诛窜[①]有差。一时好事者戏仿小说家之回目，编制多联。如“割台湾翁孙双误国，和日本父子两全权。”“卫达三呼冤临菜市，刘坤一拼命出榆关。”“旅顺口从今归日本，熙和园依旧搭天棚。”以翁、孙借对父子，熙和旅顺，作卦名对，皆极工致自然，足见匠心。惜已不能多记。是役议和时，文忠及其嗣子经芳，先后充议和全权大臣。达三，卫汝贵字也。

◎续十姨庙

前记十姨庙集句七律四首，乃出沈桐威先生所著《谐铎》书中，误记为《无稽谰语》矣。《谐铎》则未禁售，兹觅得其余六首，补识于此云：

“梦来何处更为云，把酒堂前日又曛。料得也应怜宋玉，肯教容易见文君。抛残翠羽乘鸾扇，惆怅金泥簇蝶裙。取次花丛懒回顾，淡红香白一群群。”

“金屋装成贮阿娇，酒香红被夜迢迢。瀛台月暗乘双凤，铜雀春深锁二乔。自有风流堪证果，更无消息到今朝。不如逐伴归山去，绿水斜通宛转桥。”

“瑞烟轻罩一团春，玉作肌肤冰作神。闲倚屏风笑周昉，不令仙犬吠刘晨。相思相见知何日，倾城倾国不在人。回道可怜歌舞地，行尘不是昔时尘。”

“好去春风湖上亭，楚腰一捻掌中情。半醒半醉留三日，双宿双飞过一生。怀里不知金钿落，枕边时有堕钗横。觉来泪滴湘江水，著色屏风画不成。”

“夜半秋千[②]酒正中，画楼西畔桂堂东。丽华膝上多能记，飞燕裙边拜下风。愁事渐多欢渐少，来时无迹去无踪。而今独自成惆怅，人面桃花相映红。”

---

① 诛窜：诛杀、流放。

② 秋千：原文作“鞦韆”，依词义改。

“壶中有酒且同斟，莫把长愁付短吟。夜合花前人尽醉，画眉窗下月初沉。绾成锦帐同心带，压扁佳人缠臂金。谁与王昌报消息，千金难买隔帘心。”

◎林白水

林白水①被害后，徐啬公挽以联云：“长星劝汝一杯，可堪抉目灵胥，观越之来也。北方巨人千仞，太息沽直史浩，招魂兮归来。”言婉面讽，允宜传诵一时。

① 林白水：林白水（1874—1926），男，福建省闽侯县人，中国近代史上著名的记者、报人、新闻工作者。1926年8月6日，因在社论中屡次抨击军阀张宗昌，被张逮捕杀害。1985年，他被民政部追认为烈士。

卷七

◎阎张乌孙

清光绪初年,阎文介公敬铭、张文达公之万,与乌总宪拉布、孙尚书毓汶,同在军机。阎、张皆年过七旬,乌、孙则迭奉同赴外省察办事件之命,终岁不遑启处。阎字丹初,张字子青,乌字少云,孙字莱山。有就四人之字,与两人皆年老,两人常奉使,集唐诗两句为联云:“丹青不知老将至,云山况是客中过。”真所谓文章本天成,妙手偶得之矣。

◎左文襄公

左文襄公自戡定新疆后,举止益骄,动以诸葛忠武自比。在陕甘总督任内,时值司道参谒之际,某处捷报适至,座中有谀其料敌如神者。文襄拍案自诩曰:“此诸葛之所以为亮也。”随即畅谈武乡之不可及,而世人每轻以诸葛相誉。藩司林寿图闻至此,亦拍案曰:“此葛亮之所为为诸也。”文襄不怿。后林调任晋藩,各省协甘饷额,以山西为钜,偶筹解未及,左遂以贻误军食,劾林落职。

左由陕甘总督,入京就揆席,充军机大臣,每日在枢廷,必痛诋曾湘乡,而自夸平新疆之功。有某君题天津旅壁数诗,内一首,专刺文襄云:“廿年债帅总西师,疆寄从容得便宜。暂辍关中铁如意,来参天上玉罘罳。将军跋扈终非福,老子痴顽讵有知。毕竟虚名谁噉得,卧龙巾扇到今疑。”非虚语也。

文襄尝病剧，作自挽联云：“慨此日骑鲸西去，七尺躯委残芳草，满腔血洒向空林，问谁来歌骚歌曲，鼓琵琶井畔，挂宝剑枝头，凭吊松楸魂魄，奋激千秋，纵教黄土埋余，应呼雄鬼。傥他日化鹤东归，一瓣香祝成本性，十个月现出全身，愿从此为渔为樵，访鹿友山中，订鸥盟水上，销磨锦绣心肠，逍遥半世，只恐苍天厄我，又作劳人。”后病竟愈，而此联已遍传人口矣。

又文襄乡举，系搜落卷取中。搜落卷者，乃照科场条例，主司俟各房考荐卷毕后，再将各房未荐试卷，检阅一度，免有遗珠。遇主司认真者，则必有甄拔，否即略一繙[①]览，以应故事而已。文襄榜后谒主司，一见即默深器赏。主司秦人，有子在籍，出闱，寓家书，极以得文襄为快意，且谓此人功名事业，不可限量。迨文襄开府关中，访求座师后裔，则子蚤故，仅余一孙，已游泮。文襄召入节署，问师手泽有无存者。孙乃尽出其祖所遗诗文及家书等以献，文襄得此函，大惊，益感师之知许，用双钩法镌勒原函，遍征题咏。其孙由此入幕府，洊引至监司焉。此事余闻之张茀堂先生，先生亦秦人，曾入左幕者也。

◎湘潭令

罗某，宰湖南湘潭县，有惠政，卒于官，身后萧然。邑人吴绍芝挽联云：“书生面目，慈母心肠，欲问宦绩何如，且试听闾阎歌哭。百里河山，千秋俎豆，但愿公灵长在，总难忘城郭人民。”缠绵悱恻，可谓能为遗爱写真矣。

◎昭君墓

昭君墓，在绥远南茶坊外，墓碑题曰：“汉明妃王昭君之墓。”又有一碑，刻李群玉诗云：“奇策安边付女流，琵琶一曲白千秋。寒凝青塚烟犹惨，声咽长河水带愁。忍辱甘为胡地妾，论功羞杀汉通侯。炎刘已尽单于没，剩有昭君土一邱。”

---

① 繙：同“翻”。

◎续诗钟

诗钟遇得题平易者,即当以集成语为出色制胜之法。有分咏格,题为“楼与刘先主”者。易实甫先生一联云:“其中绰约多仙子,天下英雄惟使君。”又有燕颔格,分嵌“女花”二字。有某两君集句云:“神女生涯原是梦,落花时节又逢君。”“商女不知亡国恨,落花犹似坠楼人。”又有分咏格,题为“雉与讲堂”。某君集成语云:“雄应三王雌五霸,后施女乐前门生。”又碎流一格,系拈一四字成语为题,作律诗结韵体,两句流而不对,题字亦须参差碎嵌。有某君作此格,题为“一钱如命”四字,云:“薄命真如苏小小,一生留恨在钱塘。”则如僚丸痀蜩[①],神与物化矣。

◎翁相国

常熟翁叔平相国,被黜编管后,在籍深自韬晦,年七十余,卒于家。易箦[②]之际,口占绝命词示后嗣曰:“七十年来事,苍茫到盖棺。不将两行泪,轻为汝曹弹。”无限深情,令人读之,有“江上峰青”之感。

又常熟官户部尚书,与李文忠公同朝多年,时有就两人本籍邑名为联,云“相国合肥人合瘦,司农常熟世常荒。”亦极巧合自然。

◎李文忠公

合肥李文忠公生辰,为正月十五日。德清俞荫甫先生,尝寿以联云:“为岁之首,为月之中,春酒一杯,惟相公寿。治内以文,治外以武,长城万里,奠天子邦。”

又文忠七旬生日,刘仲良制军祝联云:“南清吴楚,北定燕齐,二十年前,人仰黑头相国。西极欧洲,东通瀛海,五万里外,共祝黄发期颐。”盖各国公使,皆跻堂

① 僚丸痀蜩:“僚丸”指宜僚抛丸,“痀蜩”指痀偻承蜩,比喻技术出神入化。
② 易箦:病危将死。

称觞也。又某公祝联云:“天生以为社稷;人望之若神仙。”闻亦出荫甫先生手,以润酬一千二百金得来。着墨无多,既合身分,又切姓氏,语如生铁铸成,一字百金,真当之无愧矣。

◎续匾额

太守某,性粗莽,郡人呼曰某蛮子。某闻之,语人曰:“蛮子官至典郡,亦蛮子中之领袖矣。”遂匾其堂曰:“蛮夷大长。”盖借此即以蛮子之名,还之郡人也。士绅等多方乞谢,始为撤去。

又某县颂贤尹,悬匾其堂曰:“民之父母。”迨继任者至,循绩更胜于前,乃再悬一匾曰:“此之谓民之父母。”既而再至者又优于继任之人,爰又悬一匾曰:“如此然后可以为民父母。”三致颂词,同此一语,而轩轾递分,亦见巧思。

◎石京兆

贵阳石襄臣先生,名赞清,由进士官直隶知县,所至以廉明得民爱,称之曰石清官,又曰“石一堂”,言折狱如神,无待再鞫也。大吏上其治行,屡得玺书[①]褒勉,洊升天津府知府。

咸丰末,英兵入天津,恣睢横暴,官吏多遭凌轹。公坐堂皇痛詈之。英兵舁至营中,洋将震其名,曲加礼敬。公不食其食者三日,以徇义自矢。津民数万,围营而譟[②],称:“还我石清官!”洋将慑于众怒,备舆仗送公还。

同治纪元,两太后垂帘听政,恭邸受顾命当国,励精图治,闻公节概,超擢顺天府尹,兼摄少司寇,实越三阶而迁。诏旨内,且有“树之风声,俾资观感”之语,从来未有之异数也。

公同邑车君汝正,工诗词,由翰林改知县,缘事褫职下狱,论罪遣戍。公爰其才,营救得赐环,然憔悴京华,贫不举火,复留京兆署作食客。车有上公七律八首云:

---

①玺书:皇帝的诏书。

②譟:同“噪”。

“朝野争传治一新，女中尧舜特知人。用为霖雨民霑泽，树厥风声帝锡纶。韩相威名驰塞外，龚公德政焕天津。欧宽包肃皆台辅，京兆从来借大臣。”

“第一勋劳是得民，煌煌优诏语如纶。即看中国相司马，尚忆夷军见大人。遍地口碑歌长吏，自天心简励群臣。高风亮节光青史，衹为临危莫爱身。”

“欣闻渤海最循良，不次超迁格破常。共仰新诗压元白，特奇丑虏颂龚黄。京师重地需韩愈，天子冲龄有霍光。震慑四夷资倚畀，长城万里固金汤。”

“贵山富水久钟祥，辅弼星辉古夜郎。画像功名上麟阁，治心理学接龙场。三公位重恭勤李，一等侯封果勇杨。莫但头衔耀桑梓，相期勋业到汾阳。”

“抚字心劳听断明，万夫卧辙见民情。倔强力砥中流柱，尪懦胸藏武库兵。决案如山司寇法，旧恩若水使君清。去思来暮腾三辅，一片歌功颂德声。”

“岂惟张赵洽舆情，从此朝廷倚重轻。星照一方王者佐，风余两袖圣之清。王商人系单于畏，李晟天因社稷生。共喜卧龙今得主，中兴指日盼功成。”

“游子天涯欲断魂，年年芳草误王孙。云泥迥隔交情见，车笠相逢古道存。附骥曾依陈守榻，登龙喜托李膺门。一帆傥荷吹嘘力，知己从今更感恩。”

“释回猥荷圣朝恩，转恐斜阳五鹿村。脱难晋卿朋赠策，罢官陶令稚迎门。千金报德心常在，三木余生舌尚存。归语家人共铭感，买丝争愿绣平原。”

时先太守方以召试第一，官内阁中书在京，于公为受业弟子。车以此诗，倩先太守楷书作横幅以献，公甚珍之。公貌极文弱，而腹笥五车，尤熟唐、宋各家诗。尝集旧句，成古近体诗千余首，都为一书，名曰“钉饾吟”。车诗第三首第三句，盖即指此。李恭勤公，名世杰，贵州黔西州人。果勇侯杨芳，贵州松桃厅人。

◎拏[1]沙

陕西北山一带，多流沙，随风迁移，聚散无定，民间田庐，往往被其湮没，且至成灾者。

樊云门先生官陕西布政时，有某县禀报沙灾，其事由数语最奇特。语云："禀为县境忽来流沙一股，始则没城足，旋即齐城腰，继且跨城肩，势将灭城顶，请派兵两营，前来拏沙由。"

先生于公牍，往往涉笔成趣，得此禀，援笔批云："沙可拏乎？此创闻也。"作《拏沙赋》以当批。其赋之全文，不能记忆，仅记其中有四句云："似此狂沙，非拏不可。通禀拏沙，沙何处躲。"其滑稽亦可想见一斑矣。奇牍奇批，堪称双绝。

◎翼王

翼王石达开之见戮于成都也，同死者尚有石之偏裨二人，皆已膺王封于太平天国者，惟不记其姓名。时成都将军为崇文勤公实，总督则骆文忠公，在督署大堂，会同验绑。崇本词臣出身，竟不能作一语。骆则笑谓石曰："汝蹂躏数省，疆吏死汝手者亦数人，今日之死，亦殊值得？"石笑应曰："此所谓成则为王，败则为寇也。然今生汝杀我，安知来生我不杀汝耶？"下堂之际，石行少缓，两裨将仍肃立致词曰："主帅请前。"石遂先行。

石亲笔供状，余于光绪中年，尚在四川臬署得见。洋洋数千言，字大如胡桃，词即豪迈，字尤遒劲。于曾湘乡颇轻视，谓其以书生侥幸成名。惟推许胡益阳，谓清臣知兵者，祇胡一人而已。有谓成都所戮，乃石之替身，并能指其逃免后之踪迹。然观其从容就死，瞻视非凡，与其供状之写作俱佳，恐非赝鼎[2]之所能。

又石之王印，以苍玉为质，方二寸有奇，镘"翼王之印"四大篆字。紫大地被

① 拏：同"拿"。

② 赝鼎：本义指仿造或伪托，这里是假冒之人。

俘后，印为唐泽坡提督友耕所得，唐即擒石者也。后唐将文磨去，余亦尝在唐氏得见之。

◎盗油

宣统元年，成都巡警道署，失去灯油数十斤。庶务员尤某，坐是撤差，令文内有“以儆效尤”之语。后察出盗油者，即管油之吏胥。巡警道亲提讯实，按监守自盗律治罪有差。好事者戏撰一联云：“撤尤由油，以儆效尤，咎由自取，于人何尤。提盗到道，按赃讯盗，审到实情，监守自盗。”以三同音之字，穿插组织，颇见巧思，惜自字重复，然两面皆是成语，无法更易。

卷八

◎西湖

余辛酉、壬戌，两遊西湖，惜皆仅勾留数日，匆匆鸿爪[1]，即各名胜处之楹联，亦未尽浏览，殊觉恨事。今祇记得胡思义题湖心亭云：“碧浪浸孤亭，看参差烟雨楼台，隔岸几人沽酒去。明漪比西子，有多少红绿儿女，停桡都学捧心来。”俞荫甫先生题三潭印月云：“记故乡亦有仙潭，看一样湖光，映得石桥添九曲。至此地宜邀明月，问谁家秋思，吹残玉笛到三更。”林太守启及林典史墓，均在孤山，与处士一坏，千秋鼎峙。有题林太守墓云：“清福几生修，伴逋仙高隐，少尉孤忠，一岭梅花寻冷趣。遗风三代上，继白傅呼宾，苏公判事，两隄杨柳系讴思。”题林典史墓云：“大节媲阎公，取义成仁，青史从今尊县尉。忠魂依处士，补梅招鹤，孤山终古属林家。”

辛酉至湖上时，岳王祠改修尚未竣工。壬戌再游，则已榱题一新。有某君联云：“王气已销，重睹湖山新庙宇。人心未泯，犹尊忠孝拜英豪。”又有某君联云：“宋室兴亡成往事，但赢得家有孝子，国有忠臣，上下奋仪型，庙貌墓魂千古并。军人模范儗如伦，就是那文不爱钱，武不怕死，湖山新俎豆，潢汙蘋藻四时馨。”

彭刚直公之退省庵，公殁后，改作公之专祠。逮民国，再改为浙江乡贤祠，中祀吕晚村、杭堇浦数先生。神龛有联云：“诸君子义不与敌共天，乃有今

[1] 鸿爪：比喻往事留下的痕迹，出自苏轼名句“泥上偶然留指爪，鸿飞那复计东西”。

日。乡先生没而可祀于社，其在斯人。”皆湖联中之翘楚也。又荫甫先生之孙，阶青太史，为彭刚直公孙壻。余游湖上，见退省庵门首，贴有太史光绪乙酉科举乡试第二人捷报。时阅四十年，而一纸泥金，岿然尚在，当亦世间不能有二之物矣。

◎旸谷公

先外祖李公，讳正东，字旸谷，云南昆明人。道光乙未科经魁，甲辰大挑一等，以知县分发四川，补授梁山县。刚正勤廉，邑人士称李青天。

合川明月村鞠姓，夜获窃盗，盗为州署差头某之党。某教以到官承与鞠媳有私，为避重就轻计。州牧孙某，素愦愦，又倚信此差，竟以奸定案。鞠姓不服，递控至京。川督黄宗汉，有理学名，檄公前往察办。而臬司及川东道某观察，皆与孙有旧。臬司先已辗转托人致公袒孙。公知到重庆若谒某观察，必以此干讬，乃微服过渝。公多髯，貌易辨，某观察已派人河干密伺。舟甫到渝，道署差弁已持某刺来迓，公不得已，往谒。某力言孙之无误，公应曰：“此案观察既廉得其实，谨当照此禀复，无庸赴合矣。”某大悦，公则密陈黄督，请俟潜往察实，再为反命。乃尽薙其髯，著农民服，步行二百余里，至明月村，察悉鞠氏之冤。陈黄提案至省平反，置盗及差头于法，奏褫孙职。

狱结，而臬司与川东道，恨公次骨矣。次年晋川藩，未几，黄擢刑部尚书，臬司遂护督篆。黄未至京，缘他罪罢黜，臬司乃摭事劾公免官。公著有《拙官录》，叙此案甚详，一时知交，题跋殆遍。

民国后，所出《清稗史》一书，将有清一代官吏，贤奸轶事，分门纪载。循良一门，亦载公此事。公殁时，询仅三龄，今两舅氏亦殂谢，公竟无嗣，岂廉吏真不可为耶？然古来孝肃刚峰[1]，皆无后人，亦不必呼苍苍者而问之矣！

公诗文无一存者，仅先太守宰宜宾时，署内有楼，向为狐所凭，公为先太守撰联悬楼际云：“楼居自判仙凡界，政暇聊通主客情。”虽祇十四字，然公之襟怀旷夷，亦即可见一斑。

① 孝肃刚峰：指谥号。

询既侥幸科名，改官入川，又得补授梁山知县。不惟公不及见，先妣亦不及见矣。哀哉！

◎先太守诗联

先太守自同治壬戌，召试第一后，诗文为书名所掩。迨改外官，剖符几无虚岁，更无暇及此。在内阁中书时，偶宴同乡处，主人乞为捉刀，作骈启，贺陕西巡抚某公，内擢侍郎，且因曾率偏师助平东南，至是叙功，得赏穿黄马褂。先太守即席而成，内如“旌旗麾组练三千，锁钥控关河百二。”“树宏猷于分陕东西，膺懋赏于大江南北。”“今荷丝纶帝命，群歌衮绣公归；王寘诸其左右，用劢相我国家”等联，皆极警切，众咸服为工敏。

权绵竹时，以五月到官，次岁三月，因已补准松潘直隶同知，遂奉檄赴本任。有留别绵竹士民二律云：“东风吹动马前旌，恋恋青衫别思萦。政拙难为新尹告，官贫仍理旧装行。种完花事春应卸，早代瓜期责便轻。惭愧攀辕诸父老，遮留翠盖不胜情。”“百里安危系此身，临歧未免竟沉吟。栽成桃李才皆隽，话到桑麻乐更深。唇齿相依坚燕垒，角牙无讼戢鸮音。匆匆我印鸿泥去，记取他年跡再寻。”盖在绵时，于课士、劝农、练团、息讼诸事，最尽心也，故次首一一及之。

又权打箭炉厅时，制联悬二堂云：“皇泽及一万五千余里而遥，布币盐茶通地脉。使君为四十八家土司之长，廉明公正肃官方。”盖北京至后藏札什伦布，计一万五千余里。厅治当川藏咽喉，出入货物，征税于此。辖土司四十有八，辐员袤广二千余里，故为川省边要地。

又在松潘本任时，有形家言：“城西南隅建一亭，可培文风。”适彩云见于是方，亭成，即名曰“彩云”。集唐句为亭联云：“彩笔昔曾干气象，人文从此会风云。”两句首尾嵌“彩云”二字纪瑞，且以励士也。

先嫂母家陆氏，来归时，先太守集《诗经》语题门联云：“考槃在陆，厘尔女士。来嫁于周，宜其家人。”

此外诗文遗稿无几。丁巳岁，吾家在成都被劫，悉付遗失，兹谨就能记忆者汇录于此。

◎杨敏斋

吾师杨荫青先生，名承起，华阴人。早岁食饩于庠，有声黉序。咸、同间，陕西回乱，挈家避难入蜀，馆松潘镇某总兵处，遂家焉。光绪甲申，先太守再赴本任，延师入署，授余昆弟读者三年。师博洽能文，骈散俱工，尝作《石生传》，自状其生平。弟敏斋先生，亦蕴藉工诗。先太守以丁亥季冬，终于官舍，敏斋先生有挽诗六首云：

“松雪惨澹雪花明，六秩高年梦两楹。撒手能因公子住，单身永诀女妻行。有孤幕客留仙意，无奈家人祷佛声。久宦贻谋独诗礼，冰心果比导江清。”

“黔中山水秀离群，二气炳灵尽属君。绮岁王祥能爱日，华年李泌欲凌云。萤窗励志心何切，雁塔题名手自薰。传说平生风义古，有人听著泪纷纷。”

“早岁京华作壮遊，从兹姓字满神州。青灯侍讲龙颜喜，白简弹邪虎将忧。咏罢日边传锦句，书成天上重银钩。才情品望今无敌，二百余年第一流”。

“一麾出守古西川，循吏谁知是谪仙。载酒行春芳树外，横琴坐啸众花前。文翁老去松州望，召父重来苇杖传。抚字焦劳心力尽，奚如跨鹤返云天。”

“栽成桂子及兰孙，大雅风流聚一门。字法精严同李帖，诗情浩瀚过梅村。贫因游宦清难比，贵更好贤道自尊。慰老闲看儿女读，家庭乐事亦天恩。”

“记得醇醪初醉时，清谈一刻两心知。依莲窃幸登龙早，结柳翻嫌附骥迟。鹤料充肠欢雁序，鸰班说项感鸿施。而今四顾钟期少，不抚清琴也涕洟。”

先生尝游幕金川，过鹧鸪山，口号云：“崎岖古道绕云间，叱驭人犹怕往还。莫唱哥哥行不得，今朝已过鹧鸪山。”

◎中华会馆

梁任公亡命日本时，尝题神户中华会馆，联云："擅方壶圆峤之奇，海气百重，此间自辟神仙府。继舜水梨洲而至，齐烟九点，终古无忘父母邦。"气盛言宜，可谓华实并茂之作。

◎赵顺平侯祠

蜀汉赵顺平侯云，有洗马池在成都，相传其地即侯之宅址也。侯祠在池上，且极亭馆之胜。崇文勤公有联云："一代英名高北岳，千秋大义谏东征。"光绪季年，移通省厘金总局于祠内。余与俞子文太守，共事斯局，子文题联云："马蹄秋水怀陈迹；虎尾春冰励此心。"亦殊工切。

◎唐大令

唐筱舫大令，尝仿彭刚直公题泰山某处集句联体，题成都诸葛忠武祠云："业复五铢钱，大厦如倾要梁栋。功盖三分国，宗臣遗像肃清高。"亦颇自然。

又光绪壬寅，岑云阶制军，移节督川。时承奎前督俊疲茶之后，且值红灯教匪滋事，猛以济宽，又失太过，赵樾村观察题联侯祠以规岑云："能攻心反侧自消，从古知兵非好战。不审时宽严俱误，后来治蜀要深思。"一时见者，无不首肯。

◎追悼将士

癸亥岁，金陵追悼阵亡将士。丁君傅靖有联云："故垒又秋风，看钟山马鬣高低，过客还应酹杯酒。浮生若朝露，论泰岱鸿毛轻重，征人何必唱刀环。"极为沉雄悲壮。又是岁成都亦追悼阵亡将士，徐东海时为总统，致联云："人民城郭今何似，猿鹤虫沙尽可哀。"亦蕴藉得体。

◎松坎河

桐梓、綦江为川、黔通衢，两邑之间，有小河一道，水流奔激。由黔入川者，自松坎置肩舆于舟中，则两日程途，一朝可达。中有地名偏窗子，一巨石亙[①]河心，隆然如坡陀。舟至此，以数十人舁舟上石，推挽越过，仍放诸中流。乘舟者则循岸行至下游复登，可谓奇特。又途中多瀑布，从数十丈飞坠而下，将及地时，已散如跳珠。人过其下，如忽遇骤雨。余弱冠经此，有句云："寂壑泉飞晴带雨，深潭石亘陆行舟。"

又余十七八岁时，受业于成都陈蔗村师。师丙子孝廉，授徒不仕，从遊者数十人。每于八比试帖外，兼以经解骈散文及古近体诗课及门。一日，以"西施舌"命题，限七律二首。西施舌者，小鱼之别名也。余有一联云："莲花色相余三寸，萍水生涯话五湖。"师为击节叹赏。又课试帖诗，以"秋深一蝶下寻花"命题，得花字。余有联云："伊谁联伴侣，何处饱芳华。"亦谓其刻绘一字寻字，不涉雕琢。又以"还来就菊花"为题，得来字。余起四句云："订就重阳约，秋风菊正开。君须沽酒待，客自赏花来。"亦谓为神韵独绝，师名竹松。

◎大钟寺

金陵大钟寺，有许文敏公振祎联云："五百年蠡识犹存，流俗传譌[②]，竞作景阳遗器考。四万斤钟楼重置，我来好事，要闻建业暮天声。"盖钟铸于洪武初年，沧桑后，委弃陂塘，泥封藓蚀，遂多疑为六朝故物。文敏，光绪初年，开藩江宁，乃从潢汙中起出，建楼悬置，剔辨欵[③]识，始知为明代器也。又金陵妙相庵有联云："四百八萧寺繁华，都付与无边烟雨。三十六洞天缥缈，且于此小住林泉。"闻即寺僧月庵手笔。

---

① 亙：同"亘"，横贯。下同。

② 譌：同"讹"。

③ 欵：同"款"。

逢庐文存

卷一

◎刘母陈太夫人六旬寿序

四川财厅长刘航琛之母

从来谋贻堂构①，必资阃德②之同心，仪著珩璜，自衍箕畴③于奕世。所以鲁侯燕喜④，赓松柏以绵釐⑤，莱子斑衣⑥，乐桑榆而未艾。又况截发识客，陶士行⑦则文武兼赅，沥胆和丸，柳仲郢则清严⑧共惮。慈明垂裕，得其寿亦得其名，圣善克承，有是母乃有是子。猗欤休哉，于斯盛矣！

维我刘老伯母陈太夫人，为同郡富兴公季女，幼即端庄，生而淑慎。髫龄赋菊，群已推为女宗，早岁铭椒，更无烦乎姆教。富兴公镜分鸳影，弦续鸾胶。太夫

① 谋贻堂构：义同诒厥孙谋，为子孙的将来善做安排。

② 阃德：妇女的德行。

③ 箕畴：借指祖先的事业与遗产。

④ 鲁侯燕喜：典出《閟宫》："鲁侯燕喜，令妻寿母，宜大夫庶士，邦国是有。既多受祉，黄发儿齿。"此祝颂一家和乐、长寿。

⑤ 釐：古同"禧"，吉祥。

⑥ 莱子斑衣：老莱子彩衣娱亲。

⑦ 陶侃：字士行（一作士衡），东晋时期名将，著有文集二卷，且善书。

⑧ 清严：清廉严正。柳仲郢出任京兆尹后，政令严明，以法治市。

人奉异本之萱枝，情逾自出，抚旁根之荆树，恩甚同生。由是驰誉邢谭[①]，蜚声钟郝[②]。兰英姓氏，借甚人间。香茗才情，翛然林下。

无何吉寸[③]摽梅，时当秾李[④]。韩康弱女，既雅称夫描鸾，刘向佳儿，更无惭于奠雁。仪隆比玉，瑞启卯金。年十八，来归子修公。时则伯仲无存，舅姑具庆。入门视膳，亲调厨下之羹，问寝奉衣，自织机中之素。才怜蜡凤[⑤]，恩勤无间于阿咸，逝感原鸰，家政时承于邱嫂。尺帛斗粟，手自屏当。暮盐朝齑，躬为掭作。乃萱甫萎于堂北，乔继摧于山南。太夫人与子修公，躃踊毁形，块苫饮血，作皋鱼之恸，泣不成声，居樊儵之忧，葬能尽礼。时子修公傅读货殖，利溥均输。管夷吾本天下才，范少伯为五湖长。凡子修公光大发皇之业，悉太夫人劻勷赞画之功。既居积之有余，益任恤而无靳。扑杜陵之枣，不问邻家[⑥]，翳赵国之桑，时赒饿者。寒逢披葛，衣分任昉之儿，贫乏立锥，饭饲叔敖之子。所宜醴泉万斛，汇自璿源，美玉千重，生由琼圃也。航琛兄既读楹书，复谐卺酳[⑦]。时则暱温饱者多不出户，有父母者且戒远游。太夫人与子修公，力矫庸流，相期远大，将欲邦家有造，宜为树人之谋。爰勖子妇偕行，俾遂乘风之志，但期玉汝，何吝金挥。洎航琛兄毕业京华，蔚成国器。西都太学，尽重刘陶，东观名贤，交推郭泰。乐羊学问，计阅担簦负笈者七年，司马文章，得力名山大川者万里。乃梓舍还乡之后，值椿庭捐馆之年。虽王裒庐墓[⑧]，惟知永日思亲，而万石忧时[⑨]，勖以勿遑将母。从此大云出岫，甘雨作霖。转刍粟[⑩]于关中，酂侯[⑪]则功居第一，综度支于蜀省，士安则才号无双。彼夫菽水承欢，藜藿尽孝。只鸡置阁，季伟不以款宾，双鲤跃泉，姜诗因之作脍。虽难能而可贵，终食贱以安贫。又若牛衣老

① 邢谭：指姊妹嫁后，两家之间的亲戚关系。

② 钟郝：晋代司徒王浑的妻子钟氏与王浑弟王湛妻子郝氏，都有好品行；钟郝指代贤妇。

③ 寸：引申为极短。

④ 摽梅：喻女子已到适婚年龄。秾李：原来是形容李花开得繁盛，后经常用来形容妇女容颜及服饰之美。

⑤ 蜡凤：蜡泪制的凤凰，指南朝齐王僧绰采蜡烛珠为凤凰事。

⑥ 语出杜甫《又呈吴郎》："堂前扑枣任西邻，无食无儿一妇人，不为困穷宁有此？"

⑦ 卺酳：合卺(jǐn)，过去常作为结婚的代称；酳(yìn)，酒漱口也。

⑧ 王裒：(？—311)字伟元，城阳营陵(今山东昌乐)人。裒少立操尚，行己以礼，身长八尺四寸，容貌绝异，音声清亮，辞气雅正，博学多能，痛父非命，未尝西向而坐，示不臣朝廷也。于是隐居教授，三征七辟皆不就。庐于墓侧，旦夕常至墓所拜跪，攀柏悲号，涕泪著树，树为之枯。母性畏雷，母没，每雷，辄到墓曰："裒在此。"

⑨ 万石：即石奋(公元前220—公元前124年)，字天威，号万石君，西汉大臣。其四子以驯行孝谨，官皆至二千石。于是景帝说："石君及四子皆二千石，人臣尊宠乃集其门。"

⑩ 刍粟：多指供军队用的饲料和粮食。

⑪ 酂侯：汉高祖刘邦赐给萧何的诸侯封号。

妇，艳心西舍之貂蝉，马磨穷蒌，动色东邻之驷马。断机佐读，惟期邀捧檄之荣，画地传书，但冀食干时之禄。纵显扬之克遂，与民物而奚裨。航琛兄秉承懿训，干济时艰，借箸而筹，仰屋无叹。值蜩螗沸羹之会，措置从容，陋蟪蛄朝菌之谋，规为久远。许身邦国，中枢倚若长城，鞅掌驰驱，比户依如广厦。鱼轩阮氏，宁馨远过于许奇，翟茀大家，哲嗣更贤于曹毂。共羡诗吟游子，报春晖寸草而弥殷，欣看酒酌麻姑，历东海生桑而健在。今岁黄钟之月，适逢花甲之辰。太夫人蒿目疮痍，惊心菑疹。八甎南至，罢称度索之觞，一舸东游，且向茸城而避。其懋德也如彼，其感时也又如此。

某与航琛兄，谊忝同舟，情如投漆。珂里过从之暇，得聆寿母之高风，金尊酬酢之余，备悉德门之盛事，敢含毫而制序，爰洒墨以摛词。即此慈云广被，合百五十县以胪欢，从兹爱曰长留，综七千万人而锡类[①]。

◎题郑樨邻先生蝇头小楷册子

视微如著，矢可贯乎虱心，积化通神，斤能挥乎蝇翼[②]。月下之针七孔，彩线频穿，指颠之塔十层，珠幢毕现。又况鸾笺展处，尺未累以乌丝，鹳眼磨来，笔更轻于蜓点。本名流之第一，擅绝艺之无双，允宜贵等凤毛，珍如鸿宝矣。

樨邻先生，以名茂才，为贤司马。一官万里，似儋耳之东坡，贰郡十年，比江州之白傅[③]。委心任运，不争捧檄虚[④]荣，鞅掌余闲，辄作临池韵事。魏舒[⑤]头角，宅相同称，袁粲图书，外孙可授[⑥]。极秋毫之神妙，如刻棘端为母[⑦]猴[⑧]。讵老眼之昏花，竟纳须弥于芥子。初终无懈，风神则圆润如珠，小大相维，行列参差似玉。我愧雕虫学步，虽小道亦难工，公则绣虎[⑨]蜚声，即绪余亦出类。坐卧三日，如洗

---

① 锡类：以善施及众人。语出《诗·大雅·既醉》："孝子不匮，永锡尔类。"

② 典出《庄子》："郢人垩，漫其鼻端若蝇翼，使匠石斫之，匠石运斤成风，听而斫之，尽垩而鼻不伤，郢人立不失容。""运斤成风""斧正"之典亦由此而来。

③ 白傅：白居易。

④ "之"改为"虚"。

⑤ 魏舒：魏晋时期名臣，其人容貌秀美，体型伟岸，但性格迟钝质朴，不修常人节操。

⑥ 袁粲：(420—477)，原名愍孙，字景倩，陈郡阳夏(今河南太康)人，南朝宋宰相。袁粲父子是宋的忠臣。其外孙王筠，出身琅琊王氏，王僧虔之孙，王揖之子，仕南梁，官至太子詹事。

⑦ 原文小字增一"母"字。

⑧ 棘端：在棘刺的尖端刻猴。唐代李白《古风》之三五："棘刺造沐猴，三年费精神。"

⑨ 绣虎：比喻文采优美，才气横溢的人。

目于云水光中，涸渎数言，敢赘题于金兰帖后。

◎雪泥爪印集序

慨自文辞波靡，掭觚[1]者竞以抽黄对白[2]为工，帖括习深，握椠者咸以拖紫纡青[3]为志。束典坟于高阁，徒事揣摩，挟书策于广场，遑言根柢。求如文能载道，昌黎起八代之衰，诗切忧时，少陵补一朝之史。既豹隐龙潜之罕见，直凤毛麟角之无存。此大同天监，已非秦汉之遗风，而元和景龙，犹有齐梁之余习也。

吾宗长仪吉先生，系共濂溪[4]，秀钟玉垒[5]。秉华林之丹篆，腹富五车，综玄圃之绨缃，目空七略。廿年冷宦，等富贵于浮云，一瓣心香，绍襟期于霁月。卷不释手，耄而弥勤。诗杂仙心，言皆有物。谣歌诗赋，风雷激荡于行间，颂啓箴铭，衮钺孕藏于字里。撷得江山灵气，聊借雪泥名编。盖公身安苜蓿之清贫，心笃梓桑[6]之恭敬。时值风来唳鹤，泽有嗸鸿[7]。芙蓉城外，杜鹃之旧垒犹多，葭萌关前[8]，陈宝之遗仓已罄。公则入参帷幄，出振流亡。比户倚若干掫[9]，穷檐望如霓雨。所以白香山之乐府，尽喻民艰，繁休伯之书函，半关国是。有时箴规子弟，则励春冰虎尾[10]之心，即至刻绘物情，亦极秋水马蹄之妙。得风人之深致，讵才子之徒称。文孙见三兄，幼秉贻谋，情殷述德。

捧来手泽，将寿梨枣以长留，谬托心知，得澣[11]蔷薇[12]而先读。十九首缠绵悱恻，索和几等阳春，三百篇敦厚温柔，作序敢同卜夏。惟承谆属之再三，谨效揄扬于万一。呜嗟乎！渊云不作，谁摛锦水之风华，瓦缶争鸣，忍听黄钟之毁弃。付诸剞劂，树千秋述作之型，袭以巾箱，发万丈文章之焰[13]。

---

① 掭：指拨动，用毛笔蘸墨汁在砚台上弄均匀。觚：古代用来书写的木简。
② 抽黄对白：指只求对仗工稳。
③ 拖紫纡青：谓身上佩带青、紫色的印绶，比喻地位显贵。汉代扬雄《解嘲》："纡青拖紫，朱丹其毂。"
④ 濂溪：指宋理学家周敦颐世居溪上，因家庐山莲花峰下，前有溪，合于湓江，取营道所居濂溪以名之，并自号濂溪，世称濂溪先生。
⑤ 玉垒：指玉垒山，在四川省理县东南，多作成都的代称。
⑥ 语出《诗经·小雅·小弁》："维桑与梓，必恭敬之。"
⑦ 嗸鸿：《诗·小雅·鸿雁》："鸿雁于飞，哀鸣嗸嗸。"后遂以"鸿嗸"形容饥民哀号求食的惨状。
⑧ "前"，为小字补注。
⑨ 干掫：本指夜间巡逻击捕，后亦泛指捍卫。
⑩ 春冰虎尾：意即踩着老虎尾巴，走在春天的薄冰上，比喻处境非常危险。
⑪ 澣：同"浣"。
⑫ 清代黄之隽《东风第一枝·赠女士袁寒篁》："愿手浣清露蔷薇，细写谢庭新著。"
⑬ 燄：同"焰"。语出唐代韩愈《调张籍》诗："李杜文章在，光焰万丈长。"

◎芙蓉话旧录自序

锦波东去，流大江日夜之声，玉垒西来，变终古风云之色。碧坊走马，旧属雄都。赤岸眠犀，夙称繁会。沸天丝管，萃冠履之三千，扑地阎闾，数人家之十万[①]。适值成功者退，长星且进一杯。亦既末祚将移，落日讵回三舍。虽鼎新革故，足销精卫之魂，然铁马金戈，屡洒杜鹃之血。王侯第宅，燕去谁家，城郭人民，鹤归不识。九衢车马，尽花样之翻新，十里亭台，惟草色其依旧。对河山而举目，咏陵谷以惊心。仆髫龄随宦，久寄此邦，壮岁入官，复临故地。感逝水流年之速，双鬓久丝，听隔江商女之歌，六朝如梦。稚川井畔，证圆泽[②]之前生，沧海尘中，作麻姑之闲话。尺帛斗粟，何关平准之书，暮盐朝齑，终属民生所系。惟是南劳北燕，半付遗忘，遂致东爪西鳞，率多室漏。风饕蜃市，羌[③]过眼以成空，路记蚕丛[④]，借赫蹏[⑤]而脞录[⑥]。昭知立言琐屑，覆瓿不免贻讥，未能与世推移，搦管尤属多事。然土阶茅茨，实为琼楼玉宇之初基，奇膳珍馐，仍以燔黍捭豚[⑦]为先导。国奢示俭，何须粉饰蜀都，语质无文，且说畴昔天府。

◎守约盦集序

同年盛篁樗孝廉著

岷峨崒嵂，秀甲寰区，沱汶潆洄，源开吴楚。山辉川媚，毓珠玉为文章，人杰地灵，发乾坤之添绘。所以渊云递降，代有才人。闽洛齐名，士多劬学。矧夫泽延光禄，遵甫是使君家儿，派衍叶榆，长通为相如弟子。溯芝本醴源之有自，虽兰幽珠暗而益光。

---

① 原文为“数十家万”，“家”字一小圈，意即删除。

② 圆泽：僧圆泽，苏轼写有圆泽传。

③ 羌：文言助词，用在句首，无义。

④ 蚕丛：蜀国首位称王的人。

⑤ 赫蹏：亦作“赫蹄”，古代称用以书写的小幅绢帛。

⑥ 脞录：琐碎、杂乱。

⑦ 燔黍捭豚：指上古烹饪用具出现前对食物的简单加工情形。《礼记·礼运》孔颖达疏：“燔黍者，以水洮释黍米，加于烧石之上而燔之。捭豚者，捭析豚肉，加于烧石之上而熟之。”

同年盛篁樗先生，冰雪聪明，风雷才气。髫龄著作，誉擅雕龙，绮岁词华，人推绣虎[①]。而乃椿灵早萎，桐树孤生。境以穷而益坚，识因通而愈介。辞金受粟，北郭骚曲慰母心，灭灶更炊，童子鸿不因人爇[②]。庭中把卷，漂麦不知，道上行吟，负薪自若。洎才弱冠，即列黉宫。忧乐与天下相关，似范仲淹为秀才之日，闻望以诸生[③]而重，如徐文长有国士之风。名甫见于月中，声已驰夫日下。顾台筑燕北，人思竞上黄金，而舟返辽东，君则独安皂帽。张季鹰鲈鱼莼菜[④]，未筮仕而知几，林处士鹤子梅妻，惟闭关而却扫。益复纵横六艺，寝馈诸家。说经得岳岳之名，谭史有觥觥之号。同时群彦，交口推袁，后起才人，希心御李[⑤]。既而苍鹅出地，青犊弥天，锦城之烽火频惊，玉垒之浮云屡变。先生则葛冠藜杖，厌说狐鸣，土室绳床，不闻蚁阙。仆于干戈扰攘之余，获与风雨过从之雅。时或瑶篇见赠，得拾珠玑，偶值杯酒论文，借瞻渊海。然而伏鸾犹惜，全豹未窥，仅尝鼎上之一脔，惟见云中之寸爪。今者，黄公垆下，已吞死别之声，白傅[⑥]集成，将梓生平之作。徐孝穆[⑦]鱼油龙瀱[⑧]，共式前型，颜延之[⑨]错彩镂金，同赓丽句。一辞莫赞，敢云敬礼定文，十载相思，聊志叔牙知我。从此寿诸梨枣，岂吉光片羽之徒珍，相与读浣蔷薇，如玉尺朱丝之坐对。

◎罗济澄亲家六旬寿言

达观随遇，蒙庄以齐物名篇，穷理致知，叔夜[⑩]就养生立论。诚以孤芳自赏，芝兰在幽谷而逾馨，百卉后凋，松柏经岁寒而弥健。彼愤时嫉俗，讬放旷以寓牢骚，吐故纳新，慕神仙而延视息者，未能自全厥天，奚由必得其寿也。

---

① 绣虎：比喻善于为文，辞采华丽，语出宋代曾慥《类说》第四卷引《玉箱杂记》："曹植七步成章，号绣虎。"

② 爇：ruò，点燃。

③ 原文作"为"，旁注一小圈，改为"而"。

④ 张翰：字季鹰，西晋文学家。鲈鱼莼菜：比喻思乡之情。张季鹰辟齐王东曹掾，在洛，见秋风起，因思吴中莼菜羹、鲈鱼脍，曰："人生贵得适意尔，何能羁宦数千里以要名爵！"遂命驾便归。俄而齐王败，时人皆谓为见机。

⑤ 御李：东汉李膺有贤名，士大夫被他接见的身价大大提高，被称作登龙门。《后汉书》卷六十七《党锢列传·李膺》："荀爽尝就谒膺，因为其御，既还，喜曰：'今日乃得御李君矣。'"

⑥ 白傅：唐诗人白居易的代称，白晚年曾官太子少傅，故称。

⑦ 徐陵：(507—583)字孝穆，南朝著名诗人和文学家。

⑧ 瀱：jì，泉水涌出的样子。

⑨ 颜延之：字延年，南朝宋文学家。

⑩《难嵇叔夜养生论》：又名《难嵇康养生论》《难养生论》，三国向秀撰。

我亲家罗济澄仁仲，幼伤孤露，气锐干云。挺弱冠之奇才，奉重闱而养志。一官筮蜀[1]，且羁骥足于风尘，百里为郎[2]，聊试鸿飞之羽翼。维时大府求贤，军谘需士，筹边任重，公既为入幕之郗超[3]，稷下客多，我亦作滥竽之南郭。观百函之并发，词尽珠玑，甫一面即订交，书盟车笠。既而盐铁论出，竞誉桓宽，平准书成，共推孔仅[4]。官山府海，方资富强之谋，革故鼎新，忽遘沧桑之变。一时衣冠星散，烽燧云屯，或择地以避秦，或见几而去越。公则滕王阁下，马当助朝散之风。我则巴子国中，鸱夷学计然之策。以相倚之駏蛩[5]，作分飞之劳燕。蒹葭一水，云树十年。乃者，雨晦风潇，正怀良友，南船北马，忽聚行踪。雪满丁沽，妻孥入庞公之座，月明午夜，留连醉平原之觞。感旧梦而话金兰，求新特而依玉树。向平老去，儿女之愿同殷，韩姞迎来，婚姻之谊弥重。且夫无定者天也，有守者人也。公既挂冠章水，卜厉津门。出积累之廉泉，谋什一之余润，竟至丧[6]其资斧，偿及田庐。在他人必抑郁无聊，而我公独优游自若。黄金散尽，且还读书，锦里似家，不如归去。关山西指，方欣剪烛于巴窗，戎马东来，倏已麾戈于鄂渚。爰赴蓉城而就养，日对芸案以闲吟。此非虚舟[7]等视，堕甑不惊[8]者，能如是之通塞任天，淡泊明志乎？今岁孟冬，庆公六秩。梅花介寿，春风先借一枝，菊酒延釐，秋月惜隔千里。聊摛俪语，用表佩私。即甲纪之平头，祝大齐之纯嘏。南山气爽，好歌天保九如，东海筹添，遥颂渊明[9]五柳。

◎贺张禹九襄理与肖梅博士结婚启

禹九，名嘉铸，江苏宝山人。肖梅，浙江镇海。

吴云万叠，宝山绵亘于娄东，越水千寻，镇海渟洄于灌北。从来河灵岳秀，汇

① 原文“一官蜀道”，改作“一官筮蜀”。

② 原文“百里郎官”，改“百里为郎”。

③ 郗超：东晋官员、书法家、佛学家，年轻时卓越超群，放荡不羁，有旷世之才，桓温谋主。

④ 原作“刘晏”，改为“孔仅”。

⑤ 駏(jù)：古书上说的一种形似骡、可供乘骑的兽。蛩(qióng)：蝗虫。《淮南子·道应训》：“北方有兽，其名曰蹶，鼠前而兔后，趋则顿，走则颠，当为蛩蛩駏驉取甘草以与之，蹶有患害，蛩蛩駏驉必负而走。”后以“駏蛩”形容关系密切。

⑥ 原文作“绘”，小字改为“丧”。

⑦ 虚舟：无人驾的船只。语本《庄子·山木》，比喻胸怀恬淡旷达。

⑧ 堕甑不惊：意思是甑落地已破，不再看它，比喻既成事实不再追悔。

⑨ 原文误作“渊柳渊明”，注小圈，改为“渊明”。

毓英奇，况复璧合珠联，得成佳耦[1]。固已肃雝[2]载咏，福慧双修矣。然眉齐鸿桉，赁舂和五噫之歌，手挽鹿车，提瓮行十年之汲。要不过倡随合志，敬礼如宾，仅赓家室之宜，无与治平之事。禹九先生[3]才重八龙，誉高五马，破万里乘风之浪，负笈重洋，抱匹夫有责之心，驱车九折。书成平准，权食货于胸中，策上治安，切饥溺于天下。肖梅博士，珩璜式德，兰茝修仪。说礼敦诗，称不栉之进士，博闻强记，陋咏絮之才人。学问穷稗海而遥，岂徒续一朝之史，踪迹历蓬瀛以外，且旁通九译[4]之书。今日者，胜地齐牢，良辰降阼。一则占林逋之清福，果得梅妻，一则嫁张绪[5]于少年，长依柳殿。处金穴而不润，久已共励廉隅。对玉台以相庄，更可宏兹伟抱。询幸讬鷦鹩枝借，得同郭李之舟。顾兹豚犬材庸，曾侍宣文之座。景人中之麟凤，好合无疆。问举世之鲽鹣，几曾有此。遥从白盐山下，瞻在户之三星，定知黄歇浦边，灿盈门之百两。

◎周母洪太夫人七旬寿言

见三先生之母。见三时充四川禁烟总办兼四川省银行理事长，此文系代四川财政厅刘厅长航琛作。

萱堂日丽，蜀都开长乐之花，柘馆风轻，燕市有恒春之树。又况百年兆庆，郗母则神明不衰，万石交称，严妪尤慈祥广被。所以王谢儿孙之盛，荫讬贤明，机云兄弟之才，教原圣善。固不必鲍姑碧井，始可延龄，廖氏丹砂，侈谈阴德矣。周母洪太夫人，为富顺璞山先生之女。先生学富书楼，品高玉尺。道光癸卯，报捷乙科。典蜀试之命官，即湘乡之侯相。风生座上，心折光庭，雪满门前，契深游酢。既而晋原秉铎，阆水传经。太夫人幼侍椿庭，长耽絮咏，名齐钟郝，协礼法于珩璜，族重邢谭，扇芳芬于筐莒。年十七，来归叔荫公。时则琴瑟如宾，舅姑具庆。

---

① 原文有“得成”二字，加小圈，删除。

② 肃雝：亦作“肃雍”，庄严雍容，整齐和谐。

③ 小字加“先生”二字。

④ 九译：通常是指辗转翻译，出自《史记·大宛列传》。

⑤ 张绪：字思曼，吴郡吴地人。张绪少时颇有名气，清雅简朴没有贪欲。孝武帝时任尚书仓部郎，宋明帝时转太子中庶子，本州大中正，迁司徒左长史。齐朝建立，转散骑常侍，世子詹事。建元元年，转中书令，常侍职依前未变。世祖继位，转吏部尚书，祭酒官职不变。刘俊任职益州时，进献几株蜀柳，武帝将其栽种于太昌灵和殿前，赏玩赞叹：“此杨柳风流可爱，似张绪当年时。”以此赞美人风雅俊逸。

庭前视膳，双鱼频慰亲颜，厨下作羹，三日能谙食性。捧匜沃盥，躬自屏当，茶鼎药炉，无踰朝夕。未几叔荫公谒选金台，之官灵武。妻随夫贵，事属人情。每观纡青拖紫之伦，怀组彯缨之彦。晨辕万骑，或尽室以南征，暮幰千重，或举家而北指。鹤轩挈妇，黻佩相庄，鱼服佐夫，轮蹄不断。太夫人独以庭有衰亲，邻无疆近。一官就道，辄辞夫子以家居，数载持门，愿侍高堂而里食。乃叔荫公抚字增劳，形神交瘁。淮阳长孺，虽卧病而犹勤，吴下仲淹，但先忧而后乐。太夫人始遄征陇首，曲慰亲心。叔荫公亦幸起宿疴，复资内助。布荆玉南金之治，惠洽元元，奏茧丝保障之功，考膺上上。顾临淮城畔，虽歌甘雨以随车，然游子天涯，终望白云而思舍。于是陈情拜表，乞养遂初[1]。桓鲍[2]归来，复灌园而抱瓮，鸿光庑下，仍举桉而赁舂。伤慈竹之先摧，更灵椿之继萎。皋鱼奉讳，泣不成声，吴隐居忧，毁几灭性。时则家方多难，国复革新。青犊弥天，连年兵燹，苍鹅出地，到处烽烟。叔荫公蒿目荆榛，惊心桑海。膏肓入梦，难寻秦缓之医，婚嫁未完，尚遗向长之憾。盖太夫人震祥六兆，兑索三占。刘向佳儿，半虚锦雁，韩康弱女，待系乌羊。于是鬒以治家，孱焉持户。一门以内，虽婢[3]获亦精勤，三尺之童，且折铃而周匝。料量旱涝，躬收安邑之租，啬缩钱刀，先办彨门之税。所以怀清筑后，阀阅依然，石窌封余，门楣宛若。长君盛甫科膺拔萃，能读父书，仕筮皋兰，克承治谱。旋移东鲁以宣勤，复返西川而奏绩。次君映彤甫列黉宫，出游比国，学成治路，职任考工。始则京汉蜚声，今又北宁树誉。三君见三，毕业速成军校，当道倚若长城，以运筹之奇才，作治粟之都尉。振兴民族，消毒卉于岷江，绾理银行，剂金融于天府。五君子高究心师范，乐育人才。槐市衣冠，随先生者数百，杏坛弦诵，列弟子者三千。四君子实六君庭晰皆甫勤中学，遽召修文。飞盛暑之霜，竟彫夏绿，读太玄之草，尽惜童乌。至为韩姞[4]相攸，尤具窦屏特识。长女适雷波刘君宗涛，次适安岳邓君微心，次适荥经陶君亮生。萃三杰于益州，作一门之快壻[5]。苗夫人之藻鉴，预识碧颧郎君，温姑母之择贤，能得玉台佳士。况复孙曾蔚起，门祚

① 遂初：遂其初愿或表示早先，谓去官隐居。

② 桓鲍：东汉鲁郡太守鲍永之子鲍宣与妻桓少君。桓初嫁宣，装送资财甚多，宣不悦，少君乃尽送还父亲，改着短衣裳，与宣共挽鹿车回乡里，拜姑礼毕，提瓮出汲。

③ 原文有"获"字，加小圈，删除。

④ 韩姞：即蹶父之女，姞姓，嫁韩侯为妻，故称韩姞。韩姞相攸，选择可嫁之人。

⑤ 壻：古同"婿"。

寖昌[①]。固已百福咸臻，三多叶祝矣。而太夫人安不忘勤，贵而弥约。处世值亨屯之会，知废知兴，置身在剥复之交，不随不激。春飔婉娩，犹提陌上之筐[②]，秋景澄鲜，时督林间之杵。数十年萱蓭之草，心虽屡北而无伤，三千年松栢之枝，身以后彫而逾健。今岁孟夏，庆跻古稀。拟舞彩以胪欢，借称觞而上寿。太夫人则谓长安米贵，穷民几欲烹珠[③]，昆池灰余，老妇何心命爵。与其袭常蹈旧，滋糜费于纷华，何若挹彼注兹，作流亡之浆粟。故景其才识，纵须眉逊为不如，测厥精详，尤巾帼传为仅见。航琛与见三，心契金兰，谊深袍泽。识贾家之彪怒，应揄书锦以帣鞲，友王氏之龙超，敢随斑衣而鞠月沓[④]。缘平日能知大概，为寿母略缀俚词。铺扬畴昔，资皇娥拊瑟之歌，诠次艰难，博天姥投壶之笑。此日辰逢设帨[⑤]，同入士行之座以称宾，他年礼重加笾，再登公瑾之堂而拜母。

◎祭吴恭人文

维年月日，杖期生[⑥]周询，谨以时馐清酒之仪，致祭于原配吴恭人之灵前而泣言曰：

“呜呼！锦瑟柱断，繐帐[⑦]风寒，黄泉影阻，白首形单。我与恭人，为外表亲，龆龀之岁，同在蓉城。梅床竹马，两小无猜，又越数稔，始下镜台。先太守公，尽瘁郡署，庚寅服阕，于归乃赋。是时恭人，年十有七，入门事姑，能竭其力。翌年辛卯，我中副车，踰岁甲午，继举贤书。自失椿[⑧]荫，惟恃笔耕，朝虀暮盐，累汝食贫。得官入蜀，绾鳌江彰。慈亲衰病，药必先尝，萱堂弃养，泣不成声，窀穸[⑨]负土，足胝手皲。我以墨绖，入参节幕，恭人持家，一本寒素。丙午春季，出牧广安，瓜期甫及，奉调滇南。恭人留蜀，撑持独艰。未几调川，治牍节辕。隆昌承乏，梁山补官，移宰华阳，昕夕忙碌。恭人处亨，不改其朴。沧桑以后，被任江州。筹安

① 寖(jìn)昌：逐渐昌盛。
② 原文作“桑筐”，“桑”字注一小圈，改作“筐”。
③ 烹珠：谓米价贵如珍珠。
④ 月沓：左右结构，音同“跽”，谓小跪。
⑤ 设帨：古礼，女子出生，挂佩巾于房门右，后用以指女子生辰。
⑥ 杖期生：杖期是指举杖，表示服丧一年。
⑦ 繐帐：死者灵前的帏帐。
⑧ 失椿：比喻父亲。
⑨ 窀穸：zhūn xī，墓穴。

会起，载惄[①]以忧。恭人谓我，勿仕乱世，率室先行，以坚我志。遁迹银行，廿有一年。屡遭危难，为策安全，南船北轨，几度偕行，山川游览，益拓胸襟。子三女六，皆恭人出，两失掌珠，哭几丧目。恭人训子，首重自立，义方之教，我愧不及。恭人之才，既明且决，恭人之性，既介且洁。中年勤劳，已得胃疾，五旬以后，一度危亟。沉疴虽愈，体逐年衰，目渐失明，四体亦痹。今岁入春，神志益颓，参苓无效，奈何徒呼。君形既委，我泪亦枯。恭人昔言，婚嫁待完，先我而逝，厥福斯全。当时戏语，今到眼前。民六之夏，推恭人命，岁在丙子，坤算合尽。今竟捐闱，如响斯应。又为我推，寿六十九，此去己卯，仅三年久。泉台相晤，同恳阎摩，还我鸳牒，再施松萝。富贵不求，荣利不欲，惟此夙缘，世世永续。恭人有知，必同此想。呜呼哀哉！灵其来享。”

① 载惄：忧思。《诗经·小雅·小弁》：“我心忧伤，惄焉如捣。”

卷二

◎吴恭人告墓文

维年月日，原配吴恭人卜葬于巴县通远门外三十里沙坪坝之马家崖。墓工既竣，杖期生周询，谨以时馐清酌之仪，告于墓而泣言曰："呜呼！拱木蔓草，一赋兴江令之悲[①]，华屋山邱，千古恸羊昙之语[②]。人生朝露，不过须臾，世变浮云，况丁离乱。五十年伉俪，顿北同心，二千里家山，难归丘首。铜山久处，愧无立锥，金石故交，让来吉壤。旧鬼无非戚友，若结约以卜邻，山灵几度护呵，俨灵席而相待。君既归真净土，永谢尘寰，我亦待尽余年，合营生圹。存则携孙率子，持来褚帛于墓前，殁亦比翼连枝，如鼓琴瑟于地下。此后天荒地老，静对无期，所望露白霜青，神明来格。呜呼！白头剩我，问重泉何以为情，黄土长埋，指同穴差堪相慰。尚飨。"

◎蒋达轩先生清光绪丙戌科殿试策书后

先生名茂璧，四川泸县人，十八举于乡，廿二成进士，授内阁中书，截取同知，补广东海防同知，署佛岗厅同知，改革后卒于乡。长君伯庄，与余同事多年，觅回此策，潢表成帙，属题。

① 江令之悲：南朝梁江淹《别赋》，历述各种离别之情。文中借由不同的人事与背景，描绘出或慷慨壮烈或缠绵悲切的心理状态，全文充满感伤情调，为人传诵。

② 羊昙之语：羊昙醉后过西州恸哭而去，感旧兴悲之典。

黄蕉丹荔，本东坡游宦之乡，瑞鹿玉蟾，是幼宰读书之地。从来名儒硕彦，虽吉光片羽亦堪珍，矧夫钜制鸿篇，见寸晷风簷[①]之真相。固宜森森宝树，奉若家珍，奕奕文林，群惊眼福矣。世伯蒋公达轩，幼称犀角，长誉凤毛，绮岁掇芹[②]，韶龄折桂[③]。琼林擢秀，正陆机入洛之年，玉笋知名，传贾谊过秦之论。凤凰池上，风雨联吟，鳷鹊观前，昕夕视草。[④]既而一麾佐郡，万里之官。泽遍佛岗，召杜人呼为父母，波清粤海，龚黄绩奏夫循良。逮夫地陨珠囊[⑤]，天倾金镜[⑥]。邵侯隐后，惟余园内之瓜，陶令归来，但种门前之柳。优游洛社，不改青衫，跌宕平泉，惟倾绿螘。缅老成之遗事，洵名教之完人。嗣君伯庄先生，怆念山邱，感深风木，搜来廷策，用当楹书。忝侧缟紵之深交，得浣蔷薇而载读。博征旁引，撷来万卷菁华，叠矩重规，想见九天咳唾。难得珠辉合浦，去乃复还，居然璧返邯郸，完而无损。嗟乎！春明旧梦，已桑田沧海之全非，秋雨巴窗，犹玉尺朱丝之坐对。从此子孙永宝，手泽历久而弥新，他年文献足徵，掌故不忧其或坠。

◎光华大学募捐修校启

副校长谢霖父先生托撰

窃维治乱无常，高岸可以为谷，人才宜裕，多难适以兴邦。慨自倭寇侵陵，兵氛俶扰，烽烟所至，繁盛为墟。我光华大学，因民国十四年五卅之变，圣约翰华籍教员学生，悲同胞之惨戮，集全力以抗争。终以草是寄生，不能遂意，药非独活，难望自存。乃由王省三诸先生，与玄学界名流，海内硕望，或慷慨捐助，不恤毁家，或昕夕奔驰，多方设计，始则草创权舆，终竟规模毕具。岁时十稔，校址四迁，历筹经费，数逾卅万之多，各级学生，人萃三千之众。授教者科学备文理商工，毕业者服务遍东西南北。始得英声鹊起，美绩鸿骞。不图青犊弥天，苍鹅[⑦]出地。

① 寸晷风簷：在不蔽风雨的破檐下争取一寸时光，引申为形容旧时科举考试的紧张状态。

② 掇芹：谓考取秀才。

③ 折桂：古时科举考试正处在秋季，恰逢桂花开的时候，故借喻高中状元。

④ 凤凰台：南朝宋时建。鳷（zhī）鹊观：汉武帝时建，在长安甘泉宫外。

⑤ 地陨珠囊：《尚书考灵曜》："天失日月，遗其珠囊。"郑玄注："珠，谓五星也。遗其囊者，盈缩失度也。"

⑥ 天倾金镜：《太平御览》卷七一七引《尚书考灵曜》："秦失金镜，鱼目入珠。"郑玄注："金镜，喻明道也。"

⑦ 苍鹅：原义指胡人，这里象征日寇。

波翻沧海，徒饱鲸鲵，火烈崑冈，何分玉石。举杜陵之广厦万间，归暴楚之骊山一炬。怆频年之心血，尽付东流，念来日之裁成，急谋西徙。拟将新校，建在成都。惟是空空妙手，凭借毫无，屹屹宏规，咄嗟讵办。幸蒙川省府刘主席拨助五万元，川盐务管理局缪局长拨助一万元，乃得具有根荄，谋兹建树。然山高九仞，亏一篑亦难成，裘贵千金，赖百腋而始集。所望各界钜公，全国邦彦：或林宗望重，本为庠序前修；或文举情殷，素喜提挈后进；或横经佳士，悉王谢之芝兰；或同席良朋，称陈雷之膠漆，惠挹廉泉，成兹美举。多原益善，分郭家金穴[①]之光，少岂伤廉，拜庄叟波臣[②]之惠。众擎易举，奕世同钦。昔创初基，原为争民族生存而设，今谋重建，仍因与强邻奋斗而成。鼓舟接再厉之精神，作得寸得尺之计划。伫见明窗净几，弦诵重开，凤质龙文，贤豪辈出。从此锦官城畔，长留羊叔之碑，载诸华阳志中，永媲文翁之室[③]。

◎贺曹君天受与康彮女士结婚序

曹君，名征禄，无锡人，毕业清华大学，充聚兴诚银行襄理，工昆曲。康女士，陕西城固人，前清彭山县知县康季琴先生孙女，心如、心之、心远三君之侄女，毕业后服务四川省银行，书法颇工。

盖惟凤凰六管，叶律吕于雌雄，鸳鸯万年，征毕罗于福禄。所以诗赓君子，副笄扬偕老之庥，易著家人，中馈筮威如之。则有对山阀阅，秀茁淑姬，洛水文章，世称才子。慕彩鸾而逑偶，讬青鸟以为媒。绮陌花飞，迎来百两[④]，茜窗风静，吟出双声。固已福与慧修，才偕德备矣。然使星明宝婺，不近文昌，又或女逊青琴，郎夸白石。谢家道韫[⑤]，动王郎天壤之嗟，刘氏孝标[⑥]，抱冯衍异同之

① 郭家金穴：喻豪富之家，出自《后汉书·皇后纪上·光武郭皇后》。
② 庄叟波臣：庄叟，指庄子；波臣，义为水族，后也称被水淹死者为“波臣”，出自《庄子·外物》。
③ 文翁之室：公元前143年至公元前141年，蜀郡太守文翁曾创建文翁石室，是中国第一所地方官办学校。“文翁石室”创立不久，即以学风卓荦，人才辈出而名冠西南。
④ 百两：古时车凡两轮，故以两计数；百两即百辆车，特指结婚时所用的车辆，亦泛指车辆多。《诗·召南·鹊巢》：“之子于归，百两御之。”《毛传》：“百两，百乘也。”
⑤ 谢道韫：东晋时女诗人，是宰相谢安的侄女，安西将军谢奕的女儿，也是著名书法家王羲之次子王凝之的妻子。
⑥ 刘孝标：刘峻（463—521），南朝梁学者兼文学家，字孝标，本名法武，平原（今属山东德州平原县）人，以注释刘义庆等编撰的《世说新语》而著闻于世，其《世说新语》注引证丰富，为当时人所重视，而其文章亦擅美当时。

感。虽均是缥缃之门第，终不免茵溷[①]之差池。兹则天受先生，锡水蟠根，燕云负笈。西京太学，尽重刘陶，东观名贤，交推郭泰。词标黄绢，闲搊子晋之笙，曲谱乌丝，时擫桓伊之笛。康彸女士，德懋珩璜，职优组纵，擅女学士声誉，为清白吏子孙。笔润于珠，肖卫漪簪花之格，诗成似锦，传鲍姑香茗之篇。况复金穴同栖，处膏不润，定卜璧人静对，相敬如宾。仆也不才，忝为作证。摩挲老眼，披读鸳牒之词，称颂齐眉，郑重鸿泥之印。此日人间鹣鲽，无惭嘉耦曰妃，来年天上麒麟，预以多男为祝。

◎杨府田夫人寿言

夫人母家为四川阆中县世族，余次婿习之之胞妹也，生辰夏历十月，子惠上将[②]督理四川军务时，聘余作顾问。

桃开千岁，纪星妃设帨之年，梅放一枝，正月姊称觞之候。咏笄珈而偕老，舟周甲即近期颐，瞻黻佩之相庄，叶应钟以祝纯嘏。杨府田夫人，阆水名门，虞妫淑媛。施鞶乘几，幼工秋菊之铭，说礼敦诗，长善春椒之颂。职优组纵，群已奉为女宗，德懋珩璜，更无烦乎姆教。嫁得封侯夫婿，极虎头食肉之荣，竞看平地神仙，永鸿案齐眉之庆。盖惠公上将，勋高百战，名震九垓，戈鋋遍滇黔鄂皖之区，韬略轶霍卫岳韩而上。昔则两川坐镇，肃鹅鹳于军中，今复十万横磨，捍虎狼于域外[③]。夫人勤苦持家，励勤报国。从容井臼，盘无兼味之飧，摒挡齑盐，衣仅七緵之布。在惠公则匈奴未灭，男儿何用为家，在夫人亦敌忾同仇，翊赞克成厥志。矧复仁能及物，义尤勇为。衣被困穷，荫暍人于樾下，饘粥道路，全饿者于桑前。所以辉蓝玉以叠双，缀明珠而聚五。仙雏接翅，知为王母之禽，桂子骈枝，识是姮娥之树。某兹届孟冬，适逢初度。某兼葭愧倚，忝侧谭子之私亲，蒲柳虽衰，旧是将军之揖客，不辞谫陋，缅述林下风徽，略贡揄扬，聊记堂前书。咏到九如戬穀，

① 茵溷：读音为 yīn hùn，意思是指各人人生遭际不同。

② 子惠上将：杨森，字子惠。杨森1924年2月率部返川，3月8日，加上将衔，兼任四川前敌总指挥。杨森在吴佩孚的有力支持下，卷土重来，占领了重庆，而后又克成都，将熊克武等逐至川南。5月任四川军务督办，成为北洋政府在四川的代理人。

③ 域外：1937年全面抗战爆发后，杨森率部徒步行军出川，参加了淞沪会战、武汉会战、三次长沙会战、长衡会战等多次战役。

同倾度索之觞，当留一曲铙歌[①]，待纪燕然之绩[②]。

◎何甥建伯新村筑室落成序

渝城自民国廿四年后人口逐增。廿六年秋中日战启，南北名城相继沦陷，益以国府西迁来者愈众，多在大江南岸筑居。邓君建中于江岸南行八里许，崇文场外购地一区，平作屋基，分售与人。其地在文峰塔山南之麓，山上松柏成林，面则阡陌纵横，由渝入黔，大路亦当其下，风景殊佳。长婿何建伯、次婿田习之、三婿邓玟如、四婿王新华各购其地五十方丈，或一百方丈，余亦购一百方丈，谋聚居之乐。建伯之屋首先落成，玟如、新华亦相继兴工，习之与余则当有待。爰赠序纪念。

八方风雨，会巴国以西来，十万人家，绾大江之东去。欲作晏婴近市，尘氛之扑蔌滋多，即学潘岳[③]面城，车马之喧嚣亦扰。所幸云中树好，绿拥千堆，更欣江上峰多，青连两县。越来十里，初非林密山深，辟就一村，恰是花明柳暗。初权舆于此宅，旋次第以鸠工。地虽不仅三弓，宫则各得一亩。楼居爽垲，略仿欧风，乡路逶迤，遥通黔郡。月明午夜，落塔影于檐前，风过长空，送涛声于枕上。固已极林泉之逸韵，得迈轴之闲情矣。每当春光韶媚，秋景澄鲜，人语此中，客来不速。蜡阮孚之屐，绝顶携筇，坐曼倩之窗，深宵剪烛。晚菘早韭，尽入盘飧，碧杜红兰，可供吟咏。看丛菊孤松之无恙，栗里[④]原在人间，更鸡鸣犬吠之相闻，桃源本非天上。以视夫击毂摩肩之境，通阛带阓之场，既静躁之不侔，亦雅俗之殊致。矧值翟泉鹅出，中原之烽燧横飞，洛下鹃啼，半壁之河山尽碎。兹犹琴尊自适，得安寒素家风，匕鬯无惊[⑤]，实是彼苍骄子。从此卜居得所，家家腾栾社之欢，我亦筑室于斯，日日作婿乡之客。

---

① 铙歌：军中乐歌，传说为黄帝、岐伯所作，汉乐府中属鼓吹曲；马上奏之，用以激励士气，也用于大驾出行和宴享功臣以及奏凯班师。

② 燕然之绩：泛指边塞，这里指建立边功时。

③ 潘岳：庾信《小园赋》："虽复晏婴近市，不求朝夕之利。潘岳面城，且适闲居之乐。"

④ 栗里：在今江西九江马回岭，东晋陶潜隐居处。唐白居易《访陶公旧宅》："柴桑古村落，栗里旧山川。"

⑤ 匕鬯无惊：谓百姓安堵，不废宗庙祭祀。

◎六朝如梦鸟空啼赋

以题字为韵

此四十年前试书院月课，得超等第一名之旧作，稿已遗失，追忆犹得十之七八，因补缀完成，附存于稿。

世变云浮，流光电速，玉树方终，黄粱已熟。星随物换，留一枕之春婆，风送歌来，峙千章之夏木。看隋帝隄边之柳，终古藏鸦[①]，问郑樵隍下之蕉[②]，几人逐鹿。阅遍临春结绮，化为蝴蝶一双，朅来载酒携柑，听唤鸳鸯卅六。当六朝之递擅也，业建孙吴，据地峙三分之鼎，国迁东晋，渡江应五马之谣。追膺图于前宋，旋代禅于二萧，洎霸先之就灭，遂王气之全消。四八寺烟雨楼台，漫诩龙盘虎踞，三百年繁华冠盖，都归凤泊鸾飘。问祖刘[③]夜半之鸡，莫挽山河于北戒，话王谢堂前之燕，徒夸金粉于南朝。盖由纲常陵替，篡窃乘除，花草埋幽，罔思后患，葫芦依样，孰鉴前车。侧鹓班者徒矜文采，握鸿图者衹事诗书。跋扈将军[④]，既鹰瞵而鸱嚇，围碁宰相[⑤]，竟鷇处而鹑居。神州已付沉沦，犹燕雀处堂而弗觉，同室但相攘夺，直鸡鹜争食之不如。所以神器互窥，魁权盗弄，归魂伤蜀帝之鹃，卜世逊齐卿之凤。长星之绿酒笑倾，隔岸之青山目送。换尽王侯第宅，谁复地识金闾，几番社稷人民，空说城名铁瓮。看沧桑之迭变，咸伤国祚匆匆。叹鼎革之频仍，漫咎天公梦梦。是何异客卧邯郸，峰登缥缈。谢家留春草池塘，萧寺现昙花多少。如泡如幻，乌衣巷空有夕阳，非想非因，绛帻人已争报晓。朝云暮雨，可逢莲步人来，剩水残山，俨似槐安国小。招来白鹤，难寻华表之仙，打起黄莺，莫恨枝头之鸟。惟见弥天树绿，匝地花红，流莺嘹呖，语燕惺忪。鼓吹诗肠，聊吟庚鲍[⑥]，砭针俗耳，净洗丝桐。乌鹊翻飞，犹绕秦淮之月，鹧鸪上下，如呼吴苑

① 藏鸦：比喻枝叶荫蔽，出自梁代简文帝《金乐歌》："槐花欲覆井，杨柳正藏鸦。"

② 隍下之蕉：出自《列子·周穆王》："郑人有薪于野者，遇骇鹿，御而击之，毙之。恐人见之也，遽而藏诸隍中，覆之以蕉，不胜其喜。俄而遗其所藏之处，遂以为梦焉。"蕉，通"樵"，后以"蕉鹿"指梦幻。

③ 祖刘：《晋书·祖逖传》记述：传说东晋时期将领祖逖年轻时就很有抱负，每次和好友刘琨谈论时局，总是慷慨激昂，满怀义愤，为了报效国家，他们在半夜一听到鸡鸣，就披衣起床，拔剑练武，刻苦锻炼。

④ 跋扈将军：原指东汉时期的外戚权臣梁冀，此为泛指。

⑤ 围碁宰相：似指史称"永贞革新"的宰相王叔文。

⑥ 庚鲍：误"庾"为"庚"；庾信、鲍照，建安七子。

之风。溯千里之衡阳，雁来秋早，落三山于天半，凤去台空。客有穿云蜡屐，冒雨扶藜，凭吊台城之北，寻幽辱井之西，相与溯凤毛之风采，留鸿爪于雪泥。和双声绛树之歌，美人安在，展一幅衍波之纸，好句分携。依旧建业城边，蓴香鲈美，遥想寒山寺里，月落乌啼[①]。

◎陈季略刺史暨德配庄茝史夫人诗画合册序

笔惊风雨，学杜甫者几人，图展烟云，传徐熙[②]之二妙。从来绝艺，不少专家，难得奇才，合为嘉耦。所以音同笙磬，必集贤始俪道升，诗鼓瑟琴，惟明诚克媲清照。留得吉光片羽，供赏鉴于人间，任教沧海桑田，终掀腾于纸上。我亲家陈季略刺史，幼擅麒麟之誉，孝穆瑰奇，人吟鹦鹉之篇，正平博洽。衡山故里，本是同乡，蜀水宦游，共参节幕，叠膺繁剧，颂徧循良。契结金兰，既盟订夫车笠，倚来玉树，复重之以婚姻。题崔颢之诗，朋侪俛首，集少陵之句，组织从心。净冰雪之聪明，写风骚之怀愫，颜光禄镂金错彩，徐常侍龙麝鱼油，不是过也。夫人庄氏，茝史，毗陵望族，蒙吏名宗，才轶前贤。左芬本太冲之妹，画传当代，伯启题王嫒之诗，写成春色千枝，直乱南田之楮叶。乞得生绡一幅，如获卞玉于荆山，寅寀播为美谈，艺林传为佳话。先生既班香宋艳，积著作以等身，夫人亦绢海胶山，灿琳琅而满目。乃者，骑鲸人去，适当龙蛇之年，燧象兵来，忽应鱼羊之谶。昆冈火烈，南朝之金粉皆空，瀛海波腾，北地之胭脂尽没。于是刘向佳儿，中郎弱女，于楚炬秦灰而后，为抱残守缺之谋。搜画禅诗圣所遗，订璧合珠联之册。询，遭逢陵谷，怅惘人琴，谬竭江淹已尽之才，弁诸巢父长留之卷。嗟乎！庾子山之集，五存五亡，杜征西之碑，一峰一壑。自古青丝白马，天公或醉而不醒，遂教黑劫红羊，宝物以奇而见嫉。然出袖中之寸管，虽惜全豹未窥，尝鼎上之一脔，可想侯鲭[③]尽美。从此弃之箧底，鬼神呵护以弥珍，倘或携向船头，蛟龙盘旋而不去。

---

① 啼：同啼。

② 徐熙：五代南唐杰出画家，善画花竹林木、蝉蝶草虫，其妙与自然无异。

③ 侯鲭：精美的荤菜。鲭，鱼和肉合烹而成的食物。

◎田母陈太夫人八旬晋三寿言

从来美意延年，自有松柏后凋之寿，厚德载物，毓成芝兰竞秀之征。万石[①]扬雒水之声，徽音远播，八翼[②]翔天门之表，慈训垂庥。佐乾帱者必赖坤成，瞻母仪者咸知子孝。所以锦堂燕喜，郗姥则九十不衰，珠履凫趋，孟尝则三千毕致，福斯备矣，理有固然。我亲家，田母陈太夫人，阆水名门，太丘世胄。髫龄赋菊，群已奉为女宗，虿岁铭椒，长无烦乎姆教。年十八来归我亲家树人公。时则尊嫜健在，少长萃居，三日入厨，调羹汤而谙食性，一堂具庆，睦娣姒而无间言。田府当前清隆庆以交，正家道炽昌之会，彤庭珥笔[③]，入词苑者影步花甎，丹陛铭动，总师干者威森棨戟。洎雪晴公策名桂籍，鹗荐方膺，乐道林泉，鸾伏适志。树锦屏之桃李，名山延绝学之传，歌锡祜于菁莪[④]，清夜来仙灵之贶。怡庭公继读楹书，蜚声泮水，编吟芸草，仍甘处士以终身，幕入莲花，但作将军之揖客。由是豹隐频年，龙潜两世。乐松石之意致，穷且益坚，作清白之子孙，贫将谁告。樾清公与树人公，辉联棣萼，齐採芹香。然困子敬之青毡，徒握扬雄之丹椠。笔耕墨耨，砚田则岁岁难丰，析桂烹珠，食指则嗷嗷奚讬。树人公乃弃兹佔毕，改事懋迁[⑤]，料量盈虚，权衡子母。金分鲍叔，且牵车读六砦[⑥]之书，策学鸱夷[⑦]，竟放棹作五湖之长。然溯树人公之由困而亨者，实赖太夫人之克勤以俭焉。太夫人亿必屡中，智烛几先，惟金心之在中，斯银手之能断。闻鸡戒旦，举鸿案以赁舂，作茧同功，挽鹿车而汲瓮。积铢累寸，成巨室者先自小康，抱布贸丝，能日新者斯臻富有。从此鸿毛遇顺，鹏羽益丰。百栋连云，依然甲第，千箱报岁，复裕田畴。太夫人仍有无黾勉，躬收安邑之租，婢获精勤，共守王褒之约。振流亡于道路，沐雨泽者四方，敦任恤于族邻，霑河润者九里。太夫人有亢宗子四，得掌上珠三。长雨公，心

① 万石：汉有二千石的官，凡一门有五人当二千石的官，称为“万石”；如汉石奋及其四子官，皆二千石，号万石君；形容数量极多。《史记·卷一一七·司马相如传》：“撞千石之钟，立万石之钜。”

② 八翼：晋陶侃梦生八翼，飞而上天，见天门九重，已登其八，唯一门不得入，阍者以杖击之，因坠地，折左翼，后位至八州都督。见《晋书·陶侃传》。

③ 珥笔：古代史官、谏官上朝，常插笔冠侧，以便记录，谓之“珥笔”。

④ 菁莪：《诗·小雅·菁菁者莪序》：“菁菁者莪，乐育材也，君子能长育人材，则天下喜乐之矣。”后以“菁莪”指育材。

⑤ 懋迁：贸易。语出《书·益稷》：“懋迁有无化居。”

⑥ 六砦：旧注谓“砦”即计数之“计”，六计，犹《周髀算经》之类。

⑦ 鸱夷：春秋时范蠡因自称鸱夷子皮，故后人称为鸱夷。

殷填海，气可干云。故国关怀，隐以天下为己任，新亭堕泪，时叹神州之陆沈[①]。虽干将莫邪，群惜李邕之折，然抑强扶弱，人思郭解之风。次伯禄，研地宝之藏，挥巨资而弗吝，读卝人[②]之传，思富国以图强。然而圭璧束躬，脂膏不润，守西来之十戒，衾影可质帝天，懔东邑之四知，襟怀直同止水。次润民，魏收弄戟，雅擅文章，张良运筹，能参帷幄。沙场吟醉，左手持螯而右手捉酒杯，盾鼻墨浓，上马杀贼而下马作露布。次习之，即询馆甥也，冰雪聪明，雷霆精锐。绾蜀江之航政，弊绝风清，锄蛾碛之莠民[③]，声销迹匿。服弃官服贾，慕寸草以报春晖，舞彩娱亲，联荆枝而歌夏屋。况复冢孙挺秀，克绍箕裘，群幼盈庭，无非杞梓。树人公跻大耋而捐馆，太夫人始就养以来渝，然犹安不忘劳，富而好礼。机声课织，时勤陌上之桑，阃教垂型，恪守河东之柳。非四德之兼备，能五福之骈臻乎。今岁季春既望，值母八旬晋三，询施茑萝于乔松，忝联秦晋，讬蒹葭于玉树，幸侧邢谭。闲从王氏龙超，悉德门之盛事，时向贾家彪怒，聆寿母之高风。既鞠吾以卷[④]鞴[⑤]，爰濡毫而制序。此日登堂公瑾，得随众宾拜母之班，来年奉斝[⑥]麻姑，更上百岁期颐之颂。

◎邓甥新村朴居被毁纪念序

壶开十二，话桑田沧海以都非，尘碎三千，原石火电光之如是。瑶台璇室[⑦]，一片斜阳，汉殿秦宫，几番蔓草，何况柴扉白板，属我辈之攸居，浩劫红羊[⑧]，能幸存而无恙乎？新村朴居者，邓甥玟如所自筑也。甥本西川公子，南黔世家。标夺群龙，已列成均上选，誉延雏凤，咸称太史佳儿。乃百药困久病之身，参苓尝遍，竟万里阻长风之志，簦笈言归。时值大海掀腾，中原板荡，鉴危城之履险，爰避地以入山。屋仅数椽，聊蔽风雨，宫惟一亩，差庋[⑨]琴书。即其以朴命名，足见黜华

① 陆沈：亦作陆沉。
② 卝人：kuàng，古代掌管矿产的官吏。
③ 莠民：比喻恶人、俚人。
④ 卷：juǎn，用绳束紧袖子、袖套。
⑤ 鞴：bài，古代用来鼓风吹火的皮囊。
⑥ 斝：jiǎ，古代青铜制的酒器。
⑦ 璇室：玉饰的宫室，一说能旋转的宫室，相传为夏桀、商纣所建。
⑧ 红羊：指国难。古人以为丙午、丁未是国家发生灾祸的年份。丙丁为火，色红；未属羊，故称。
⑨ 差庋：大致还可以置放、收藏。

崇实。祇有种树满园，爱花成癖。簷梅索笑，寒香知邓尉之家，篱菊扬华，冷艳佐渊明之酒。孰意木鸢蓦玉，修罗之弹雨横飞，燧象腾空，梓慎之融风忽遍。犹幸伯通庑小，早赁梁鸿，卫玠情多，先依乐广。然而梨斋芸馆，悉付秦灰，庭芍阶兰，都归楚炬。在拘墟者必多懊丧，而知命者无损神明。盖甥养气十年，撑肠万卷。上下千古，空富贵如浮云，烽燧八方，悯干戈之满地。故能远瞩高瞻，达观随遇。惟是身丁危乱，虽曰成毁有时，然而手造门楣，可无文章纪念。且即破巢之无妄，定卜肯构之有人，聊写襟怀，初非慰藉。嗟乎！天醉未醒，河清难俟[①]。昀昀赤县，禹甸半湮，莽莽黄舆，舜图安在。会心[②]不远，且随冯衍以闭关，回首何劳，笑学叔达之堕甑[③]。

① 河清难俟：《左传·襄公八年》："子驷曰：'《周诗》有之曰："俟河之清，人寿几何？"'杜预注：'逸诗也，言人寿促而河清迟，喻晋之不可待。'"后以"河清难俟"比喻时久难待。

② 会心：知己、知心。唐代杜甫《晦日寻崔戢李封》："晚定崔李交，会心真罕俦。"

③ 堕甑：《后汉书·孟敏传》："（孟敏）客居太原。荷甑墯地，不顾而去。林宗见而问其意。对曰：'甑以破矣，视之何益？'"后因以"堕甑"比喻事已过去，无法挽回，不必再做无益的回顾。孟敏，字舒达。

卷三

◎刘母陈太夫人八旬寿序

四川省银行襄理刘君泗英之母，南川人。

从来白凤[1]丹椽之彦，试以军旅则多疎，黄龙[2]清酒之才，置之市厘则失措。盖犹鲛[3]纨自丽，不欢北辙之夫，狐毳[4]虽温，难适南辕之客。美器原为专用，隽才亦少兼长，求其万事不知，皆问伯始，九能咸备，乃为大夫，在盛世已难逢，际末流益鲜觏。余与泗英兄共事银行，得赓玉错，见其文章渊雅，擅摇珠横锦之长，学问淹该，集边笥曹仓之富。乃班定远投笔而起，绩著行间，张子房借箸以筹，谋参戎幄。广厦细旃之上，抵掌纵横，鹰瞵虎视之交，折冲樽俎。既而渊明乐道，三径归来，少伯辞荣，扁舟肥遁。入金穴铜山之地，虽纤芥必亲躬，持朱丝玉尺之行，处脂膏而不润。才无施而不妙，事攸往以咸宜。洎契合之日深，得渊源之有自。始识毛安阳行藏不苟，胥秉义方，陶士行文武兼资，都原母教。盖伯母陈太夫人，系出颍川，秀钟枳县，珩璜式德，筐筥扬芬，性解仁亲。号闺中之叔达，孝能事母，实阃内之黄香。时值云衢公鹍弦[5]再断，麟趾[6]众多。长者甫届孩

① 白凤：相传汉代扬雄著《太玄经》时梦吐白凤，后比喻出众的才华或才华出众之士。
② 黄龙：古代传说中的动物名，谶纬家以为是帝王之瑞征。
③ 鲛：神话传说中生活在海中的人，其泪珠能变成珍珠，亦作“蛟人”。
④ 毳：cuì，鸟兽的细毛。
⑤ 鹍弦：指用鹍鸡筋经加工后制作的琵琶弦，光润晶莹，呈淡金色，且极坚韧，余音清脆。
⑥ 麟趾：比喻子孙昌盛。

提，幼则未离襁褓，抚兹绕膝，决意续胶[①]。闻姓字而景兰英，蹇修屡讬，宜室家而秾桃李，鸳耦克谐。熊梦频占，擢灵芝之三秀，乌衣竞爽，萃玉树于一庭。顾人情昵其所生，在世俗几成定例。堂前萱草，既判后先，岭上梅花，遂分南北。读王祥之传，涕泗飘零，被闵损之衣，冰天觳觫。太夫人则问寒课燠，弗间恩勤，励志读书，同无姑息。奠佳儿之锦雁，拆尽珠钿，牵女之乌羊，卖残宝镜，次第以完婚嫁，心愿始了平生。所以鸤鸠七子，悉沾如一之慈恩，威凤九雏，各擅无双之美誉。母之仁爱，有如此者。云衢公韶龄孤露，巨室中衰，比及壮年，谋恢旧业。自太夫人齐牢载咏，代匮斯勤，料量旱潦，躬收安邑之租，瑟缩钱刀，先办彨门之税。作赁舂之德曜，鸿案相庄，学汲瓮之少君，鹿车共挽。不居奇而垄断，卒富有以日新。黍经吹律而回春，竹已半枯而复茂。云衢公太丘道广，北海交多，故人则风雨频来，盛馔必咄嗟立办。太夫人晨篘桂酿，夕蔌兰肴，春韭秋菘，恒亲刀俎，黄鸡紫蟹，手量虀盐。中山元石之觞，饮者三年心醉，白傅防风之粥，啜来七日口香。一时搴裳联襼之宾，无不饱德饫仁而去。母之相夫，有如此者。太夫人性喜居乡，情殷拯困。前值雨狂旸僭，年谷不登，饥啼寒号，流亡载路。秋芦讵絮，畴衣任昉之儿，春笋非粮，谁饲叔敖之子。太夫人目击疮痍，身同饥溺。设黔敖[②]之食，散尽黄金，指子敬之囷[③]，不留红粟。盖自邻里亲戚之近，以迄耕凿道路之俦。或长养者十年，或感激于一饭，罔不依如广夏，戴比宏帡[④]。旋因到处萑苻[⑤]，爰始移居城市。从此枝头穷鸟，顿失丰林，河上枯鱼，难逢勺水。每忆赵盾翳桑之橐，相与涕泪沾襟，偶谈纯仁助麦之舟，惟有馨香颂德。母之施惠，有如此者。云衢公望崇杞梓，谊笃枌榆，凡百里之教养所关，惟一人之经营是赖，形神交瘁，疢疾遽深。太夫人割股祷天，椎心顿地，碧血化后，药瞑眩而竟瘳，白刃蹈余，梦膏肓而不验。厥后云衢公既捐馆舍，太夫人独持门庭，集蓼半生，茹荼廿载。及至泗英使车北上，雨若负笈东回，蜀水燕山，迓板舆

① 续胶：古代传说西海之中有凤麟洲，仙家以凤喙及麟角合煎作胶，名之为续弦胶，又名集弦胶、连金泥。此胶能续弓弩已断之弦，连刀剑断折之金。更以胶连续之处，使力士掣之，他处乃断，黏合之处，终无所损。此处指再娶。

② 黔敖：齐大饥，黔敖为食于路，以待饿者而食之。有饿者，蒙袂辑屦，贸贸然而来。黔敖左奉食，右执饮，曰："嗟！来食！"扬其目而视之，曰："予惟不食嗟来之食，以至于斯也！"从而谢焉，终不食而死。

③ 子敬之囷：囷，qūn，古时一种圆形的谷仓。三国时，鲁肃曾慷慨赠送周瑜一囷屯粮，以助军食，后遂用为慷慨助人之典。

④ 宏帡：帡指古代覆盖用的帐幕；顶子叫幪，四面叫帡。

⑤ 萑苻：指代强盗。

而远贲，伯埙仲篪[①]，效莱彩以承欢。太夫人躬处繁华，力祛习染。食无兼味，厨捐五鼎之牲，服戒不衷，身御七升之布。逮经政变，言返乡关。春风和暖，犹提陌上之筐，秋景澄鲜，时问林间之杵。母之肫诚勤俭，又如此者。今岁重阳节后，为母八秩寿辰，礼属加笾，应衣冠之毕会，瑞逢设帨，尤莽鞠之同殷。太夫人则以沧海横流，神州板荡，极天烽火，方赋无衣，满地劫灰，何心命爵，竟罢瑶池之宴，不称天姥之觞。某等，友王氏之龙超，借悉德门盛事，识贾家之彪怒，夙聆贤母高风，敢诠次其艰难，贡揄扬于万一。今逢三千年桃实，齐瞻大耋[②]之祥，再开二十度菊花，又上期颐[③]之颂。

◎榕村逢庐落成记

一椽筑就，正太岁在卯之年，两字名题，取我生不辰之意。空山招隐，风雨沉沉，沧海横流，兵戈处处。溯自劫肇红羊，氛迷青犊[④]，鹃啼河北，燎原火于桑乾，鹿走江南，起惊涛于歇浦。五千年青史，无此披猖，四万里黄舆，同忧板荡。兔营三窟，悯苍赤之何依，龙战九天，洒玄黄而偏野。樊重连甍之宅，半化秦灰，王根棨戟之家，都归楚炬。一时萧综西去，符朗南奔。夜郎窎远，望黑水以争来，蜀道艰难，指青天而竞上。乌衣公子[⑤]，谁非去国之人，宝玦王孙，尽是思乡之客。兹则蓬门荜户，尚怀土而未迁，菊径松扉，犹吾庐之堪讬，亦可谓徼天之幸，得地之偏矣。然而临淄之户日增，长安之居匪易。竹头木屑，市亦兼金，断瓴残瓴，几同拱璧。当窗有竹，代陶瓦以无从，补屋牵萝，岂卖珠而足办。即简陋以从事，已竭蹶之不遑，纵横一亩之宫，倍蓰千金之价。且也黄龙清酒，盼樽俎以无期，苍狗白衣，尤风云之多幻。狐鸣祠内[⑥]，谣诼频兴，鹤唳山头[⑦]，草木滋怯。纵喻知足之不辱，讵必容膝之遂安，所幸一叶身轻，万缘灰冷。向长老去，既心事之已完，冯衍

① 伯埙仲篪：埙，乐器名，多平底卵形，吹孔在顶端，音孔或一或六，相传为伏羲所创；篪，乐器名，形状似笛，横吹，有八孔。伯埙仲篪指哥哥吹埙，弟弟吹篪，合奏出旋律优美的音乐。语本《诗经·小雅·何人斯》："伯氏吹埙，仲氏吹篪。"后比喻兄弟相亲相爱。

② 耋：《说文解字·老部》："耋，年八十曰耋。"泛指老年。

③ 期颐：百年、高寿的意思。

④ 青犊：唐代崔涂《己亥岁感事》："正闻青犊起葭萌，又报黄巾犯汉营。"这里指日寇。

⑤ 乌衣公子：乌衣指乌衣巷，东晋时王导、谢安等世家大族居住在此。该词指王谢那样的望族子弟，后泛指富贵人家的子弟。

⑥ 狐鸣祠内：《史记·陈涉世家》："乃丹书帛曰'陈胜王'，置人所罾鱼腹中。卒买鱼烹食，得鱼腹中书，固以怪之矣。又闲令吴广之次所旁丛祠中，夜篝火，狐鸣呼曰：'大楚兴，陈胜王'。"

⑦ 鹤唳山头：鹤鸣，形容惊恐不安的情况。《晋书·卷一一四·苻坚载记下》："闻风声鹤唳，皆谓晋师之至。"这里指抗战中期，汪精卫叛逃前后，重庆城内谣言不断。

归来，无孺人之可对。乌呼且过！权从树底以潜栖，虫本寄生，惟向草间而求活。嗟乎！茫茫身世，索笑何时，莽莽乾坤，埋愁无地。我躬不阅，聊徜徉碧鲈红树之乡，来日大难，且料理白酒黄鸡之约。

◎卢母彭太夫人七旬寿序

四川省银行襄理卢君南康之母，生辰三月十四日

粤自室名启母，开涂山史册之先，台筑怀清，壮巴国风云之色。溯华阳之士女，代有传人，集洪范之休征，毓为瑞应。又况慈祥被物，朝繙鹿女之经，仁爱格天，夕礼鸽王之座。所以郗夫人行年九十，神明弗衰，侯莫陈食邑三千，勤劬自若。何必银房金竈，别求鸿烈之仙方，碧柰[①]黄精[②]，私诩乔松[③]之秘诀也。卢老伯母彭太夫人，系出扶风，秀钟字水，髫龄赋菊，群已奉为女宗，蚤岁铭椒，更无烦乎姆教。年二十，来归鑫三公。时则门祚中衰，撍持匪易，负郭之田二顷，铭饘粥已无余，环堵之室数间，复圭荜之就圮。一门群从，既忧食指繁多，阿大中郎，惟有同心共济。鑫三公情殷货殖，手无斧柯，高凤长贫，徒形憔悴，王章少窭，日抱幽忧。太夫人斥尽嫁奁，遗之杂佩，由是权衡子母，借分鲍叔之金，涉历烟波，远泛鸱夷之棹。太夫人则灌园抱瓮，井臼从容，暮盐朝齑，有无黾勉。鑫三公既内顾之无忧，得治生之尽利。一时研商侧目，俗贾降心，综九薮而榷算独精，称八厨[④]而解推交誉，乃郭况之金穴未成，而王乔之玉棺已降。叹流年之逝水，遽哭冬青，值盛暑而飞霜，竟凋夏绿。太夫人磨笄一恸，城欲全崩，饮蘖长号，石思立化，将欲相随泉壤，纵九死以奚辞，然而回顾宗祧，抚六尺其焉讬。于是髽髻持门，蒿簪当户，存一线于未亡之手，阃内程婴，育藐孤以待尽之身。女中荀息，机声灯影，每闻自课其儿，鱼婢雁奴，未尝笑见其齿。洎南康兄求学有成，克家见志。太夫人凛箕裘之或坠，思堂构之宜承，仍命其从事懋迁，侧身阛阓。和丸午夜，勿忘尔

① 碧柰：青色柰子，俗名花红、沙果。唐代王绩《游北山赋》："栽碧柰而何日？种琼瓜而几春？"

② 黄精：药草名，多年生草本，中医以其根茎入药。

③ 乔松：本指高大的松树，这里指古代传说中王子乔和赤松子，两人均为传说中的仙人。

④ 八厨：《后汉书·卷六七·党锢传·序》："度尚、张邈、王考、刘儒、胡母班、秦周、蕃向、王章为八厨。厨者，言能以财救人者也。"

父之辛勤，截发深闺，时盼良朋之启迪。南康兄猗顿工谋，秋储善计，抉陈揆五行之奥，俗变饮羊[①]，体炊累万物之心，技惭登垄[②]。于是盛名鹊起，美望鸿骞。宝藏十年，处脂膏而不润，丁沽万里，复皱历之咸周[③]。太夫人喜薪荷之有人，更兰芽之满室，乃稽首祇林，皈心莲界。灯燃多宝，合八垢以扫除，筏渡慈航，宏六通之功德。荫暍人[④]于樾下[⑤]，倾尽囊金，食饿者于桑前，撤来珠钿。所以一掬蕃蓏之草，心虽屡折而无伤，千年松柏之姿，节以后凋而益健。近世女校宏开，坤维丕焕。或文章炳蔚，号扫眉之才人；或艺术专精，称不栉之进士。然四教以德为重，三迁惟母称贤。如太夫人之志励冰霜，节坚金石，乃实当巾帼之须眉，树衿鞶之模范矣。今岁三月望前，为母七旬初度。太夫人则谓称觞舞彩，与其酒食虚糜，何如寸壤细流，移作流亡浆粟。缘深悯虫沙之满地，故力却羊酒之跻堂。然某等与南康兄，推襟有素，联襼频年，夙景音徽，备聆圣善。敢贡揄扬于楮墨，助皇娥拊瑟之歌，更窃纪述其生平，博天姥投壶之笑。即此春晖明丽，祝礽孙五世以同堂，定知纯嘏[⑥]绵延，绍远祖八百之寿考。

◎塔南读左自序

河清难俟，矧值烛武[⑦]之精亡，学殖久荒，敢谓江淹之才尽。方幸空山戢影，世与我而相遗，何期沧海横流，天胡为而此醉。关河满目，苍凉巴国之旧封，烽火惊心，枨触杜家[⑧]之左癖[⑨]。检陈编而载读，撮隅见以成书。仆，幼困丹铅，晚丁兵燹。此邦作宰，恨操刀制锦之未工，比岁经商，对乘韦先牛而滋愧。慨自夏失双龙，周湮九鼎，纪侯大去，郿子无归。始则篝火鸣狐，沉沉伙涉，继复中原逐鹿，处

① 饮羊：羊贩用水将羊喂得极饱，增加其重量，以欺骗买者；引申为商人投机取巧、诈欺牟利的行为。

② 登垄：原指站在市集的高地上操纵贸易，后泛指操纵和独占市场，牟取暴利。《孟子·公孙丑下》："有贱丈夫焉，必求龙断而登之，以左右望而罔市利。"赵岐注："龙断，谓堁断而高者也。左右占视，望见市中有利，罔罗而取之。"龙，通"垄"。

③ 咸周："莫享咸周，威仪毕备"出自武则天《唐大飨拜洛乐章·禋和》。咸：全，都。周：普遍、全面。

④ 暍人：中暑的人。

⑤ 樾下：树荫之下，指林间隙地。

⑥ 纯嘏：福，锡尔纯嘏，子孙甚湛，出自《诗·小雅·宾之初筵》。

⑦ 烛武：指春秋时郑臣烛之武。秦晋围郑，武年老出而说退秦兵，卒解郑围，事见《左传·僖公三十年》。后人用为少不见用、老能报国之典。

⑧ 杜家：指汉代杜钦。《汉书·杜缓传》："缓（杜缓）六弟，五人至大官……唯中弟钦官不至而最知名。"后以"杜家中弟"泛指布衣名士。

⑨ 左癖：对事物的偏爱成为习惯，这里指偏爱《左传》。

处沸羹。乃者，十年训聚，觕[①]奠金瓯，九域崩腾，忽张玉弩。上国洊食，极长蛇封豕之残，乱世重逢，俨叹凤伤麟之厄。上下三千载，同此纷争，笔削二百年，可参得失。漫谓风吹池水，何事干卿，无妨酒下汉书，且浮大白。观摴蒲[②]而嗤子敬，豹窥愧见一斑，入土室而效袁闳[③]，兔狡聊营三窟。雷轰电掣，人争激战九天，星霣云飞，我自索寻一卷。古人不作，知无取断烂朝报[④]之评，往事重提，且纵谭缥缈浮图[⑤]之下。

◎田甥习之四十双庆

履仁通艺，正丈夫强仕之年，蓬矢桑弧[⑥]，壮男子远征之志。然而身丁危世，范少伯亦惟一舸而藏，庭有衰亲，温太真岂忍绝裾而去。所幸蜀都崇丽，堞[⑦]阛纵横，巴国繁华，舟车辐辏。炊累万物，圣人不废经营，陈揆五行，贤者亦尝槺[⑧]椽[⑨]。又况乘韦矫犒，弦高曾救郑以却秦，亿中多能，端木且折吴而存卫。古来商贾，一言可以兴邦，国是盛衰，匹夫敢云无责。此货殖所以列传，而平準[⑩]因之成书也。田甥习之，虞妫旧族，阆水名家，幼誉歧嶷，长敦孝友。宗风不坠，室荣京兆之荆，养志无违，门跃姜诗之鲤。魏收弱冠，已号通才，荀羡华年，即膺重寄。绾蜀江之舟楫，估船则匕鬯[⑪]无惊，靖郑泽之萑苻[⑫]，欧[⑬]刀则渠魁尽薙[⑭]。既值金萱齿暮，寸草心殷，将欲慰望于门闾，计惟侧身于阛阓。秋储善计，助国均输，猗顿工谋，与时消长。懋迁宛转，极黔山滇海之遥，擘画精详，无棘地荆天之叹。不

① 觕：同“粗”。
② 摴蒲：chū pú，古代博戏名，汉代即有之，晋时尤盛行，出自《艳歌何尝行》。
③ 袁闳：字夏甫，东汉时期隐士，袁安玄孙，袁彭之孙，袁贺长子，隐居不仕。《后汉书》有评价：“少励操行，苦身修节。”
④ 断烂朝报：断烂形容陈腐杂乱；朝报指古代传抄皇帝诏令和官员奏章之类的文件。《宋史·王安石传》：“黜《春秋》之书，不使列于学官，至戏目为断烂朝报。”
⑤ 浮图：佛教建筑概称为浮图，后渐转为专指高塔，这里指重庆南岸文峰塔。
⑥ 蓬矢桑弧：桑木作弓，蓬梗为箭。《礼记·内则》：“国君世子生，告于君……射人以桑弧蓬矢六，射天地四方。”古代诸侯生子后所举行的一种仪式，象征男儿应有志于天下。
⑦ 堞：遮蔽。
⑧ 槺：经营驰逐。
⑨ 椽：古代房屋间数的代称。
⑩ 平準：平准是指中国封建王朝通过贵卖贱买以求稳定物价的措施，为汉代桑弘羊首创。
⑪ 鬯：chàng，通“畅”，旺盛。《易·震卦》：“不丧匕鬯。”
⑫ 萑苻：泽名。《左传·昭公二十年》：“郑国多盗，取人于萑苻之泽。”一说，凡丛生芦苇之水泽皆可谓之萑苻之泽，见杨伯峻《春秋左传注》。
⑬ 欧：同“驱”，或导之以德教，或欧之以法令，出自《大戴礼·礼察》。
⑭ 薙：除草也。

居奇以垄断，自盛业以日新。今岁孟春上旬，为甥四秩初度。虽少陵忧国，悉捐馈赠以饷军，而孟尝客多，依旧衣冠之毕会。乐彦辅颓唐秃炷，我愧冰清，卫叔宝倜傥多才，君真玉润。推襟送抱，夙洽情怀，拂素题笺，聊明沆瀣[①]。筵宾奠雁，羌回首以十年，举案偕鸿，祝齐眉于百岁。即此春浮绿螘，辉联银汉之双星，伫看天降石麟，玉立商瞿之五子。

◎侄孙女同康与其婿赵永余结婚贺词

粤自竹生嶰谷[②]，叶凤凰之双声，花满苹洲，集鸳鸯之遐福。子黻我佩，酳[③]合卺者必结同心，副笄六珈[④]，颂宜室者先赓偕老。莲花互递，缘已证于五百年，芝草敷荣，祥遂衍夫千亿世。兹者，吾家遥集，赋元女之于归，异地陈完，卜和鸣而有耀。是日也，花飞绮陌，桃李争秾，日丽粉江，笙簧迭脆。南山气爽，梁家之眉案初齐，东观声蜚，学士之头衔并焕。车笠挚友，竞夸成季冬温，胶漆良朋，共诩平原风度，亦可谓牉合之自天，如宾之嘉耦也已。顾值此青犊弥天，苍鹅出地，匈奴未灭，男儿本何以家为，小戎兴歌，女子亦咸思敌忾。既抱后乐先忧之志，奚遑谐琴鼓瑟之谋。然而葛覃[⑤]荇髦[⑥]，实为王化初基，蘩[⑦]洁苹[⑧]香，尤属人伦正始。又况琱戈落日[⑨]，已入胜利之年，银汉星辉，宜进合欢之酒。静好著闺房令范，鹿挽同车，倡随播勤劬美谈，鸡鸣戒旦。东邻西屋，难得骨肉聚居，暮盐朝齑，共乐亲戚情话。余也，婆娑老眼，幸及瞻六礼之成，濡染柔毫，爰借祝百年之庆。从此蓉华并蒂，永鹣翔鲽泳于无疆，椒实盈升，咏麟趾螽斯[⑩]于靡替[⑪]。

---

① 沆瀣：夜间的水气。司马相如《大人赋》：“露水呼吸沆瀣兮餐朝霞。”

② 嶰谷：典故名，典出《汉书》卷二十一上《律历志》，指昆仑山北谷名，传说黄帝使伶伦取嶰谷之竹以制乐器。

③ 酳：饮食结束后用酒漱口。

④ 六珈：古代夫人的发饰。《诗经·鄘风·君子偕老》：“君子偕老，副笄六珈。”

⑤ 葛覃：《诗·周南·葛覃序》：“《葛覃》，后妃之本也。后妃在父母家，则志在于女功之事，躬俭节用，服澣濯之衣，尊敬师傅，则可以归安父母，化天下以妇道也。”后以“葛覃”为女子待字闺中之典。

⑥ 荇髦：大意是河边一个采荇菜的姑娘引起一个男子的爱慕，那“左右采之”的窈窕形象让他日夜不忘，而“琴瑟友之”便成为他梦寐以求的愿望。

⑦ 蘩：《诗·召南·采蘩》：“于以采蘩，于沼于沚。于以用之，公侯之事。”

⑧ 苹：同“蘋”，如：苹蘩，指婚仪、婚姻。苹藻，指妇女的言行规范。

⑨ 琱戈落日：刻有花纹的戈。唐代柳宗元《献平淮夷雅表》：“金节煌煌，锡盾雕戈。犀甲熊旗，威命是荷。”指即将战胜日本。

⑩ 螽斯：《诗经·周南》的篇名，共三章。根据诗序：“螽斯，后妃子孙众多也。”指祝子孙盛多之诗。

⑪ 靡替：不衰、不废。

◎送王甥新华由合江调管五通桥中国银行序

岷泸东汇，盐烟金气之乡，蒙蔡南回，车水马龙之地。万家灯火，排比牢盆[①]，十里楼台，直通画舫。虽弥天兵燹，值赤县之沸羹，然扑地闾阎，仍素封而足食。则有琅琊玉树，阀阅乌衣，本锡水之名宗，作津沽之久客。南山乔陨，奉手泽而读父书，东观业成，焕头衔而称学士。珠光照乘，适当出篋之初，金穴需才，遂得先鞭之著。货殖系史公列传，术敢贱商，河山是巴子遗封，国欣入蜀。从公五载，咸推骥足之轶群，张我一军，何妨牛刀之小试。始作合江之主办，旋从犍厂以量移。明知鹏翔鹍鲲泳，变化尚待将来，然观凤毛麟角，文彩已瞻有耀矣。余也，忝绾蜀行，因同舟而识佳士，爰谐齐赘[②]，借异地而字季姬[③]。郗鉴[④]相攸，坦腹[⑤]真得逸少，孟光举案，齐眉喜对伯鸾。甫撑掌上之珠，复茁田中之玉。设贰室以馆甥，团圞日庆，更双雏之娱我，形影相依。兹者，骊歌待唱，将挈眷以南征，驹景无多，更夕阳之西迫。亦知离合靡定，原宜随遇以达观，其如怅惘临歧，讵能忘情如太上。孔璋行矣，江令黯然。但祝蒲帆[⑥]风顺，年年闻报最[⑦]之书，更期柳往雪来，岁岁作归宁之慰。

◎中国银行总经理宋公汉章七十寿文

宾筵抑戒，卫武公传百岁之诗，霸越沼吴，范少伯作五湖之长。从来圭璋特达，美意始可延年，松柏后凋，大德必得其寿。又况酌盈虚而歌康阜，占利济者亿万家，本忠信以涉波涛，沐辉光者数十国。何必官求勾漏[⑧]，始获丹砂，

① 牢盆：借指盐政或盐业。

② 齐赘：指战国时齐之赘婿淳于髡，以诙谐著称，后以借指善于谐谑的人。

③ 季姬：季姬是鲁国大臣季康子的妹妹，由季康子做主将她嫁给了还未即位的齐悼公。

④ 郗鉴：郗鉴少年时孤贫，但博览经籍，躬耕吟咏，以清节儒雅著名，不应朝廷辟名。

⑤ 坦腹：南朝宋刘义庆《世说新语·雅量》："郗太傅在京口，遣门生与王丞相书求女婿。丞相语郗信：'君往东厢，任意选之。'门生归，白郗曰：'王家诸郎，亦皆可嘉，闻来觅婿，咸自矜持。唯有一郎在东床上坦腹卧，如不闻。'郗公云：'正此好！'访之，乃是逸少，因嫁女与焉。"后称人婿为"令坦"或"东牀"。

⑥ 蒲帆：用蒲草编织的帆。唐代李贺《江南弄》："水风浦云生老竹，渚暝蒲帆如一幅。"

⑦ 最：总计、合计，出自《潜夫论》："最其行能，多不及中。"

⑧ 勾漏：《晋书·葛洪传》："以年老，欲錬丹以祈遐寿，闻交阯出丹，求为勾屚令。"唐代杜甫《为农》："远惭勾漏令，不得问丹砂。"

职重服陶[①]，乃逢绛县[②]也。我总经理汉章宋公，兰芎擢秀，宛委钟英，衍郊祁之门楣，树人伦之冠冕。黄琬幼能对日，鄙呫哔[③]而不为，宗悫志在乘风，引安危为已任。处世值亨屯之会，知废知兴，置身在剥复之交，不随不激。计然策妙，早筹玉箸于燕台，刘晏谋工，旋握金枢于歇浦。上海者，赤孤奥区，黄舆利薮。东吴麋鹿，本美人歌舞之场，南国鹧鸪，原霸主繁华之窟。洎至盟成互市，集万国之衣冠，地辟通商，更五方之辐辏。惟公机牙肆应，碑口同声，牵车者喜执牛耳之得人，同舟者咸庆龙头之有属。乃交子之币甫布，而停兑之令忽颁。公则金心在中，银手立断，不从乱命，仍守常规。遂使徙木之信重昭，沸羹之患不起。一时闾阎额手，中外胪欢。既因众望之交孚，擢总全行之大柄。公益恢宏硕画，展布荩筹。乘博望之槎，周历瀛海，仗鸡林[④]之节，还奠宗邦。适值封豕长蛇，突来洊食，木牛流马，力瘁饷军。公复蚤夜权衡，矢精忠以报国，赞襄领袖，殚睿虑以酬知。零两三年，金布之来源仍裕，风云百变，司农则仰屋无闻。抱经天纬地之才，佐旋乾转坤之绩，岂仅处脂膏而不润，视富贵如浮云者，所可同日语哉。今岁　月[⑤]，值庆古稀。某等，夙隶帡幪[⑥]，久随趋步，兵戈间隔，遥称祝夫千秋，德业裔皇，难揄扬于万一。惟祝南弧星朗，合八公十叟以齐年，东海筹添，颂九如[⑦]三多[⑧]于无暨。

◎臧以允先生闳庐诗集序

一枝梅早，寄来江上之春，廿载萍飘，弥结樽前之想。又况新诗贻我，较鱼油龙罽[⑨]而逾工，难得旧学商量，直口沫手胝而不厌。忆自珠囊坠地，玉弩横天，杨柳桥头，时惊烽燹，芙蓉城上，不少戈矛。君则藏椟不沽，久被伏鸾之目，我亦推

---

① 陶：再成丘也，出自《说文》。

② 绛县：高寿之人为“绛县老人”。

③ 呫哔：亦作“呫毕”，后泛称诵读。明代李贽《王龙溪先生告文》：“先生以言教天下，而学者每呫哔其语言，以为先生之妙若斯也，而不知其糟粕也，先生不贵也。”

④ 鸡林：指新罗附近的国家和地区。五代齐己《送僧归日本》：“却忆鸡林本师寺，欲归还待海风吹。”清代赵翼《王梦楼挽诗》：“生有笙歌矜马帐，死犹诗句在鸡林 。”自注：“君少时随册使封琉璃王。”

⑤ 原文此处为空。

⑥ 帡幪：庇荫、庇护。清代蒲松龄《聊斋志异·窦氏》：“日在帡幪之下，倘肯赐以姻好，父母必以为荣，当无不谐。”

⑦ 九如：如山、如阜、如陵、如岗、如川之方至、如月之恒、如日之升、如松柏之荫、如南山之寿，祝寿之辞，语出《诗经·小雅·鹿鸣之什·天保》。

⑧ 三多：指多福、多寿、多男子，祝颂之辞。

⑨ 罽：jì，渔网。

枰以起，且作倦鸟之归。同是寄生，聊徜徉乎朝夕，竭来知己，时邀集乎二三。酒熟鱼香，栩栩蝴蝶之会，风声鹤唳，息息蛩駏[①]之依。岂知雅会方殷，欢场易散。河清难俟，或向武陵而问津，饥来驱人，我亦巴山而谋食。从此浮云南北，沟[②]水东西。秋水一方，咏春树暮云而寄慨，关山千里，忽星移物换以频年。乃者，老去杜陵，更诗律之日细，讽时曼倩，讬谐语而滑稽。南阮多贤，喜诸郎之俊爽，东坡善辩，让老子以婆娑。存魏晋之风流，借吟哦为余事。嗟乎！万方多难，何地无愁。四顾苍茫，有天皆醉。君真矍铄，请续放翁[③]入蜀之篇，我尚疏狂，敢弁[④]巢父[⑤]长留之卷。

① 蛩駏：“蛩蛩駏驉”的省称，指传说中的二异兽，样子相似而又形影不离，故亦比喻休戚与共、亲密无间的友谊。

② 沟：原文缺笔。

③ 放翁：陆游有《入蜀记》，共六卷，是中国第一部长篇游记。《入蜀记》将日常旅行生活、自然人文景观、世情风俗、军事政治、诗文掌故、文史考辨、旅游审美、沿革兴废错综成篇，评古论今，夹叙夹议，卓见迭出，寄慨遥深。

④ 弁：古代贵族子弟行加冠礼时用弁束住头发，礼成后把弁去掉不用，后喻没用的东西。

⑤ 巢父：传说中的高士，有巢氏因筑巢而居，人称巢父。

卷四

◎赠袁小如师长序

凤麟[1]不至，在郊薮[2]以何年，鸿鹄高飞，岂网罗可幸致。虽江湖廊庙，忧世者不异其心，而轩冕林泉，居易者则随所遇。祖士雅中流击楫，英雄讵忍忘情，陶宏景神武挂冠，贤智或非得已。当斯地也，爰有人焉。我友小如先生，束发受书，抗心希古，为君山亢宗子弟。玉树琪芝，居柏年大好家乡。廉泉让水，撑肠万卷，尤酷嗜阴符[3]之经，放眼八荒，更别具阳秋之鉴。于是弃兹呫哔，从事韬钤[4]。小试奇才，已列千夫之长，长风远志，犹怀深造之思。如登鹫岭，参无上乘，远赴燕台，学万人敌。既而武成庙里，几历星霜，握奇文中，尽窥阃奥。时值沧桑甫变，鼎革初占，失鹿何归，群龙无首。南辕北辙，极浮云苍狗之奇，虎负鲸呿[5]，有浩劫红羊之惧。先生则成竹在中，立柴不倚。雄师十万，时护诸军，貂锦五千，独提一旅。旋以功高细柳，晋总师干，谋重莲花，复参帷幄。旌麾所指，黎民争拜弓刀，刁斗无声，黔庶咸瞻裘带。乃雪来柳往，尽瘁十年，而菊秀松寒，忽思三经。缙云山下，犹存诸葛之故庐，明月峡边，竟遂兴公之初服。询久联旧雨，夙景高风，未贻招隐之书，忽逢坠欢之拾。黄鸡白酒，从容商竞病之诗，红树青山，款段作陪游之

① 凤麟：凤凰与麒麟，比喻杰出罕见的人才。
② 郊薮：郊野草泽之地。
③ 阴符：古兵书名。
④ 韬钤：古代兵书《六韬》《玉钤篇》的并称，后指兵书。
⑤ 鲸呿：比喻海涛汹涌。

客。嗟乎！南山猎罢，谁识射虎将军，东海澜狂，肯废闻鸡壮志。君才有用，愿奋袂收林邑[①]之功，我耄无能，待搦管勒燕然之石[②]。

◎姻世讲王君豫章四十寿言

民国三十一年，岁壬午，仲夏之月，值姻世讲豫章王君四旬双庆。方物发虑[③]，正丈夫用世之年，酌盈剂虚，尤贤者济时之会。倚蒹葭于玉树，久联秦晋之欢，歌松柏于南山，合效冈陵之祝，既称觞而命醉，爰洒墨以摛词。盖君本银行旧同舟，为乌衣佳公子。尊人太守公，学粹申韩，幕游巴蜀。经术饰治，人钦东汉之风，币聘争迎，誉满西川之地。既而豹文难隐，鹗荐频登。三膺赤紧，甘棠[④]则遗爱犹思，一擢黄堂，拔薤[⑤]之循声远播。君虽习居罗绮，酷嗜简编。贯五总之经，说堪北角，通重译之语，辩悉从心。维时科第既停，沧桑且变。斯文既已坠，尽成昨日之黄花，世样翻新，谁拾美人之香草。然究珠光难掩，适值金穴需才，乃出凤翙[⑥]之一毛，作牛刀之小试。朱龄石[⑦]百函并发[⑧]，记室之位独尊，繁休伯[⑨]五夜论思，筍束之牍立尽。十年况瘁，已极栉风沐雨之勤，半日消闲，不改随月映雪之习。嗣以宣劳懋著，晋职赞襄，手笔仍赖其经营，领袖益资其擘画。盖君襟怀淡泊，耻由捷径干荣，志趣静宁，足见仁人必寿。黄夫人幼承庭训，长号女宗，筐筥无愆，珩璜式德。鸡鸣戒旦，殚中馈之绸缪，鸿桉相庄，慰高堂之色笑。荆山产玉，璧既双莹，合浦生珠，辉复并曜[⑩]。洵可称家室之咸宜，颂琴瑟之偕老矣。今日者，石榴绽火，小红开如意之花，庭艾凝香，重碧醖延龄之酒。回首流年逝水，曾观总丱[⑪]以读书，岂知炳烛余生，犹得跻堂而祝嘏。从此声华鹊起，合有猷有为

① 林邑：南海古国名，故地在今越南中南部，这里代指日本。
② 燕然之石：东汉窦宪破北匈奴，登燕然山，刻石记功，后以“燕然石”指建立边功的记功碑，以“勒燕然”咏边塞立功。
③ 方物发虑：《礼记·内则》：“四十始仕，方物、出谋、发虑。”俞樾《群经平议·礼记三》：“方物者，辨别其事也。惟能辨别其事，故能出谋发虑也。”
④ 甘棠：《国风·召南》的一篇，体现了人民对召公的赞美和怀念。
⑤ 拔薤：比喻铲除豪强暴族。
⑥ 翙：huì，翙翙，鸟飞的声音，这里指羽毛。
⑦ 朱龄石：东晋末年刘裕系大将，自幼轻佻好武，后随刘裕平定桓玄、卢循之乱，受命为元帅，讨伐占领四川的谯蜀，威名甚著，倍得信任，诸事皆参与谋划。
⑧ 百函并发：五代前蜀韦庄《又元集序》：“左太冲十年三赋，未必无瑕。刘穆之一日百函，焉能尽丽。”
⑨ 繁休伯：繁钦，字休伯，东汉颍川（今河南禹州）人，曾任丞相曹操主簿，以善写诗、赋、文章知名于世。“繁”，姓，读 pó。
⑩ 原文此处有“今日者，石榴绽火，小红开”一句，有误，删除。
⑪ 丱：guàn，古代儿童束的上翘的两只角辫。

有守[1]以同钦，定卜福祉骈蕃，历杖乡杖国杖朝[2]而不老。

◎万公寿山上将六十晋二寿言

生辰冬月

两戒者中原之天险，惟公侯克寄干城，百年者人寿之大齐，有功德必臻耆艾。稽汉家之竹帛，嫖姚食万八千户以冠军，缅唐代之旂常，汾阳历二十四考而作令，如掭券焉，非幸致也。惟我万公寿山上将，黄菌诞云，紫宫执斗。白山黑水，钟[3]来天地灵奇，燕颔虎头，生具褒鄂骨相。辍耕陇上，志随鸿鹄以高飞，投笔窗前，气轶骅骝之远到。许身报国，束发从军。令肃止齐，小试百夫之长，心精韬略，讵矜一剑之雄。维时吾师次珊赵公，移巴蜀之旌麾，绾辽宁之钧轴。求贤若渴，韩淮阴以国士受知，觾俊辟门，狄武襄以偏师发韧。既而神州鼎革，赤县沧桑，琴鹤南归，幸城郭人民之无恙，卢龙东望，仍河山风雨之堪虞。公益星宿罗胸，精忠涅臂，枕戈待旦，有警必先，横槊临江，无敌不忾。继镇者复推为伟器，同袍者咸服其桀才。始提一旅以护诸军，旋总全师而专钜任。瞰强邻于鰕岛，既忧跋浪而来，防域内之鹿争，更恐萧墙多变。黑龙江省者，中外之绾毂，华夏之屏蔽也。枢府以公名高山斗，谊切梓桑，顺昌旗鼓，敌国遇之而惊，叶尹恩膏，黎民戴之如岁。爰命建旄魁岭，开府眉宫，劝学训农，万姓兴歌于来暮，明耻教战，三军作气于崇朝。既复移镇燕云，旋又出征豫鄂。檀来十万，迭挫凶锋，君子六千，竟摧顽焰。领袖以公风餐露宿，备极劳薪，柳往雪来，久资砥柱。于是还节西蜀，借箸[4]中枢。纶巾羽扇，暂付裨属以前驱，缓带轻裘，爰驻陪都而赞策。月明射虎，非同解组之将军，江上停骖[5]，仍是剖符[6]之节度。询身际时艰，老益才尽。溯感遇于天水，草木相同，结比邻于涂山，樗栎滋愧。岁寒屡易，得钦松柏后凋，日夕

---

① 有猷有为有守：《尚书·洪范》："凡厥庶民，有猷，有为，有守，汝则念之。"《尚书·孔传》："民戢有道，有所为，有所执守。"

② 杖乡杖国杖朝：《礼记·王制》："五十杖于家，六十杖于乡，七十杖于国，八十杖于朝。"后遂以"乡杖"表示年老。

③ 钟：集中、专一。

④ 借箸：指为人谋划。

⑤ 骖：三匹马同驾一车叫"骖"。《诗·小雅》："载骖载驷，君子所届。"

⑥ 剖符：或叫"剖竹"，封建时代的帝王在建国之后，就会封赏有功的诸侯将士，将符节剖分为二，君臣各执一半，作为信守的约证，叫作"剖符"。

陪游，辄与竹林雅集。欣逢华诞，敬贡芜词。巡梅簷而索笑，永瞻西垣上将之辉，赓芝畔以延年，愿晋南极老人之祝。

◎赠余啸风先生并补寿六十

青松落色，孝标所以广绝交[①]，金兰成编，弘正[②]所以重知己。素心可证，攻错原借他山，白首犹新，踪迹或淡如水。何必滞形离聚，动呼剡上之舟[③]，更勿托辞荒唐，谓识梦中之路也。我友余啸风先生，智虑珠圆，襟期玉朗。龙叔背明而坐[④]，方寸皆虚，庖丁善刃以藏，怀才不炫。说经岳岳[⑤]，谈史觥觥[⑥]。当先生既壮之年，正世运维新之会。残篇断简，都成明日之黄花，丽句清词，谁拾美人之香草。于是担簦负笈，舍茹古以涵今，继晷焚膏，变读书而学律。既而鼎革遽占，损益未定。仕途竞进，人争捷足先登，义命自安，君则折腰独懒。不牵丝于剧县，惟绾榷[⑦]于偏隅，瓜代[⑧]及期，蘧庐遂返。陶元亮门外，仍垂柳五株，刘卢照邻阶前，惟病梨几树。伏鸾晦彩，循良则甘让季方[⑨]，玄豹隐文，风月则独归元度[⑩]。拥百城而坐啸，开三经以延宾。仆以谫[⑪]材，时叨雅集。诗成击钵，青霞绀雪之词，花落飞觞，白酒黄鸡[⑫]之约。乃者，饥来驱我，隔秋水以一方，室远怀人，共明月兮千里。洎旧侣分携者十稔，而坠欢复拾于崇朝。听夜雨于巴山，话嫌烛短，咏春天于渭水，情比潭深。盖君动龙门之游兴，思徧历两戒山川，景燕市之悲歌，且凭吊故宫禾黍。未几长蛇封豕，大地震惊，苍狗白衣，浮云眴[⑬]变，而君已返巫峡之帆，且醉郫简之酒矣。谓非天之重德星，护诗史耶。去岁闻君，六旬介庆。鸥程远

---

① 广绝交：南朝梁刘孝标有《广绝交论》。

② 弘正：周弘正，字思行，汝南安城人，晋光禄大夫周顗九世孙。

③ 剡上之舟：出自《世说新语》，指隐居逸游，造访故友。

④ 龙叔背明而坐：《列子·仲尼篇》："文挚乃命龙叔背明而立，文挚自后向明而望之，既而曰：'嘻！吾见子之心矣：方寸之地虚矣。'"

⑤ 岳岳：耸立的样子。《楚辞·王逸·九思·悯上》："丛林兮崟崟，株榛兮岳岳。"

⑥ 觥觥：刚直的样子。《后汉书·卷八二·方术传上·郭宪传》："关东觥觥郭子横。"

⑦ 绾榷：掌控征收专卖税的交易场所。

⑧ 瓜代：本指瓜熟时赴戍，到来年瓜熟时派人接替，后世就把任期已满换人接替叫作瓜代。

⑨ 季方：东汉陈寔有子陈纪字元方、陈谌字季方，两人皆以才德见称于世。元方之子长文与季方之子孝先各论其父功德，争之不能决，问于陈寔，寔曰："元方难为兄，季方难为弟。"意谓两人难分高下。事见南朝宋刘义庆《世说新语·德行》。后称兄弟皆贤为难兄难弟或元方季方。

⑩ 元度：蔡卞(1048—1117)，字元度，为官廉洁，勤政爱民。

⑪ 谫：浅薄。

⑫ 白酒黄鸡：形容岁月易逝，人生短促。

⑬ 眴：古同"眩"。

隔，未倾北海之尊，骈语卒成，聊补南山之祝。在昔骊歌唱后，记赋别于绿波南浦之天，今兹鲤腹披余，应念我于黄叶西风之下。

◎贺莫柳忱总长南山筑室落成

三辰晦塞，台孝威[①]以环堵自安，典午播迁，王茂宏推过江第一。儒者时艰蒿目，安有连云华屋之思，名流忧乐关怀，惟系霖雨苍生之望。彼平泉绿野，无非遭际承明，然画栋雕栏，终觉役形华靡。总长柳忱莫公，德比春温，政如秋肃。北庭持节，瞻潞国者钦为异人，东作牖民，颂农部者饥真由己。抱举世之闳才，入陪都而参政。然浮踪万里，曰予未有室家，赁屋千金，何以同兹妇子。乃谋南山一亩之宫，舟作东征三年之计。惟陶士行竹头木屑，微物皆珍，而范柏年让水廉泉，清贫依旧。于是燕梁不饰，萝补何嫌，虎落中周，竹藩亦可。苟完苟美，取足读书，或臼或庖，苐[②]供作苦。此中人语，朅来都为避秦，随遇而安，小住何妨思蜀。所幸花明柳暗，地已成村，瓮牖绳枢，我先筑室。两家春满，分得元相绿杨，三径秋高，望见陶公碧柳。煮茗而谈风月，携筇而看云山。此亦若定之前缘，而达观之逸致也。何必紫房十里，西京樊重之家，青琐千门，东汉王根之宅哉。嗟乎！天公酩酊，烽燧同惊，世运凌夷，江河日下，真埋愁之无地，将索笑以何时。惟公止水独清，和风广被，慕士师之芳躅，名字皆香，继工部之草堂，诗歌见志。洵可谓邦国之璠玙[③]，人伦之冠冕矣。此日黄冠备问，永增巴山流寓之辉，他年皂帽[④]言旋，再话辽海归舟之乐。

◎寿杨芳龄校长五旬双庆

诗赓棫朴[⑤]，俊髦颂君子以万年，化溥菁莪[⑥]，教育本人生之一乐。恰喜春回

---

① 台孝威：吾嘉台孝威，乐道隐岩穴。吾尚管幼安，栖真养高节。出自吴筠诗。

② 苐：古同“第”。

③ 璠玙：泛指珠宝，比喻美德贤才。

④ 皂帽：南朝时期的一种帽式，因其色黑而谓之“皂帽”，也叫作黑帽，为士人所戴。

⑤ 棫朴：《诗·大雅》中的篇名，多以喻贤才众多。

⑥ 菁莪：《诗·小雅·菁菁者莪序》：“菁菁者莪，乐育材也，君子能长育人材，则天下喜乐之矣。”后以“菁莪”指育材。

大地，跻北海以开尊，难得天保九如[①]，居南山而介寿。又况鹤筹正富，百岁方中，象服是宜，六珈偕老，能不拂鸾笺而纪庆，摛骈词以扬徽哉。芳龄先生，麟角征奇，凤毛誉早。重瀛学返，已遂乘风万里之初心，多士裁成，惟计树人百年而报国。广益学校者，巴国之鹅湖，而蜀中之鹿洞也。先生杏坛讲贯，屡历星霜，皋此勤劬，无间晷刻。慕化雨者既簦笈之盈门，沐教泽者咸圭璋之成器。适值苍兕兵兴，红羊劫启。雷辊殷地，人著翅以飞来，雨弹弥天，廊折腰而半碎。先生牛刀在手，不废弦歌，狐腋集裘，重恢栋宇。杜陵广厦，复合狂猥以陶甄，沂水春风，仍率童冠而歌舞。

此虽足见兴学之苦心，尚别有其救时之伟绩也。忆昔太岁在卯，厄闰偶丁，莠蔓潜滋，媒糵肇乱，思欲昆冈纵火，玉石俱焚。借使海国兴波，风云顿变，当道知先生智比珠圆，辞尤玉润，浼向外宾而商议，预策远客之安全。先生跋来报往，鸡唱未休，舌敝唇焦，龙驯就范，既而荆榛尽翦，苍黎获安。先生则成算在胸，恬若无事，收枰敛手，逊不居功。即兹造福之苦心，足徵大德之必寿。谢夫人珩璜足式，鞶带叶仪。肃鸿桉以相庄，虀盐自检。助鳣堂之训迪，笙磬同音，集一室之凤麟，永百年之鹣鲽。值今岁涂月下旬，为先生五旬双庆。询花村同住，芝采弟亲。才尽且荒，敢学江花谢草，岁寒欲暮，得瞻翠柏苍松。爰贡俚言，聊伸颂悃，捧满斟之绿酒，好颂祝公寿无疆。羡前席之青年，笑悔我生太早。

重庆本西南绾毂[②]，吴楚津梁，当大学之权舆，犹初规之草创。先生负斗山重望，抱桑梓热心，受诿諈[③]于省枢，为绸缪而画箸。师资延揽，枝罗几遍亚欧，科部精详，文化远超齐鲁，既成功而有焕，复避席以让贤。

◎赠田华清姻世兼庆其生辰

二月上旬

三春明丽，正莺飞燕语之天，一室雍和，集麟子凤雏之美。车尘马足，地本非偏，酒熟鱼香，客来不速。入门有喜，争扶鸠杖以肩随，小住为佳，且留鸿泥之爪

① 九如：本为九句以“如”字为开头的祝颂人君之词，见《诗经·小雅·天保》，后用为祝寿之词。

② 绾毂：统摄，犹如车辐之凑集在毂，比喻扼住要冲。

③ 诿諈：委托。

迹。华清姻世讲,才地恢闳,风襟朗彻。牵车服贾,人钦端木[①]之多材,肯构承家,誉溢竹林[②]之小阮。盖君数年程雪,求学北方,一卷豳风[③],专精农业。顾货殖树艺,教本分科,而操奇计赢,理无异致。时值令叔习之,奉金萱而养志,依恋晨昏,解银篆以辞荣,权衡子母。君乃侧身厘市,讬迹巴渝。抱布贸丝,陶朱公琴书泛海,同心戮力,岳家军壁垒如山。由是德业日新,声华云起,骨肉聚顺,伉俪相庄。既积善以致祥,益休征之多庆。长幼连枝,已擢膝前之三秀,婴娩学语,复撑掌上之双珠。节近花朝,欣逢初度,香浮桂醑,我适重来。翦烛谈心,证圆泽三生之果[④],投辖握手,作平原十日之留[⑤]。喜阡陌之交通,如听仙源鸡犬,乐亲戚之情话,浑忘满地干戈。搦管吮毫,聊抒积悃,洗觥酌斝[⑥],借祝修龄。好从荆树园中,岁岁醉孟尝之酒,记取栋花风后,年年歌天保之诗。

◎赠许克猷先生

儒言气类,合异地之苔岑[⑦],佛说因缘,证灵山之香火。否则兰言臭味,何由联风雨于一堂,萍水浮沉,讵能萃踪迹于万里哉?是有数焉,非偶然也。克猷先生,腹已尽罗五车,手仍不释一卷。矧复得天独厚,纯孝性成,霜露凄清,悲深风树,山川修阻,痛切松楸。绘姜家双鲤之图,咏白傅慈乌之句。对花笺而泣念,效刻木以思亲,尤可谓无间人言,永锡尔类[⑧]矣。先生自寿公上将初总师干,即随节钺。入莲花之幕,倚马才高,赞细柳之营,飞鸢信编。既而寿公移军汉上,税驾蜀东。辽宁遥领,建牙于粉水江边,宾佐咸从,筑室于黄榕村里。先生仍参帷幄,裁苔音书。盾上墨浓,朱龄石则百函并发,席前词妙,阮仲容[⑨]则三字交推。且也,鸟篆虫文,暇即搦管,郊寒岛瘦,忙且擘笺。询近接芳邻,居同仁里。

① 端木:复姓,如孔门弟子有端木赐(子贡)。
② 竹林:竹林七贤中的阮籍、阮咸为叔侄,后敬称叔侄为竹林。
③ 豳风:是《诗经》十五国风之一,其中多描写公刘封地——豳地的农家生活。
④ 三生之果:佛教故事,唐代李源与高僧圆泽禅师相约来世相见的故事,借指前世姻缘,来世重新缔结。
⑤ 十日之留:《史记·范雎蔡泽列传》:“秦昭王闻魏齐在平原君所,欲为范雎必报其仇,乃详(佯)为好书遗(wèi)平原君曰:‘寡人闻君之高义,愿与君为布衣之友,君幸过寡人,寡人愿与君为十日之饮。’”
⑥ 斚:jiǎ,斝的异体字,玉爵也。
⑦ 苔岑:晋代郭璞《赠温峤》:“人亦有言,松竹有林。及余(尔)臭味,异苔同岑。”后世因以“苔岑”指志同道合的朋友。
⑧ 永锡尔类:《诗·大雅·既醉》:“孝子不匮永锡尔类。”
⑨ 阮仲容:阮咸,字仲容,陈留尉氏人。魏晋时期名士、文学家,步兵校尉阮籍之侄,与阮籍并称“大小阮”,与嵇康、阮籍、山涛、向秀、刘伶、王戎并称“竹林七贤”。

作将军之揖客，得与唱酬，遘佳士而推襟，直如针芥。时聆子将月旦，倾耳而服否臧，挹来殷浩[①]风流，抵掌而谈今古。惜询潘鬓[②]久凋，江花待落，虽云识荆恨晚，却喜携筇匪遥，亦天假之奇逢，而世途之良觌也。又况银钩铁画，惠贻珠玑，敢不索朽枝枯，报伸缟纻[③]。我生何幸，得从一面而订心交，君本多情，后勿三步而忘腹痛[④]。

◎寿臧康泰姻世讲暨德配王夫人四旬双庆

地非峿嵝[⑤]，松柏始毓成轮囷[⑥]，源出昆仑，河汉乃呈其浩淼。顾僖伯[⑦]有后于鲁，固资堂构之贻谋，而游能亢其宗，尤赖箕裘[⑧]之善继。康泰姻世台，浙水名宗，锦江寄籍，祖考吟蕉公。莲花幕重，作诸侯之上宾，槐树庭高，兆三公于奕世。尊人次郎大令，蜚声黉序，夙志澄清。忧乐与天下相关，似范仲淹为秀才之日，闻望以诸生而重，如徐文长有国士之风。出宰三秦，德垂棠荫，历官五县，颂满花封。乃黄琬方当对日之年，而皋鱼遽抱终天之恨。三千蜀道，风增陟岵之悲，百二秦关，雨洒思亲之泪。君乃发楹书而尽读，恪守青箱，洎舞勺之韶龄，远游黄浦。乐羊学问，致力担簦负笈者十年，司马文章，获益名山大川者万里。王夫人金张门第，幼即笃嗜诗书，苕霅乡亲，难得生同甲子，参媒氏妁[⑨]。人间之佳耦咸称，梁桉桓车[⑩]，学士之头衔并焕。维时令兄伯庸先生，术精解㑊，医贯中西，取九五福之

① 殷浩：东晋时期大臣、将领、清谈家，早年以见识度量、清明高远而富有美名，酷爱《老子》。

② 潘鬓：本名潘岳，后人称潘安，潘岳在文学上与陆机并称“潘江陆海”。钟嵘《诗品》称：“陆才如海，潘才如江。”王勃《滕王阁序言》：“请洒潘江，各倾陆海云尔。”

③ 缟纻：《左传·襄公二十九年》：“（吴季札）聘于郑，见子产，如旧相识。与之缟带，子产献纻衣焉。”以“缟纻”喻深厚的友谊，亦指朋友间的互相馈赠。

④ 腹痛：曹操《祀故太尉桥玄文》：“又承从容约誓之言：‘殂逝之后，路有经由，不以斗酒只鸡过相沃酹，车过三步，腹痛勿怪。’虽临时戏笑之言，非至亲之笃好，胡肯为此辞乎？”后以“腹痛”为对死者表示哀痛悲伤的典故。

⑤ 峿嵝：岣嵝，嵝指山顶。

⑥ 囷：qūn，古代一种圆形谷仓，引申为积聚、聚拢。

⑦ 僖伯：臧僖伯（？—公元前718年），鲁孝公的儿子，臧哀伯的父亲，臧文仲的曾祖父；名彄，字子臧、谥僖。臧僖伯是鲁隐公时的重臣，以知书达礼而著称。

⑧ 箕裘：克绍箕裘，意思是比喻能继承父、祖的事业，出自《礼记·学记》。

⑨ 妁：shuò，媒人。

⑩ 桓车：即桓车骑。桓冲，桓温的弟弟，字幼子，官至车骑将军。

嘉名，著三折肱之绝艺。君乃乘埙篪[1]余暇，得橐籥[2]真传。银篦金针，枢缄悉归小宋[3]，琼液丹竈，声华不让元方[4]。

既而青犊弥天，苍鹅出地。欧风亚雨，五洲之兵燹齐开，楚尾吴头，半壁之河山尽碎。幸桃源之有路，爰望西蜀以遄归，喜粉水之无波，更就南山而卜筑。乐壶中之日月，人识韩康[5]，出囊底之刀圭，群呼葛叟。然君志存利物，不较锱铢，道在济人，博施贫苦。非先德克承，好善不倦，能如此之履险如夷，处困独亨哉。今岁腊月中旬，为君四秩双庆，鹣[6]来沧海，瞻比翼以呈祥，凤哕[7]丹山，集九雏而衍庆。询谊忝葭莩，衰惭蒲柳，只惜江淹才尽，莫罄揄扬。惟祝郭令福多，与增光宠。际此灰飞六管，好迎江头梅柳之春，相与颂晋百年，共醉君家葡萄之酒。

① 埙篪：埙篪，指兄弟。

② 橐籥：老子《道德经》第五章："天地不仁，以万物为刍狗。圣人不仁，以百姓为刍狗。天地之间，其犹橐籥乎？虚而不屈，动而愈出。多闻数穷，不若守中。"对于橐籥的解释：橐籥者古之鼓风用之袋囊，其犹现代之风箱，或鼓风机。但在《道德经》中，老子将其比喻为天地宇宙乾坤变化之象。内中空虚而生机不已，动静交织而无穷无尽。

③ 小宋：指宋代宋祁。《宋史·宋祁传》："与兄庠同时举进士……人呼为'二宋'，以大小别之。"

④ 元方：元方是《世说新语·期行》中的人物，陈太丘陈寔之子。

⑤ 韩康：字伯休，东汉人士，皇甫谧著《高士传》中人物，因卖药三十多年从不接受还价而为世人得知，遂以"韩康"借指隐逸高士，亦泛指采药、卖药者。

⑥ 鹣：鹣鹣又称比翼鸟，是古代神话传说中的鸟，此鸟仅一目一翼，雌雄须并翼飞行，故常比喻恩爱夫妻，亦比喻情深谊厚、形影不离的朋友。

⑦ 哕：有节奏的铃声，如"鸾声哕哕"。

卷五

◎陈丽生先生暨谢夫人八旬双寿

尝闻多寿多男子，华封之祝惟三[①]，曰富曰康宁，洪范之畴备五[②]。崇仁除暴，胶鬲[③]以鱼盐而驰声，霸越沼吴，范蠡冠江湖而称长。此颂君子者必歌偕老，而占降祥者悉由作善也。丽生老兄亲家，以仁存心，与物无忤。肩随有素，长我三岁夙称兄，心契独深，交历卅年而愈挚。当夫枢轴未改，耕凿犹安。公则蒿目时艰，慨江河之日下，惊心俶扰，叹政治之不纲。遂溷迹于锥刀[④]，甘潜身于鬻。既而鼎革纔占，甲兵外起。五千年世宙，尽变枼[⑤]沧，九万里河山，咸忧板荡。询亦一官唾弃，六峜[⑥]学谙。通阛带阓之中，得兹良友，字水涂山之地，幸缔石交。盖公酷嗜缥缃，尤耽花木。青箱百叠，如游福地于嫏嬛，红雨一园，胜梦华胥之锦绣。每当春秋佳日，筹计余闲，相与古简摩挲，奇芬玩赏，虽逢兵燹，不废谳游。未几黑白枰终，玄黄[⑦]劫转。升平重覩，瞻新运而家室晋安，嫁娶累人，笃旧交而婚姻复重。谢家字女，公竟屈尊，荀氏有孙，我翻偺[⑧]长。此亦人生之佳话，而天假之良

① 华封三祝，由天竹、两种吉祥花卉或两只小鸟构图，意思是华州人对上古贤者唐尧的三个美好祝愿，典出《庄子·天地》。

② 《洪范》是《尚书》篇名，汉儒收集各地先秦著作汇篇。旧传为箕子向周武王陈述的“天地之大法”。王安石作《洪范传》以五行为“天所以命万物者也”。

③ 胶鬲：商周之际时期人物。胶鬲正是孟子所谓“举于鱼盐之中”的人，详见《孟子·告子下》。

④ 锥刀：五代王定保《唐摭言·慈恩寺题名游赏赋咏杂纪》：“肃始登第，俄有李鸿者造之，愿佣力。鸿以锥刀暇日，往往反资于肃，此外未尝以所须为意。”指从事微贱工作。

⑤ 枼：yè，古同“枼”，草木的叶子。

⑥ 峜：“法”的讹字。

⑦ 玄黄：玄黄是指天地的颜色。玄为天色，黄为地色。这里指抗战胜利。

⑧ 偺：古同“僭”。

缘也。今岁二月初旬，为公八秩双庆，谢夫人笙磬同音，帨弧训子。眉齐鸿桉，春风开益寿之花，手挽鹿车，夏屋酝延龄之酒。芝盈其室，伯仲胪欢，兰茁其芽，孙曾竞爽。此日陈完吉筮，已符五世之祥，他年卫武宾筵，更进百年之颂。

◎国民公报由省移渝发刊祝词

创一事当易，继一事较难，创者无所因依，亦即无所比例，继则前者未美未善耶！其未美未善之点，已昭昭在人耳目，继者当谋何以改之使良，若仍未美未善，则阙憾立见矣！前者既美既善耶，其既美既善之点，亦昭昭在人耳目，继者或不能增之使进，与不能保其固有之美善，则阙憾亦立见矣。国民公报之在成都，发行已二十年，其优点不必偻指，但能阅二十年而存在，自必有其独到之处，而堪称美善者。今集巴山字水间之文豪硕彦，与夫识时俊杰，移社而东，重振旗鼓。古所谓莫为之前，虽盛弗传；莫为之后，虽美弗彰[①]。知必于重发刊后，征斯语之不妄。方今民智日进，国势亦日亟，持政柄者，蚤作夜思，席不暇煖，东奔西驰，瘏[②]口哓音[③]，以唤醒民众。言论为政治借镜，即古时輶轩采风之指，中枢视川省特重，则视川省之言论尤重。言论之在四川，与在他省者相较，所关不更紧要耶！此报重刊后，举前二十年在成都时之既美既善者，扩而充之，如佛座吼狮，朝阳鸣凤。复与各报社同心若金，攻错若石，作助政府以献替，促人民之团结，则中国之复兴，与四川之复兴中国，胥将以此报为嚆矢[④]矣，岂不懿欤。

◎麻江学贤公支祠碑记

吾家系出汝南郡，旧居湖南衡山县。清乾隆中年，吾高祖永安公，以贸易入黔，懋迁有无之地，恒在都匀麻江间。久之，与邦人士情谊日洽，喜此地风俗之敦朴，山川之幽美，遂家于麻邑之乐荡羊场。里人苦远汲，公独资凿井得泉，取水顿

① 出自韩愈《与于襄阳书》："莫为之前，虽美而不彰。莫为之后，虽盛而不传。"
② 瘏：tú，疲劳致病。
③ 哓哓：因为害怕而乱嚷乱叫的声音；争辩不止的声音，如"哓哓不休"。
④ 嚆矢：响箭，因发射时声先于箭而到，故常用以比喻事物的开端。

易。碑记至今尚存。永安公有子六，命以学茂之言寿同金石八字，为此后子孙沿代命名之程序。公长子学文公，次学明公，次学武公，次学仁公，次学圣公，次即吾曾祖学贤公。仁武两公，皆未娶早殇。永安公晚岁为诸子析产，是宅即属学贤公，故吾家本支世居于此。道光庚戌春，学贤公卒于家，时吾祖茂松公，已先五年逝世。辛亥，吾父之翰举于乡，吾胞伯之冕公，因居承重孙忧，未与试，次年壬子服阕，亦举于乡。自此吾伯吾父，幕游在省，苗匪乱起，举家仓皇逃贵阳，宅即毁于燹。嗣吾父由京曹筮仕入川，卒于官，余与诸兄先后得科举，复仕于川与闽，先后数十年，竟无暇返里。胞侄恭寿乡举后，由日本差旋，值辛亥鼎革，居黔久，始渐谋恢复故庐。然以时局蜩螗[1]，其间又出居平沪十余载，或作或辍，至近岁始规模觕[2]备。然以衣奔食走，又不能长守庐墓，始就宅地建学贤公支祠，中奉本支历代木主，左附祀旁支族祖，右祀历代祖姑。余时在渝绾中国银行重庆分行，恭侄来书索记。窃维吾国礼教，基于伦常，今虽百度更新，而三民主义，于家族仍反复注重，足见水源木本之思，实为古今所不易。斯祠既成，愿后之子孙，虽不能沾沾居乡服畴[3]，然相与典守斯祠于无替，则所以食旧德而妥先灵者，庶与永安公创业之艰及恭侄恢复之苦，相继而益彰欤。

◎巴县陈恩溥先生八十寿文

洪范九五福首言寿，而即继以富及康宁攸好德。盖寿矣，必有以隆贰膳常珍之养，丹砂玉杖之供，而又强健矍铄，神明不衰，于以会真率，集履道，资晚景优游于无替。然所以能致此者，其原悉归本于好德。盖寿者，酬也，酬好德者以寿，则凡寿之所必需者，亦皆全之。福斯备矣，此义也，吾于恩溥先生得之。先生巴县人，世居邑之长生桥。幼歧嶷[4]，束发受书，聪颖踰侪辈。弱冠弄翰，一文出，师友辄啧啧欣赏。顾不愿应试，恒言读书在求明理致用，必以之猎取科名，作敲门砖。斯误矣！理所赅者至广，用亦不仅在治平，农工商贾，何一而非用耶？遂毅

---

① 蜩螗：比喻喧闹、纷扰不宁。

② 觕：同“粗”。

③ 服畴：犹服田，谓从事农活儿。清王士禛《溪村早起》：“比屋尽耕稼，服畴皆弟昆。”

④ 歧嶷：《诗·大雅·生民》：“克岐克嶷，以就口食。”《毛传》：“岐，知意也。嶷，识也。”后谓幼年聪慧为“歧嶷”。

然弃读而商。今世之为商者多矣。其人本未尝学问，遭遇时会，出捷径以得官握权，不恤攘夺其上，剥削其民而致富，一旦失位，则出其蚕食鲸吞之所得。以经商，且喟然曰："为官责重，不如实业之为愈也。"一时贡谀者，则交口以陶朱公拟之，不特古今人迥不相及。即以范大夫论，当日祸机在睫，始易名遯迹，而再致千万。其有所为而为，视先生之无所为而为，识见之早迟先后，相去不又远耶！然则先生之为商，与今世之为商者，又岂可以道里计耶！先生于渝城设谦泰益，营鹾（盐）业。初不鳃鳃[①]牟利，十数年间，利且倍蓰。于是亟归其赀，辍其业，举所获利润，均分宗支，皆赖以温饱。余绾银行二十有一年，与商场周旋日久，每见勃然兴者，旋忽焉以败。窃叹醉于商者无不贪，偏于贪者无不蹶，而喻义喻利，尤往往不能兼全。初则以商为博，偶得心应手，于是既得陇，又望蜀，几若罄一市之金钱，皆不能满其谿壑。其卒也，不尽丧其资斧不止。当其盛时，身拥亿万，而锱铢必较，动辄反颜若不相识，虽骨肉之间，亦不肯稍让毫厘。闻先生之风，庶几知所愧悟矣。先生原配蔺夫人，生二子。长德星，曾任成都县验契所所长；次德彬，业绸缎庄，皆克家而早逝。继配周夫人，生子德恕，女三。长适周，次适唐，三适李，皆邑之名族，诸婿亦佳士。德恕业钱庄，蒸蒸日上，声誉亦隆起，被举为交易所经纪人公会主席。先生既耄期倦勤，又继起有人，乃就其乡置良田数区，日徜徉于山巅水涯。入门则与周夫人鸿案相庄，聚家人为笑乐。孙辈或问字横经，或牵衣索饴。有时肩舆入城，访亲友情话，作数日留。凡识先生与闻其梗概者，无不羡为神仙中人。廿余年前，余宰巴县，时先生被乡人士浼任自治委员。余因公至里，一见沆瀣，深知先生为有道之士，经商治事，特绪余耳。德恕在城，亦不时过从，温恭谦谨，得于义方之训者深。不禁叹德恕能世先生之业，且能世先生之德矣。今岁夏历六月，为先生八旬悬弧之辰，德恕索序于余，余既略知先生，又有纪群交谊，曷敢以不文辞。爰诠次先生之生平，以证洪范九五福之理。先生阅之，当为莞尔一觞，不以于祝嘏词中，涉愤时嫉俗之论，为鲰生[②]咎也。

---

① 鳃鳃：xǐ，忧愁恐惧的样子。《汉书·卷二三·刑法志》："故虽地广兵彊，鳃鳃常恐天下之一合而共轧己也。"

② 鲰生：zōu，典故名，典出《汉书》卷四十《张陈王周传·张良》，多指浅薄愚陋的人、小人，古代骂人之词，后多作自称的谦辞。

◎刘母曹太夫人八旬寿文

世之跻大耋，登期颐者，多矣。然若其人之德与行，无裨于世，则所谓寿者，要不过徒纪年算，子孙庆之，族党庆之，未必一乡一国皆翕然庆之也。吾国礼教，男治外，女治内，而其要则皆归本于治身治心。治外者碌碌无所能，固不足称，即文章技艺，擅有专长，且进而窃爵禄，席华膴[1]，而器识行谊，腼然[2]有缺，虽须眉亦不为世重。治内者不过事亲相夫教子，且极于日用寻常斗粟尺布之细。然能本道德之念，扩而充之，则由孝友以推于睦姻任恤，仍足以惠及远迩，为一乡一国式。本此以得寿，所以寿身者在此，所以寿世者亦在此，如刘母曹太夫人是已。曹氏江北世族，太夫人为光瑢公之女，幼读书娴女训，长适刘公良国。时威姑在堂，良国公习韬钤，精骑射。清时，以功授把总，为人慷慨有大节，虽秩居军尉，而见强邻眈伺，国事日非，干城腹心，需才孔亟，尝隐然以身许国，无如家不中资，所入仅供事畜。太夫人窥悉良国公志，躬任操作，缩食节衣，于瀡瀡盘匜，事亲必丰外，凡良国公鞬韂骏马之需，腾挪供亿，不使匮乏。尝勖良国公曰："君好自为之，匹夫皆有天下安危责，矧在行间，但祝能执干戈卫社稷，非欲夫壻封侯也。"清季仕途竞进，营伍中尤恃攀援，虽有颇牧程李之略，亦无由自见。良国公沉沦既久，乃弃职经商，营同仁庆山货业。太夫人助权子母，亿则屡中，数年获利倍蓰。乃佐理者欺君子以方，亏欠钜数，无术追捕。资斧既丧，家计中落，良国公复一病长逝。太夫人典质治丧，祭葬尽礼。遗女二、子三。长君天鎏，次居两姊两弟之间，年甫十三，最幼者仅四龄。乃两女将嫁，并失掌珠，次三两子，亦于成年后霜凋夏绿。太夫人茹苦含辛，所遇又复如是，亦云屯矣。然为善之志卒不懈，亲族戚里中，凡婚丧无力举办者，太夫人不惜撤簪珥，质余产，以佽助之，先后赖其力以集事者，计不下三十余次，外此因疾病孤苦而施与，更无论矣。天鎏君习钱业，设裕泰庄，蒸蒸日上。自入社会，声誉鹊起，忠信精勤，悉得于慈教，尝述太夫人之训曰："人不可无职业，

① 膴：古代祭祀用的大块鱼、肉。

② 腼然：羞愧脸红的样子。《国语·越语下》："余虽腼然而人面哉，吾犹禽兽也，又安知是諓諓者乎？"

不可无恒心，尤不可无善行。”噫！圣贤持身处世之道，寥寥数语，已概尽之矣。今岁夏历十一月六日，为太夫人八旬设帨之辰，余自庚申来渝，绾重庆中国银行垂二十年，日与金融界人士游，夙识天鋆君之贤而佩慕之，为余述太夫人之言行如此。此所谓处约乐一致，而其心力所及，实有惠于人群，足以厉世磨钝者也。则由大耋而跻期颐，岂偶然哉，岂仅子孙族党之庆哉！爰不辞谫陋，诠次为文以祝，知不足罄懿德于万一也。

◎刘杨母刘夫人墓志铭

杨子惠上将之夫人

自来豪杰之士，尽心卫国者，每不遑恤其家。霍去病匈奴未灭二语，非矫情也。然亦既有家，而无人以持其内，则国赖以卫者，而家且不治，又岂人情哉！此《卷耳》《蘋蘩》之诗，所以为风化之原也。子惠上将，束发从戎，即以革命卫国为帜志，督师戡乱，知有国而不知有家者，垂四十年。今犹在湘与敌相持，屹然为全国干城。而室家溱溱[①]，兰玉[②]繁茂。又值兵戈扰攘，转徙无常。然门以内雍睦整齐，子女廿余人，各勤其学，怡怡如也，其治内之功，实惟德配刘夫人是赖。夫人姓刘氏，讳谷芳，云南籍。父柱卿公，清时积功洊擢昭武都尉，国变时已乞退居昆明。民国五年，袁世凯称帝，上将知滇军之将举义帜也，乃间关入滇，任参谋。柱卿公一见，欣为国器，以夫人归之。滇军入川，袁政府沦败，夫人乃挈家至蜀。自时厥后，川局多故，上将力持素志，柴立不倚。然昕夕戎马，无晷刻暇，遑恤家事，先后廿余年中，家于汉，于平，于蓉，于渝，于泸县，于广安，播迁者六七处。当来川之初，上将太夫人尚在堂。夫人先意承志，侍养维谨，极得慈亲欢。上将持躬廉介，虽位跻督军，而家恒无余储。夫人料量虀盐，不改寒素，又复节用以济人。亲族中有不给者，必尽任恤谊。此在安常处顺，犹未易摒挡，矧倥偬颠沛，南船北

① 溱溱：众多、茂盛。杨森在国民党军阀中以妻妾成群、儿女众多而出名，他公开的妻妾有12位，子女共有43人，其荒唐畸形的婚姻分外引人注目，称得上是千古之谜 。

② 兰玉：旧时对别人子弟的美称。

马动踰千万里，且席不暇煖耶。比来女教日兴，然所学者，大都偏重才术，求如夫人之四德兼备，曾几人哉？夫人俭而有度，恕而能容，待人无疾声厉色，御婢获，重约束而体下情。教子女，尽慈爱而不姑息。又恐校课之或疎也，复聘明师在家，为子女补习，且及体育音乐等事，以期健其体魄，而陶写其性情。其于学问之道，亦有深思而独契者。中日战起，上将以第九战区副司令长官，兼第二十七集团军总司令，驻师湘北，四阅寒暑。渝中迭遭轰炸，居室屡毁。夫人率全家匿避，积劳致病。然力疾整理，毁者葺之，阙者补之。由是病益剧，绵惙时，犹以未能尽心家事，不能少助上将之抗战卫国为歉。呜呼，贤矣！夫人以民国纪元前十四年生，以民国三十年五月二十四日，殁于陪都之山洞新生路，寿四十有四。以是年六月，卜葬于陪都山洞挂线桥附近。铭曰：

苍山洱海，钟毓坤贞。笃生国媛，淑慎贤明。以孝以慈，后起英英[1]。封侯夫婿，德克俪名。辛勤治内，绩助干城。巴山郁郁，灵爽式凭。楷模巾帼，永保贞珉。

◎夏君云舫暨德配傅夫人七旬双寿序

寿之训为酬，所以酬有德者使之娱晚岁。乐康年，洪范五福以曰富曰寿为先，而不及贵，诚以贵即不能言福。然天爵尊于人爵，能好德则天爵之贵自在，初不以簪缨官秩限也。顾古来有德之士，往往历艰迍[2]，经患难，迟之久而始达亨豫之境者，盖天欲成其德，且欲试其修德之坚，必先拂逆所为，以盘错而磨励之。当其困苦潦倒，旁观者或谓斯人也而有斯遇，几疑善庆之感之不足凭。迨其寖炽寖昌，齿登髦耋，堂构继美，发皇而光大，而后爽然于前此之动心忍性。正天所以勗其德之成，而酬其德之盛，相与叹报施之理，固如形影之相随，声响之相应。斯理也，吾于夏公云舫先生征之。先生世居于渝，幼歧嶷，束发就塾，即勤读不倦。太

① 英英：俊美、气概不凡。《南史·卷四八·陆慧晓传》："顾琛一公两掾，英英门户。"

② 迍：路难行不进的样子，如"涂迍迍其蹇连"。

翁文星公，以医济世，劳瘁过甚，遽遘心疾，时作时愈。家本寒素，缘是益拮据。公既长，原配吴夫人来归，长君长龄亦生，不得已，始弃读而商。乃从学之号复屡踬，退而家居，境益困顿。时重闱待养，与吴夫人甘藜藿，谋菽水，居易以俟，不肯枉道求合。环堵萧然，意泊如也。又数稔，天顺祥执事者闻其贤，延之入号，往绥定之顾家河盐店司会计，时月薪仅六千钱。乃客子未归，而家难迭起。数月间，文星公既弃养于前，吴夫人复病殂于后，而叔祖父母之殁者且相继。未几，调绥定总店司帐，其间乃贷微资，与友人蒲君合贸桐油，少获余润。然公终以祖慈及慈亲门闾望切，屡求归而执事坚不允，始调江津盐号，俾便归省。民国改元，盐岸破裂，乃改贸山货药材，盈余略丰。然懋迁申汉间，皆躬自跋涉，讵料存汉货物，忽付一炬。又收合余烬，设祥记商号。后此亿则屡中，始出资置田房，增恒产，为晚年颐养地。吴夫人殁后四年，公始续配傅夫人，生次子长春，三子长源，四子长沛，女长秀、长智。公之在绥也，有米船遇险已殆，立约同人往救，竟获保全。邻人汪姓娶媳，误于訑言，几至仳离，公亲往解说，仍成伉俪。本乡无义冢，路毙者多瘗于砾滓中，公恻然悯之，竟凑资购麦子山地一区，以厝[1]道殣者。其他善举多类是。综观公生平所历，挫折崎岖，亦备至矣。乃境愈逆而德愈进，卒以兴其业，裕其家，启其后，康疆迪吉[2]，子尽克家。初未尝邀福于天，而天所以酬之者，固理之常也。闻公训子，以一正字为主。夫大学之道，始于正心，三百之诗，归于无邪！非读书有素，能如此之简而该耶！使公不以家累废读，干青直上，本其持正好德之念，以惠斯民，则蒙其福者，又岂仅一方一隅已耶！傅夫人幼娴女训，勤俭无违。公事业之成，傅夫人内助之力为多。晚近风习浇漓，每谓作善降为幽渺难凭，然吾见壖[3]鬻场中，其自诩计研秋储之巧者，未尝不烜赫一时，而终仍一蹶不复振。闻公之风，或憬然知所本欤！今岁三月，为公七旬弧庆，同人等属序于余。余既钦公之德，何敢值公之寿而以不文辞，爰就所知者诠次以贡，祝公之期颐而博一粲，谅不以所言为迂远也。

① 厝：cuò，安置。停柩，把棺材停放待葬，或浅埋以待改葬。
② 康疆迪吉：出自《书·大禹谟》，意为吉祥、安好。
③ 壖：古同"滞"、停、贮积。

◎小品存稿

题吴受彤像赞

持八关斋①，具大智慧。运广长舌②，梦梦者③，牖其昧，抱慈悲心，芸芸者，蒙其惠。为儒，则见儒之事功。学佛，则参佛之真谛。跻知天年，弃人间世怆，札缟之犹存，抚俞琴而欲碎。载瞻光风霁月之仪，引我倾河注海之泪。

◎代刘甫澄省主席题刘府李夫人像赞

四川财政厅厅长刘航琛之夫人

钟郝④礼法，金张⑤门第。降阼奉亲，翁姑克慰。敬爱女兄，天显弗替。其以学佐夫也，且随乐羊而共励。其举案如宾也，则谐伯鸾而相契。治家以劬，济物以惠。有林下之徽风，秉坤灵之淑气。胡中寿之甫臻，遽仙云之遐逝。昭阐德于两川，树芳型于奕世。

◎代刘航琛撰谢赙奠通启

敬启者：薄德无似内助云亡。新月入帘，怕咏香山之句，遗衣挂壁，徒伤潘岳之神。矧国步之方艰，值弦音之中断。公私交蹙，感恸尤深。乃蒙盛谊有加，隆仪下贲⑥。或讣传千里，辱电唁于关山；或鼎重一言，锡挽词如珠玉。且复亲移芳躅，赐奠蓬门。泉壤增辉，云天戴德。肃修寸启，聊表微忱。敬请台安，统惟荃照。

---

① 八关斋：佛教指在家信徒一昼夜受持的八条戒律。《资治通鉴·齐武帝永明元年》：“会上于华林园设八关斋，朝臣皆预。”

② 广长舌：佛的舌头，后用以喻能言善辩。

③ 梦梦者：昏乱不明。《诗经·大雅·抑》：“视尔梦梦，我心惨惨。”

④ 钟郝：晋王浑妻钟氏，弟湛妻郝氏，妯娌也，皆有德行，相亲爱雍睦，治家有礼。

⑤ 金张：金指金日磾，匈奴休屠部太子；张指张安世，著名酷吏张汤之子，官至大司马，麒麟阁十一功臣次席，封富平侯；该词指官高显达之人。

⑥ 贲：bì，文饰，装饰得很好。贲临，贵宾盛装来临。

◎题周母洪太夫人像赞

见三太夫人

出孝廉之门，归诗书之第。辞黻佩以奉亲，官祋祤[1]而共济。三珠[2]学媲刘娴，四括才轶窦桂。孙曾茁其芽，戚党被其惠。萃五福以全归，逾七旬而遐逝。吾宗之光壶德之粹渺，慈云其靡依随群从而陨涕。

◎夏君云舫及配傅夫人七旬双寿联

三月

春日载扬，鸿案金尊祝百岁。
夏声必大，兕觥华屋颂三多。

◎代友人寿陆军部何敬之部长五十联

大衍庆添筹，帷幄功高，竚看四万里河山神州重奠。
中流资砥柱，桑蓬瑞永，先合数十军将士崧岳同歌。

◎挽方和斋姻文

菁莪造士，开两蜀先基，雅化媲文翁，虽经沧海桑田，终留遗爱。
蓬荜潜踪，跻九旬归去，灵光失鲁殿，遥想琼楼玉宇，或胜人间。

① 祋祤：古县名，在今中国陕西省。
② 三珠：本作“三株树”，古代传说中的珍木。

◎代铭侄撰挽叶元龙之太翁

年七十余，元龙先后官贵州教育厅长及重庆大学校长

鲤训垂义，方有令子政事文章，闾泽遍蜀水黔山之地。

鹤骖逾杖，国本生平温恭仁让，一身集三多五福而归。

◎南山疗养院开幕贺词

女医士张锦文所设

班谢名家，金张华胄。医贯中西，术精针灸。水饮上池，沉疴立救。轮奂宏开，帲幪广覆。董奉[①]杏林，苏耽橘柚[②]。东川之福，南山之寿。

◎题邓蓂阶蓂园亭子

蓂阶名汉祥，贵州盘县人，在成都西门外筑室开园，园内建一六角亭，四面多菜花，书来索题亭联：

蓂荚[③]日月长，剥复循环百岁健。

芙蓉城郭近，乾坤泱漭一亭幽。

◎又

春满锦江，喜百顷菜花，香浓似蜜。

---

① 董奉：东汉建安时期名医，又名董平，字君异。董奉医术高明，治病不取钱物，只要重病愈者在山中栽杏5株，轻病愈者栽杏1株。数年之后，有杏万株，郁然成林。春天杏子熟时，董奉便在树下建一草仓储杏。需要杏子的人，可用谷子自行交换，再将所得之谷赈济贫民，供给行旅。后世称颂医家“杏林春暖”之语，盖源于此。

② 橘柚：《文子·上德》：“橘柚有乡，萑苇有丛。兽同足者相从游，鸟同翼者相同翔。”

③ 蓂荚：今本《竹书纪年·帝尧陶唐氏》：“又有草夹阶而生，月朔始生一荚，月半而生十五荚，十六日以后，日落一荚，及晦而尽，月小则一荚焦而不落，名曰蓂荚，一曰历荚。”

客来栗里，坐一林烟月，心静欲仙。

◎又代铭侄拟联

湏[①]富贵何时，且笑看池内生鱼，阶前茂草。

趁春秋佳日，好共话良宵风月，乐事桑麻。

◎又代蓂阶拟蓂园二字匾后跋语

蓂，祥草也。余因名得字，今又以字名园，然对之有滋愧者。蓂蓂之荣萎，以一月为周始，有健行不息之义，人能体此，则分阴寸晷皆所当惜。矧值此震撼板荡之秋，有匹夫责者，应如何淬厉精神，不敢一息暇豫。顾余自束发从戎，越三十稔，名行不立，居诸虚掷。壮不如人，老且将至，能无色恧悠然慨耶！小草笑人，犹其末尔。

◎戏作渝中空袭赋

仿杜牧之阿房宫赋

警报急，敌机袭，蜀山兀，乡村出。破坏数十余处，惨无天日。巴山南梋[②]而东折，直接乡场。二江溶溶，城在中央。五步一家，十步一屋；廊腰深隐，檐牙互啄；择地掘洞，山根岩角。鳞鳞焉，囷囷焉，蜂房水涡，矗不知其几千万落。浮桥跨波，未云何龙？探照灯出，不霁何虹？高低冥迷，不知西东。晴空夜朗，星光融融；云雾滃起，风雨凄凄。一日之内，一城之间，而安危不齐。

农工商学，妇孺老弱，辞家入洞，俨若避秦，朝藏夕匿，作地下人。明月莹莹，玉镜升也；人声扰扰，红灯挂也；河流涨腻，弃尸水也；烟斜雾横，燃烧弹也；雷霆乍惊，高射炮也；轧轧远去，杳不知其何所之也。一来一往，数刻之间，屏声息气，

① 湏：mǐn，古同“泯”，水流动的样子。

② 梋：yù，车的覆栏，这里指像车的覆栏那样弯曲。

静以听焉。此劫未见者，数千余年。名家之收藏，商贾之经营，富室之精英，几世几年，积累而成，重视若山。一旦不能有，摧毁其间。古玩鼎彝，金银珠璧，弃掷逦迤，人民视之亦不暇惜。

嗟乎！一人之心，全球人之心也。日纵残酷，亦知爱其家。奈何轻我如蝼蚁，视我如泥沙？使阵亡之士，多于南亩之农夫；炸死之民，多于机上之工女；子弹密密，多于在庾之粟粒；炮线纵横，多于周身之帛缕；深洞浅穴，多于九土之城郭；机声杂沓，多于市人之言语。使中国之人，愈受害而愈怒，抗战之心，日益坚固。反战烈，内乱起，回进一炬，同为焦土！

呜呼！弱中国者，中国也，非日也。灭日者，日也，非他国也。嗟夫！使中国早励其民，则足以拒日。日能爱中国之人，则不相害，且至万世而相亲，谁得而败灭也？日人不暇自哀，而他国哀之。他国哀之，而不鉴之，亦使他国而哀他国也。

◎吊大隧道文

仿李华吊古战场文

郁郁乎，袤延数里，忱不见人。洞曲如带，泥沙纠纷。黯兮惨悴，尸气犹熏。魂断骨枯，长夜不晨。人不敢进，鬼疑成群。坊长告余曰："此大隧道也，尝毙千人，往往鬼哭，入夜则闻。伤心哉！贫欤贱欤？抑苦力欤？"

吾闻之，羽屠儒竖，起坑秦部。活埋之惨，胜于暴露。敌已东归，魂纔西渡。上炸下埋，毫无生路。呼门不开，痛苦谁诉？丁丑而还，开衅倭夷，中州损耗，旷代无之。区区虾岛，久抗国师。科学日精，机械日奇。奇机杀人于千里，炮虽高射而莫为。呜呼噫嘻！

吾想夫地朗天清，敌机伺便。主将指挥，空军迎战。隧道人多，防护久练。时危心骇，令严命贱。破片穿骨，惊风扑面。主客相搏，山川震眩。声折江河，势奔雷电。至若三五良夜，月出东隅，警报忽来，命在斯须。居者入穴，行者踟蹰。不幸中弹，破腹裂肤。天心仁爱，偏假强胡，凭陵杀气，以相翦屠。摧我辎重，激我士卒，与生而降，宁战而没。尸填巨港之岸，血满岩壑之谷。无贵无贱，同为枯骨，可胜言哉！隧长兮门少，人多兮气绝，欲攀槛兮不可折，欲扭锁兮不可决。留矣哉，息不得舒；出矣哉，阈不能越。全家歼者门寂寂，有亲属者泪淅淅。魂魄结兮天沉沉，骸骨积兮云幂幂。责谁负兮奇祸，咎谁归兮浩劫。伤心惨目，有如是耶！

吾思之，德用强卒，攻入法都，得国数十，恢张版图。英遭突击，财殚力痡。调停观望，非失计乎！美虽备战，素重民权。开会集议，大费周旋。增厂造械，刻不得闲。忙忙碌碌，数月之间。俄虽待时，作壁上观。一朝宣战，万里朱殷，枕骸遍野，功不补患。

全球生灵，谁无父母？提携保抱，畏其不寿。谁无兄弟？如足如手。谁无夫妇？如宾如友。生者何辜，死者何咎？荼毒之数，漫不可知。远道传闻，将信将疑。恻隐之心，人皆有之。彼苍降灾，何无涘涯。山川含愁，草木悲凄。闾阎死尽，国又何依。若非丰年，民更流离。呜呼噫嘻！天耶人耶，从古无兹，推原祸始，誓灭倭夷。

◎代林寿山作送李宣臣八十寿联

宣臣有名，渝市商场多年，所作慈善事业不少。

松柏后彫，身利物济人，已造福乡邦八十载。

沧桑无量，寿葆真养性，有传家道德五千言。

◎挽王豫章

朱龄石日夜发百函，君方奋翼干霄，讵有严霜凋夏绿。

柳子厚春秋刚四十，我正拈毫祝嘏，翻挥泪雨哭冬青。

◎代仲眉作

浮云往事总成空，溯书馆接席，海天联袂，金穴同舟，旧雨卅年，愧我无才攻玉石。

朝露人生原是梦，惟堂上白发，镜里朱颜，膝前黄口，临风一恸，问君何忍弃尘寰。

◎代建伯习之玟如新华四人作

雅谊忝葭莩溯，十年踪迹共巴江，青眼难逢莫逆友。
寒威摧兰蕙怅，千里关山隔锦水，白头望斩倚闾人。

◎代善泽光熙四孙作

二十日病莫能兴，天道竟无知，不为白发留李贺。
卅九载缘何太促，人生虽有命，那堪血泪尽羊昙。

◎代伯初作

绯衣书见数岂能违，伤心卌载流光，可惜怀才不竟用。
丹旐魂归事多未了，回首八旬阿母，敢言已死便无知。

◎代中国银行文书股同人作

潘词乐旨擅长才，十载忝同舟，金穴相随钦矫矫。
斗坠山颓齐下泪，一堂失雅范，玉楼赴诏太匆匆。

◎代杨芳龄作贺巴蜀中学十年纪念

卢植[①]楷模，韦述[②]杞梓[③]。十年树木，人亦如此。缅昔群贤，情殷造士。广厦

① 卢植：东汉末年经学家、将领。
② 韦述：唐代大臣，著名史学家。
③ 杞梓：杞、梓皆为良木，用以比喻有用的人才。《南史·卷五六·庾域传》："荆南杞梓，其在斯乎？"

万间，乐育学子。初刱小学，中学继起。邺架[①]曹仓[②]，明窗净几。中西汇通，文质并美。日就月将，天干周纪。巴水流芳，蜀山仰止。圣域贤关，请从此始。

◎代省银行撰送孔部长长财政十周年纪念

浩浩神州，畇畇[③]禹甸。河雨岳云，笃生桢干。翳惟孔公，扶倾济变。迪前圣光，作中邦彦。综筦国用，十载于今。鼎新革故，弊绝风清，足兵足食，祖训是承。苍生戴泽，赤县瞻云。丑虏东来，长蛇封豕。破斧缺斨，誓歼虎兕。元首明良，励兹多士。众志成城，金汤壁垒。天夺敌魄，启衅西方。监齐与国，旗鼓堂堂。雄师亿万，锋锐谁当。势成破竹，我武维扬。公于此时，尤肩重任。挽刍飞粟，千军欢庆。内裕民生，闾阎绥靖。寒暑六周，四方风定。待挽银河，兵戈永息。整顿乾坤，宏兹辅弼。为洙泗增辉，潞汾生色。麟阁[④]论功，酂侯[⑤]第一。

◎论王安石

此段并入读史闲评

王安石用事之初，司马光富弼等，谏神宗辨别君子小人，是直以安石为小人矣。然即以君子小人言之，又岂易辨别哉？辨别真君子真小人已不易。有时人人谓为君子，而所行所为实为小人。有时人人知为小人，而一言一事则为君子。非有聪明正直之才识，且积数十年观人穷理之阅历，不能辨别。帝制时代之天子，幼则生长宫闱，长则尊居殿陛，巨僚进见有礼，奏对有时。舍此则日与狎近者，不外宦官宫妾。人群之情伪，社会之隐曲，虽在位数十年，无从得知。而欲令为天子者辨别君小人，直不啻入聋俗而奏宫商，对盲人而谈采色也。且以安石

① 邺架：唐代韩愈《送诸葛觉往随州读书》："邺侯家多书，插架三万轴。"邺侯，即李泌，后以"邺架"比喻藏书处。

② 曹仓：曹家书仓。晋王嘉《拾遗记·后汉》载，曹曾书垂万余卷，"及世乱，家家焚庐，曾虑其先文湮没，乃积石为仓以藏书，故谓曹氏为书仓"。后以"曹仓"泛指藏书的仓库。

③ 畇畇：《诗·小雅·信南山》："畇畇原隰，曾孙田之。"《毛传》："畇畇，垦辟貌。"

④ 麟阁：汉代阁名，在未央宫中。

⑤ 酂侯：酂（zàn）侯是汉高祖刘邦赐给萧何的诸侯封号。刘邦平定天下后，论功行赏，分封诸侯，因萧何在"镇国家、抚百姓、供军需、给粮饷"方面功绩卓著，定其为首功。

论，实不得为小人。安石所为，皆尽心君国，而其持己之廉，自奉之俭，皆无愧君子。不过性情拗戾，欲竟其所为，不容人之阻格。吕惠卿章惇辈，安石非不知其为小人，因其可以助已而必进之。司马光苏轼辈，安石非不知其为君子，因其不善己之所为而必排之。然揆其心，则无非为君国也。试观安石当国时，凡反对新法之君子，安石虽得君正专，然皆不过除之于外，并无何等重谴。其后绍述之说复兴，惇卞用事。一般反对之君子，始而窜逐远方，继而刊立党碑，甚且不准其子孙入都求官，并禁及诗文。然皆在安石死后数年，全出惇卞等所为，非安石事也。可见安石非不知反对者之为君子，于恶其异已之中，犹有爱护之意也。而以安石所行新法而论，其中固未尝无可行者，只以必欲尽行其法，知其有不可而必尽行之，所谓客气用事也。后司马光复相，于安石新法中，亦知其非无可行者，只以必欲尽革其法，知其有可行者亦必尽革之，仍客气用事也，均非圣人中庸之道。又以宋室开国以后之旧法论之，自古无不弊之法，岂能无穷则变之一日。不过安石于不必遽尽变之日，而尽变之，此则性情之褊急及拗戾。有以成之，以致数十年间，变旧为新，又变新复旧，盖三数次，则直是各求遂其所欲，而不论事机矣。国安得不危，民安得不怨，外侮安得不启哉。故曰："安石非小人也，乃君子而误用小人者也。司马光苏轼等，诚君子也，乃君子因恶小人而疾之已甚者也。汉明党锢之祸，皆此弊也。"孟子曰："今夫水，搏而跃之，可使过颡，激而行之，可使在山。旨哉喻乎！小人不足警，君子可不三思欤。"

◎重耳归国之阙疑

重耳出亡十九年，所遇顺逆不一，而其所以能归晋践阼者，实以出齐一事为成败关键，非齐姜之英明果决不能有成。乃归国后，如狄隗秦嬴皆迓回晋，独齐姜茫无下落，岂未归晋之先姜已物化欤？观重耳于子犯之授璧，寺人披头须之进谏，介推之不言禄，皆能纳忠罪己，何独于齐姜之伟绩丰功而竟忘之？且其时齐桓尚在，齐国正强，即以势利以情言之，重耳亦不敢出此。故言未归先亡者，为近似左氏于出齐一役，写姜之沈檄定计，有声有色，不遗余力，而于姜之结果，竟无只字道及，不得谓非阙漏也。

◎公瑾长武乡七岁考

谈三国事者，若未深究正史，多疑周瑜齿少于武乡，岂知瑜实长武乡数岁。武乡出隆中之年，史未详其是年若干岁，然读后出师表云：“比来二十有一年矣。”武乡以丁亥出隆中，甲寅卒于军，年五十四。后出师表发于戊申冬，盖自出隆中之年起，至是年为二十一年也。就此计之，则出隆中之年，为二十八岁。次年己丑，破曹操于赤壁。瑜以赤壁次年庚寅卒于巴邱，史虽未言其卒年几何，然前谓瑜与孙策同年生，策卒时，年二十六，后十一年而瑜卒，则瑜年三十七。瑜实长于武乡六岁，史固朗然可考矣。

◎历朝终始叫应之趣

并入读史闲评

君主时代，私中国于一家，然每朝得失之终始，几各有线索之可寻，若相叫应者。观汉高祖由汉中王得天下，其后昭烈亦由汉中王即帝位，遂终有汉四百年之局。光武以赤伏符中兴，东汉笃信图谶，后亦以当涂高[①]之预言禅于魏。魏晋由权臣篡位而得天下，后亦以权臣篡位而亡。唐由藩镇起兵，后即亡于藩镇之跋扈。宋由欺人孤寡窃位，亡国时，亦仅余孤儿寡妇。明以逐元而成帝业，后又亡于满清。清入关时，一太后，一幼主，一摄政王，逊位时，仍一太后，一幼主，一摄政王。虽曰偶然，然造物之组织，先后数百年间，似在有意无意之中也。

◎代撰寿夏左佩銮君六十联

左君，前清秀才，匪乱时掫固卫乡里，人颇德之，其子现为秘书。

苏明允有令子能文章，书锦舞莱衣甲纪，平头绵晚福。

范仲淹以秀才关忧乐，干掫[②]全梓里乡邦，万口颂长城。

① 涂高：汉代谶书中的隐语，指三国魏。《后汉书·袁术传》：“（术）又少见谶书，言‘代汉者当涂高’，自云名字应之。”
② 干掫：本指夜间巡逻击捕，后亦泛指捍卫。

◎毛母周太夫人墓赞

前贵州省长毛光翔之母，周省长西成之姑母，毛之夫人又母之侄女也，毛周皆桐梓人。

坤舆淑气，珍岭钟灵。笃生圣善，迈轶古今。元姬懿德，寔绍徽音。珩璜表度，苹藻扬芬。蓝田降玉，肇启闻人。敦诗说礼，武纬文经。封圻慎固，桑梓欢腾。秉维慈训，如陶士行。内教阿咸，蔚为凤麟。中表后先，节钺相承。李膺姑侄，星联旧姻。佳话稠叠，门第张金。甘泉宫画[1]，泷冈阡文[2]。千秋辉映，焜耀丹青。巾帼之式，汝南之荣。

◎致第二十七集团军杨子惠总司令聘充顾问启

惠公总司令钧座敬肃者：月前节麾莅渝，询以衰病侵，寻未克。躬亲晋谒，缘悭咫尺，轖[3]结五中。顷由李镜宇处长交下聘函，畀以顾问。祇领之下箓[4]泐[5]，莫名回思，廿年荏苒，曾拜督部之征书，兹复千里旌旗，仍作将军之揖客。宎桷[6]不弃，感高谊于云天，蒲柳自维，愧无裨于流壤。肃修芜启，敬谢隆施。虔请钧安，伏维垂鉴。

◎逢庐联话

麻江周询宜甫

袁君澄武，四川人，由本省军官速成学堂毕业，洊升旅长，又改任川康绥靖主任，署参谋长。为人磊落，无军阀恶习。民国二十六年丁丑秋卒于官。周君见三

---

① 甘泉宫画：《史记·武帝本纪》："帝染病于鼎湖，巫医们无所不致，仍不愈。游水发根说：'上郡有巫，病而鬼下之。'帝置祠之甘泉寿宫。乃病，使人问神君。神君说：'天子毋忧病。病少愈，强与我会甘泉。'于是病愈，遂幸甘泉，病良已。"后以为典，指神医妙手，医道高明。

② 泷冈阡文：《泷冈阡表》是宋代文学家欧阳修的代表作，被誉为中国古代三大祭文之一。

③ 轖：sè，古代车旁用皮革交错而成的障蔽物。

④ 箓：帝王自称其所谓天赐的符命之书，作为御制天下的凭证。

⑤ 泐：同"勒"，指雕刻，如勒石、勒碑、勒铭。

⑥ 宎桷：房屋的大梁："夫大木为宎，细木为桷。"

与袁同学，至相契洽。在渝闻耗，倩余代撰挽联。云：

处有谋，出有勇，言行有准绳，砥柱失斯人，锦水金江，流无穷遗恨。

少同学，长同官，应求同声气，子桑忽弃我，白云玉垒，从何地招魂。

刘甫澄上将督川十余年，戊寅春卒于汉口。军次中枢，特予国饰，终之典备，极优渥。余虽溷迹商场，深荷青睐，挽以联。云：

扶病远征，似马新息，鞠躬尽瘁，如葛武乡，卓来天半神旗，看收复河山慰兹遗恨。

茆簷蔬食，见廉让风，捍患御灾，抱饥溺志，堕遍民间热泪，有馨香俎豆报我使君。

盖君持身俭朴，在渝城外所营住宅，多覆之以草，平日服食亦无异寒素也。

又为友人代撰数联。云：

十年保障使君功，举全蜀归向中枢，佐元戎誓张挞伐。

一抔祁连骠骑塚，数开国至今诸将，惟我备极哀荣。

顺昌旗帜重如山，十万众王浚楼船，方期恢复神州，似俞大猷戚继光，完兹伟绩。

武汉星芒忽陨地，千百载祁连高塚，从此光昭史册，如马伏波霍去病，尽瘁戎旃。

碑留砚首，泪尽遗民，与祁连高风，同兹千古。

星陨原头，军无退志，视诸葛当日，更胜一筹。

张笏香别驾，名友棻，贵州盘县人。光绪季年筮仕来川，因系同乡，且世交姻谊，过从甚密。民国后入北京，充部员，又出任甘肃数载。余频年因行务会议至平沪，踪迹皆相左。戊寅挈家避难来渝，病月余，甫为子完婚而殁。余致挽联，云：

移家经万里而来，幸佳儿贤妇，聚处承欢，岂期参术无灵，遽驾云軿归净土。

判袂距卅年不远，怅北马南船，几番相左，从此音尘顿渺，空余风度说曲江。

戊寅九月，桂林号飞机由港驶渝，甫至中山县境，即为敌机轰炸堕入海中，乘客十余人均死。浙江兴业银行总经理徐君新六，交通银行董事长胡君笔江，皆与斯难。渝中同业开会追悼，余代友人撰挽联，云：

为御侮敢辞奔走维劳，讵期毒焰飞来，竟致斗坠山颓，同声一哭。
能卫国岂必战阵以死，从此大名不朽，纵令水深火热，自有千秋。

◎偶语随记

看书时，偶遇一二成语，戏欲索对，苦不可得，每又于看书时，无心得之，不特不假雕琢，且字字工稳，几如天造地设者。兹汇记于下：

如卧薪尝胆，对[1]吞炭漆身；
虎飞食肉，对豹死留皮；
又虎头食肉，对马革裹尸；
夏癸后，对春申君；
吾党二三子，对广厦千万间；
马蹄秋水，对虎尾春冰；
只鸡斗酒，对双鲤尺书；
渊底黄熊，对潮头白马；
虎皮蒙马，对狗尾续貂；
二十四桥月色，对一百八杵钟声；
万八千户冠军侯，对二十四考中书令；
是丹非素，对恶紫夺朱；
素以为绚，对青出于蓝；
婆娑春梦，对头脑冬烘；
客心潦草，对老眼昏花；
楚尾吴头，对东鳞西爪；
刚曰读经，柔曰读史，对故人织素，新人织缣；
聚九州铁铸错，对为五斗米折腰；
舍鱼而取熊掌，对割鸡焉用牛刀。

① 原文多一个“对”，按文义删除。

◎记红楼梦事

石头记一书,究影谁家之事,众喙争鸣,莫衷一当。有谓为明珠家事。明珠之祖若父,皆清室入关定鼎功臣,有世爵,所以称宁荣国公也。明珠以胄子,累官至太傅大学士,总揽国政,豪侈为贵族冠。然性好风雅,待文人特厚,记中影其名为贾政。政之子名宝玉,盖取古人诗,有明珠生宝玉之语,暗揭出明珠也。珠姓纳兰氏,当时有纳兰太傅之称。其子名成德,字容若,文辞瓌丽,有纳兰词行世。成德尤喜结文人,一时名士,多与之游,观其饮顾贞观以酒,允为吴兆骞谋赐环,卒释其难,即可知其爱才如命。成德中,康熙某科第十七名进士,初官翰林,后改待卫,又改擢内阁学士。记中改宝玉为中第七名举人,盖故为错综,而又略存其似也。记中谓甄宝玉入词林,曰甄曰贾,更可了然。明珠长女,为康熙贵妃,即记中元春也。贵妃未三十即下世,亦与元春同。又考记中年岁甲子,亦与明珠在康熙时柄政及籍没之年纪相同。

有谓此书系影顺治帝与董小宛事。按小宛为如皋冒辟疆宠妾,顺治闻其美,强取入宫,欲立为妃,而格于太后。不一二年,小宛郁郁死,帝甚恸之。梅村诗中,已几明言之,后因顺治有入五台披薙为僧之说,故疑此书以宝玉影顺治,而以小宛影黛玉。小宛一宫人耳,顺治何至因此弃而为僧。即令为僧果真,亦必别有重大原因,且此说除顺治为僧小宛早死外,另无可证,殊觉风影。又有谓影雍正夺嫡事。以宝玉影传国玉玺,因记中固明言宝玉是一块顽石,则是以宝钗影雍正,而以黛玉影康熙之皇十四子。雍正御极,即将皇十四子圈禁宫内,然皇十四子未尝死。乾隆御极,即首先赦出,复其王爵,亦与黛玉之死不合。又谓袭人两字,拆开为龙衣人三字。龙衣人,即皇帝也。袭人在记中,固占重要地位,然以皇帝影袭人,义亦不合,且既以宝钗影雍正,何又别有一龙衣人耶?此外亦别无可证处,是此说亦殊惝恍。又有谓系影和珅家事者。按和珅于乾隆五十年前后,始渐专国政,石头记则乾隆中年,已争相传钞,时代尤不相符。又袁简斋竟谓系影随园事。记中某校书,美而早死,最可悼惜,意盖谓以黛玉影方聪娘也。聪娘于随园,虽擅专房宠,然死时已四十,不得为早,且不闻有才调,以拟黛玉,尤为牵强,时代之在后,亦与和珅同。综各说观之,似仍以明珠为近似。

忆余少时，于先太守旧书箧内，见手钞一册，中有十数篇，言石头记事甚详。乃先太守官京朝时，闻诸都中世家旧族，而笔之于书者，亦谓系指明珠家事，而引证特多。惜民国丙辰，成都川黔军交閧[1]，余家为乱兵所劫，册遂遗亡，今只就能记忆者，志而证之。明珠有侄名揆叙，官至尚书，甚蒙康熙倚眷，然骄蹇侈肆，雍正在潜邸时，深恶之。御极后，叙已先死，命仆其墓碣，御笔为书一碑曰，不忠不孝，奸回不轨，揆叙之墓。记中盖以贾珍影揆叙，观其写贾珍态度，与叙脗[2]合。揆叙死后，康熙予谥文端。又记中贾雨村，即高江村也。江村有隽才，学亦淹博，以秀才游京师，明珠馆之门下，旋荐诸康熙，得入内廷供奉，洊擢乡贰。然有文无行，热中恋仕，工逢迎。左副都御史郭琇，欲劾明珠，江村恐波及己，乃曲意交好郭琇，琇劾疏中所列条款，强半得诸江村，悉中肯綮，故疏上而查钞之旨立下。记中改郭为都察院赵老爷，记中又谓查钞旨下后，贾琏潜告贾政曰，闻此事雨村亦在内作祟，贾政惊讶曰，我家待雨村不薄，何至负心若此，即显而可证矣。薛播系影查三标子。查家世业盐，豪于赀，俗谓衣饰华丽曰标致。查行三，故绰号曰三标子。查之本名，为嗣字辈，嗣字辈有数闻人，皆康熙时翰林，三标子自亦同时，恃富奢纵。笔记书中，多载其轶事，官亦至盐司，后因罪下狱，得赦出，其性情遭遇，极与记中薛播相似。又贾府清客，詹光、程日兴、单聘仁，皆影清初诸名士，即尤西堂姜宸英诸人，皆因馆明珠家，得入词林。此外所引证者尚多，惜不能全忆，特录而存之，以俟研究石头记者。

◎题胡景藩收藏册页

胡景藩将军，以文士投笔从戎，洊总师干，转战几遍全国，为中原将帅中颇牧。然性躭金石书画，虽倥偬戎马间，仍不废搜求。所蓄名迹甚多，而尤以便面册页为富，潢表精严，积至一百余帙。余与将军交深且久，今岁由平旋蜀，出所携数帙见示，已如在山阴道应给不暇，足征赏鉴之粹，惟以未能把臂燕市[3]，尽观其所藏为憾。窃谓将军始以儒生请缨，又能投戈讲艺，是直合班定远祭征虏为一人

① 閧：古同“哄”，喧闹。

② 脗：同“吻”。

③ 燕市：战国时燕国的国都。《史记·刺客列传》：“荆轲嗜酒，日与狗屠及高渐离饮于燕市。”

矣。文武讵殊途耶！爰缀数言，以纾迟慕，且志鸿爪。

◎题张熙午所藏光绪年间学务处撮影

此前清光绪丁未春，长白锡清弼制府[1]由蜀移节滇南，濒行时与学务处寅僚留别之撮影也。

四川自设学务处于节楼东偏，熙午先生即从公处内。时余亦滥竽节幕，朝夕聚首者两年余。撮此影时，余适牧广安，虽奉奏调赴滇之檄，因候代未及随节。顷熙兄出示此照，屈指已历三十寒暑。相与感念知遇，且惊沧桑岁月之速及旧雨晨星之稀，爰志梗概，即希察鉴。

① 锡清弼制府：锡良（1853—1917），字清弼，光绪二十九年（1903年），调任四川总督，在四川积极推行“新政”；宣统元年（1909年）2月，奉命总督奉天、吉林、黑龙江东三省的事务。

逢庐联话

卷一

成都骆文忠公[1]专祠，为蜀汉赵顺平侯第址。祠后园林宏阔，有巨池，侯尝洗马其中。今墙畔有碑曰："汉赵顺平侯洗马池。"侯祠即在池上。光绪中年，移设通省厘局于祠内。予充局差时，制联献侯祠云：

扶两世偏安，百战竟推身是胆。

剩一泓止水，千秋想见马如龙。

隆昌有肃公祠。盖咸同间，流贼李短搭[2]窥城时，肃公知县事，率民团往御，血战阵亡，棘建专祠，春秋致祭。祠前有池，广数亩，遍植芙蕖。光绪季年，设高小学堂于祠内。余权县时，献联云：

懋典[3]报孤忠，秋水芙蓉新俎豆。

业祠开广厦，春风桃李旧弦歌。

成都伶人报赛之祠，曰："开元寺，所祀曰太子神，实即唐玄宗也。"庙宇落成，有乞余为庙联者。因思联语固须关合成都伶工，尤须扼重明皇，始与戏台联语有

---

① 骆文忠公：骆秉章（1793—1867），晚清的中兴名臣，杰出的政治家、军事家、战略家和书法家，湘军的统帅之一，谥号文忠。

② 李短搭：指李短鞑，又名李永和，1859年在家乡与蓝大顺、蓝二顺兄弟俩聚众起义；10月，起义军进入四川，连克筠连、高县等州县。

③ 懋典：指盛典。

别。联云：

开元郅治，上媲贞观论初政。允荐馨香，岂徒天宝笙歌传二三子弟。

乐府工师，曾随车驾有法曲。留兹巴蜀，莫把锦城丝管当寻常俳优。

按，明皇幸蜀，黄幡绰有三郎郎当之语，则乐工固多随至成都也。

有郑君，因求嗣纳第三妾。余代友人作贺联，云：

梦里兰香征百子。

天边柳宿灿三星。

贵州李仁宇先生立元，由编修改四川知府，历典大郡，吏畏民怀。戊申，余宰隆昌，公时守叙州。谬荷荐剡[①]，且有治行，推郡属第一之语。国变后，还居贵阳。辛酉卒于家。余寄挽联，云：

感恩知己两兼之回首楼峰荐牍治行惭第一。

政事文章千古在伤心筑国贞元朝士更无多。

楼峰，隆昌古名也。

罗西山大令，云南人，与余有葭莩[②]亲。宦黔多年，遂家焉。癸亥来渝，同居一宅。日切归思，而阻于道路。冬杪，余因事赴汉皋，匆匆登舟，不及话别。甲子正月，回渝抵家，已夜分，闻其病甚，拟诘朝往视。而西山竟以未晓逝世。作联挽之，云：

别未携手，归阻谈心，者[③]番去燕来鸿，我殊负负[④]。

岫云待还，闺月正冷，遽尔骖鸾驾鹤，君太匆匆。

重庆温君友松[⑤]，与其兄鹤汀，夙称友爱。于宅前隙地，构亭浚池，颜曰“荆园”。有楼俛瞰大江，对岸地，名“海棠溪”。落成后，余贺以联，云：

室对海棠，幽风雨秋窗巴子国。

园名荆树，好池塘春草谢家诗。

张蓬山参军毅，湖南人，由川军总司令部参谋长简任四川盐运使。未一年，

---

① 荐剡：即荐举人才的公牍。

② 葭莩：芦苇里的薄膜，比喻亲戚关系疏远淡薄。

③ 者：这、此。

④ 负负：犹言惭愧。

⑤ 温友松（1867—1925），于1908年加入了同盟会；1914年出资创办《商务时报》；1919年“五四运动”后，他率领重庆商界联合重庆学界掀起了声势浩大的反对《巴黎和约》和抵制日货的爱国运动；参与起草了《重庆商学联合会章程》和《重庆抵制日货详细办法》。

卒于官，余挽以联，云：

夷吾本天下奇才，可惜尽瘁鞠躬，未竟府海官山之绩。

子房有生来仙骨，此际临崖撒手，定随赤松黄石而归。

四川巴县，为重庆府附郭首邑，即周之巴子国。其城左滨嘉陵江，右滨扬子江。北门曰“朝天门”，即双江合流处。涂山在扬子江对岸，岩际刻有“涂山”二大字，各纵横约三丈。余宰巴县时，朝天门城楼毁于火。集资修复，制联悬楼，云：

形胜说巴且，此地正双江襟带。

河山留禹迹，凭高想万国衣冠。

按，此涂山为禹娶有莘处①，非合诸侯处。县志辨之甚详确。故联语只能作由此忆彼之辞也。

巴县旧刻县治舆图，年久漫漶。余宰巴县时，延精测绘者，制新图，悬厅事。纸幅正方若斗，因戏集古语为联，分悬图之左右，云：

得一州如斗大，

障百川而东之。

盖扬子、嘉陵两江，在县境上游，即分受外江泸水、金沙、沱水、阆河、巴河、宕渠、涪陵诸水，至县城北门外合流，而县境则居川省之正东也。

贵阳刘云樵太守，由孝廉官山东知府。嗣君少樵刺史，官四川。国变后，经商重庆。就养来渝，终日坐卧一楼，研求吐纳导引之术。壬戌秋，无疾而逝，年七旬余。余致挽联，云：

换凡骨证仙心，阅尘世七十年，一梦沧桑归碧落。

以儒术为吏治，溯前朝二千石，万家膏泽在青齐。

丁巳夏，成都川黔两军之哄，戴循若督军②，凭皇城固守，粮尽援绝，溃围而出。川军追及，戴遂以手枪自击其首而殒。余家因同乡之故，为川军抄掠一空。戊午春，熊锦帆总司令与袁鼎卿师长，会师西上。刘督军积之，北退广元。薛勋石参谋始求得戴之遗骸，归葬贵阳。余挽以联，云：

公誓干国以竟初衷，卒至絷马埋轮，碎首无惭奇男子。

① 禹娶有莘处：此说误。涂山氏是中国上古时期神话传说中大禹妻子的氏族，最早见于文献《尚书·皋陶谟》和《楚辞·天问》。“娶于涂山。辛壬癸甲。启呱呱而泣。予弗子。惟荒度土功。”

② 戴戡（1880—1917），贵州贵定县人；1917年因反对张勋复辟，与川军刘存厚激战，寡不敌众，战场阵亡。

我恨毁家不能纾难，空对荒城废垒，舆尸遥哭故将军。

俗演三国杂剧，于张桓侯未免形容太过，直成一粗莽汉。试玩侯之本传，不过伉[1]爽勇敢，有时识度且远出诸将上。侯墓在四川阆中，县境城内，有祠祀侯，屡著灵异。余曾代友人，作祠联，云：

示孟起以礼，结严颜以仁，岂徒刁斗，一铭见将军风度。

公矛马如生，我肸蠁[2]如在，自有英灵，千古凭阆水祠堂。

亦借娇杂剧之谬云尔。

俞紫雯太守昌言，湖南人，宦蜀多年。与余共事，节楼[3]最久。国变后，侨居成都，杜门不出。壬戌，夫人劳氏殁于寓所。予寄挽联，云：

相夫具桓鲍，高风老去，鹿车甘淡泊。

阅世尽沧桑，变态何时，麟脯降仙真。

镇远黄秦生先生国瑄，民国四年，任四川财政厅长时，余管成都中国银行兼司本省金库，先生聘余兼其幕职，为核订民国五年预算书。甫就绪，而滇南兵起，军讯日急。丙辰春，升任巡按使。川事已不可为。受篆[4]月余，即引疾回京。己未，得其讣音，寄挽联，云：

浮云玉垒，帐前尘直道在斯民，锦水东流思爱日。

霖雨苍生，不再起感恩兼知己，金台北望哭晨星。

盖川省财政，自丙辰以后，日趋糜烂。先生在任时，好事者尚不免吹求。今则言蜀国度支，又无不奉五年预算为圭臬矣。

赵季和督部尔丰，前由四川边务大臣护理川督。卸篆后，仍回川边大臣任。余时在督幕，于启节时献联，云：

天威丞相亮，

大长老臣佗。

督部阅之甚喜。

已未春，谢铸青观察，偕张月笙运使，自京来成都。余时绾中国银行，因留居

---

① 伉：强健。

② 肸蠁：亦作"肹蠁"，散布弥漫，引申为连绵不绝，比喻灵感通微。

③节楼：唐代，州县迎接节度使设节楼，以存放"旌节"。

④ 篆：印章多用篆文，故为官印的代称。

行内。铸青喜为诗，每成，则索余为和。有时寄慨身世，辄动出尘之想。流连旬余，别去。未几，闻其殁于重庆客次。寄联挽之，云：

交情十日胜三生，叹白马素车，公竟中途觉尘梦。

阳春一曲成千古，对青林黑塞，我从何处吊诗魂。

长宁梁叔子太守正麟，清末官广西。民国初，简任建昌道尹。甲子，五旬晋五初度时，充省长署秘书长，诸郎则或官京师，或留学德意志。余祝以联，云：

绣衣旧绩，节幕新猷，官政灿然，五十年曰艾。

宝树争荣，灵椿不老，福禄骈止，八千岁为秋。

宣统二年，余宰华阳时，省垣创设法庭，犍为苏君袭光任检察官。民国后，洊升重庆高等检察分厅监督检察官。癸亥九月，太翁光第先生八旬寿辰。余致联，云：

朱毂盈门，廷尉声华莱子舞。

黄花进酒，老泉文采卫公诗。

江君岳生，为其喆嗣，聘梅黍雨孝廉之女。以甲子春成礼，余代友人作贺联，云：

金屋华秾，彩笔文章增绮丽。

璇闺春永，南昌儿女本神仙。

冯君秉鲁名礼，四川西充人，为刘积之督办作代表，驻宜昌。甲子秋，忽被刺死，盗逸未获。余与其弟吉占相识，秉鲁则未尝谋面也。吉占在渝展奠，余致联，云：

与季方友，慕元方名，出使重蜀都，士为知己者死。

绍江阴才，遘舞阴祸，大招歌楚些[①]，魂从何处归来。

宋冯元有文才，为江阴尉，人称“冯江阴”。

荣昌甘莼如先生，以名诸生，授徒十余年。贡[②]成均[③]后，选授夹江县教谕，手创学校多处。为人仁恕好施。长君典夔，任川滇督办署军需课长。迎养来渝，甲子八月初捐馆舍，年六十余。致挽联，云：

① 些：《楚辞·招魂》沿用楚国民间流行的招魂词的形式而写成，句尾皆有“些”字；后以“楚些”指招魂歌，亦泛指楚地的乐调或《楚辞》。

② 贡：清制，会试中试者为贡士。

③ 成均：古之大学，泛称官设的最高学府。

冬日爱同深，溯生平言表行坊，直合蜀学，后先咸沾化雨。

秋风归太早，纵此去琼楼玉宇，那堪流俗，波靡顿失德星。

又代友作联，云：

圣贤事仙佛心，德与日新六十年于此。

泰山颓梁木坏，悲随秋至七八月之间。

周莘池将军道刚，四川双流人。庚申任四川督军，解组[1]后息影锦官，筑室奉母。甲子秋，因谋修成渝铁路，赴汉沪。甫出省五日，即闻太夫人之丧而返。余寄挽联，云：

母教足千秋，育成一世奇才，绿野名高天斗北。

婺[2]辉沉五夜，怆绝双旌载路，白云望断锦城西。

甲子，唐子晋师长式遵，以援川功，充江巴卫戍司令。八月，值其初度。余寿以联，云：

百战奠棠封，裘带从容资坐镇。

三秋浮桂醑，江山雄丽好称觞。

杨子惠将军森，自癸亥春以援川军副司令，率所部偕鄂黔各联军，转战经年。入成都后，遂奉督理四川军务之命，甫十余日，太夫人吴氏卒于广安本籍。余致挽联，云：

涅臂励精，忠殚恩勤，卌[3]年教成名将。

天心酬圣，善从艰难，百战看到元戎。

又代王君瑞駼撰一联，云：

兵气锦江销，正元戎整顿河山，母肯当归换远志。

慈云乡树渺，溯数载追随甲帐，我亦血泪湿征衫。

瑞駼在杨幕数年，亦广安人。

薛君勋石在成都时，曾主沈君荫愚家。沈浙江人，清时曾佐川督幕。辛酉，薛在渝，闻沈讣，浼[4]余为作挽联，云：

---

① 解组：组，旧时官印上系结的丝绳；解组指解下官印，辞官卸任。

② 婺：古星宿名，即“女宿”。

③ 卌数目，即四十。

④ 浼：恳托。

硕学重休文，当年节度幕中，诗史清才频借箸。

少微沉锦里，回首伯通庑下，天涯客泪总沾襟。

周吉珊将军骏，金堂人。民国二年，官重庆镇守使。丙辰，授成武将军，督理四川军务。旋解职闲居。癸亥，复简任四川盐运使。生辰为五月五日。余寿以联，云：

大树恒春话旧事，十年犹思细柳。

昌蒲永寿听禺[①]场，万户争颂台莱[②]。

将军事母至孝，甲子十月卒于官。太夫人犹在堂。余致挽联，云：

数奇如李北平，骐骥屈盐车，岂足展将军素抱。

纯孝似孟东野，鸾鹤催玉辔，忍遽违慈母春晖。

又，驻渝盐务稽核洋员加籐谦一，日本人，是秋来渝，与周酬酌甚欢。浼余代作挽联，云：

宏才兼纬武经文，物望攸归，岂徒借夙沙煮海[③]。

遗爱遍蜀山字水，我来未暮，犹及醉公瑾醇醪。

盖周在川将中，侪辈最先，每遇龃龉，辄恃以解纷也。

贵阳熊铁岩太守，由进士官云南，以才猷著。民国后，绾贵州中国银行数载。庚申，黔省政变，以党派故，为乱军所杀。壬戌，其仇家出走，亲属始补讣受吊。余寄挽联，云：

中散琴绝，北海樽空，造化厄奇才，怅望千秋同洒泪。

黔岭暮云，巴山夜雨，玄黄说往事，苍凉一曲补招魂。

谢宝森太守鹄显，湖南平江人。历官四川州县，擢升知府，与余同官蜀中者十余年。回籍后，太夫人[④]张氏，以癸亥春卒于家，年六十有八。余寄挽联，云：

教子以二千石，称贤蜀水，东西甘雨遍。

阅世历七十年，归去岳云，黯澹婺星沉。

宣统元年，余充四川清理财政局提调。寇君梦坡，供职局内。民国后，余绾

① 禺：古代传说中日落处，亦作"虞谷""隅谷"。

② 台莱：古代指郊外轮休的田，亦指田废生草。

③ 煮海：一种古老的利用海水提炼海盐的方法。

④ 原稿无"人"字。

重庆中国银行，梦坡在渝总军需，复时过从。癸亥，其太夫人黄氏卒于营山本籍。余致挽联，云：

读女传母似宣文，忍闻返辔，九天不为三春留永日。

交伯符我惭公瑾，恨未登堂，一拜空从千里哭慈云。

卷二

同年金仲翚，别驾正炜，贵阳人，光绪辛卯举于乡。是科余中副榜，与仲翚同出贾瑞祺师房下。越数年，与余先后筮仕入川。国变后，旅滇数载，仍来蜀侨居。丁卯除夕，殁于成都寓所。余寄挽联，云：

鹗荐[①]幸同师，我惭博浪椎输，追思四十载，科名渺如春梦。

龙旝[②]方改岁，君竟玉楼诏赴，从此卅六旬，度尽辄忆故人。

渝城傅氏善成堂书庄，开设已二百余年，典籍甚富。肆后有屋数楹，正对涂山，隔江景物如列几席。丙寅夏，邻近失慎，延遭回禄[③]，嫏嬛福地顿成劫灰，良可惜也。越两年，主人始鸠工建屋，恢复旧业。余代友人撰贺联，云：

依然邺架曹仓，宝笈不随秦火去。

留得齐楹鲁壁，文光长共涂山高。

张君子谦，内江人，弃书业商，设盐号于渝城。戊辰三月，年六十余。寿以联，云：

遯世学鸱夷[④]，货殖名篇，扁舟且作五湖长。

添筹绵鹤算，康疆逢吉，春酒同歌百岁诗。

永川郑君贤书，民国十二年权巴县知事，解组后，遂侨居焉。戊辰三月，为其双亲祝七旬，余以联为寿，云：

八千岁为春酌酒跻堂，此原令子栽花地。

---

① 鹗荐：汉代孔融在上疏皇帝时，推荐祢衡的才能有如善于捕鱼的鹗鸟，超出当朝百官，故后世以鹗荐表示保荐、推荐，见《后汉书·卷八》。

② 龙旝：旌旗的总称。龙幡即为画有龙的旗帜，通常指军中主帅的旗帜。

③ 回禄：相传本为火神之名，后引申指火灾，又作“回陆”，见于《国语》《左传》等。

④ 鸱夷：《战国策·燕策二》：“昔者五子胥说听乎阖闾，故吴王远迹至于郢。夫差弗是也，赐之鸱夷而浮之江。”借指伍子胥。

七十年偕老含馔撰杖，同作期颐未艾人。

戊辰三月，潘仲三师长之母张太夫人庆六旬，余祝以联，云：

阅三千岁熟到蟠桃，甲子数从头，度索山高春正好。

冠十万军屯兹细柳，精忠曾涅臂，莱衣舞献寿无疆。

王瑞图有外甥方召，幼丧母，为瑞图夫人抚成，且资遣游学。戊辰，瑞图夫人殁于籍。方正客上海，托余为作挽联。余就其情代撰，云：

孩提失恃，惟妗是依，岂知一别遽千秋，忍回看手线犹存，身衣尚在。

顾复深恩，如天罔极，痛杀尺书来万里，祇空余心丧三载，血泪两行。

泸县蒋达轩先生，以丙戌进士由中书改广东司马。国变后，回籍闭门却扫。长君伯庄，次君叔良，先后供职渝中军府，与余相识。先生于戊辰秋归道山。余寄挽联，云：

松菊三径，有陶靖节遗风，公是廉顽立懦人，岂徒善政巍科，辉兹泾水。

棠棣二难，似陈太邱家范，我歌木坏山颓句，恨未只鸡絮酒，一哭晨星。

江北李君肇林，名学周，经商重庆三十余年，曾充商会会长。庚申，余调管重庆中国银行，僦居李君蔡家湾宅。次年，李复葺邻舍，移家来居。丁卯，卒于家。予挽以联，云：

大哉死乎，君子息焉，从兹斗坠山颓，货殖长才又弱一个。

既痛逝者，行自念也，回忆结邻适馆，凄凉老泪洒向双江。

盖余尝与李君序齿，仅长余两岁也。

李君柱臣之母，青年苦节。戊辰七旬称觞时，值风鹤有警。余寿以联，云：

松柏具岁寒心，贞固自操长寿券。

芝兰是天下秀，兵戈犹见老莱衣。

曾君俊臣，为鹾[1]商多年。戊辰四旬初度时，在渝充盐业会长。余代中行撰寿联，云：

鱼盐大业擅长才，利国足民，峻望是通都泰斗。

鹤筭无疆征上寿，跻堂酌酒，同声祝天保冈陵。

又余于庚申赴渝，道经泸州，得识俊臣，遂缔交焉。另寿以联，云：

① 鹾："盐"，下同。

十载交深，万寿兕觥歌颂切。

百年未半，五湖鸱夷岁月多。

仁寿黄君枥森，与其弟绍宇，同知名于时。绍宇长四川法院，枥森为各军揖客。戊辰秋，渝城各界，组弭兵促进会。余与枥森，同被举为执行委员。八月杪，因行务会议赴沪。解缆前一日，尚与枥森倾谭[1]。迨十月既望归渝，枥森已作古人矣。为联挽之，云：

别仅两月，愧尘俗复生，正期湖海归来，重亲叔度。

交缔十年，羡棣萼竞爽，那堪龙蛇厄运，顿失元方。

曾君子唯，民国初，任乐山知事。因本武备学堂毕业员，后又由军官洊升师长。戊辰十月，其太夫人卒于万县。余致挽联。云：

有捧檄子洊总师干，寸草心长春日暮。

与投杼母同光家乘，江枫叶落婺星沉。

巴县汪茂萱封翁，于戊辰冬月，与其夫人张氏，行合卺周甲之庆。以诗联致贺者如云。余既撰二律纪庆，又代田伯禄作贺联，云：

梁孟六十年，多福多寿多男，佳话足光乡国志。

春秋八千岁，论德论爵论齿，蕃厘直迈古今贤。

盖封翁有子三人，孙曾众多，平日见善勇为。而长君云松太守，清时曾请得一品封典也。

陈君松云，曾充团长。退伍后，筑室巴江南岸，颇极幽致。戊辰冬月望日，作四旬双寿。余为佘子立撰祝联，云：

福慧喜双修，明月梅花同介寿。

珈笄歌偕老，维摩天女总长生。

又为王瑞图撰一联，云：

酌兕祝强仕，年华松栢，茂时歌万寿。

鸣凤是君家，瑞兆江山，佳处拜双星。

张富安道尹，名荣芳，犍为人。由旅长改官西川道尹，兼为刘自乾军长总绾财政。己巳三月，四旬初度。余致祝联，云：

[1] 倾谭：今作“倾谈”。

秉嘉峨间气而生，潞国精神郭令福。

抱文武兼资之器，子房家世鄼侯功。

又渝中鹾商托撰一联，云：

强仕懋年华，继自今花甲重周，期颐有庆。

宏才兼文武，矧我辈荚场戴德，介寿逾殷。

内江喻君学庵，为黄花冈烈士喻培伦之尊人。次子培棣，民国初亦官师长。学庵则屡辞荣利，殁于申江。王君丝如，曾在宜昌与之共事。托余为撰挽联，云：

名族燕翼，独有千秋，难得伯符仲谋，盖代英雄克竞爽。

声价龙门，借增十倍，从此高山流水，彝陵风雨怕追思。

盖喻氏自前明即为内江望族也。

重庆巴之江茂才育灵，精岐黄，工诗善书，娴绘事，尤长于山水。中年悬壶申江，晚岁归渝，仍恃《三指禅》[①]为生活。己巳春，捐馆舍，年将古稀矣。余挽以联，云：

世乱卷而怀之，精书精画精医，垂老箪瓢能乐道。

时至泊然化去，亦儒亦仙亦佛，嗟来桑户返其真。

贵阳邓少吾大令宗佑，自清末以迄民国，皆在川，为陆军司出纳，以勤慎见重于当轴。己巳春，因暴疾殁于重庆。数月前，某医诊其脉息，谓危机已伏，劝令静摄。迫于职务，竟未得间。殁前数小时，尚照常趋公，且来行中，向余商问事件。闻其疾作，即不能语，仅向其太翁劝勿悲伤而已。余挽以联，云：

婴疾仍治事，垂死未忘亲，修短无凭，搔首欲向青天一问。

侵夕尚接谭，凌晨忽闻讣，踟蹰不得，此身非如朝露而何。

此联因邓氏奠期已过，未书送，仍识于此。

巴县江岳生，名潘，渝中旧族。民国初年，有声政界，曾两任重庆关监督。退职数年，病殁于家。王丝如与之交深，托余代作挽联，云：

养望似东山，忽传白玉楼成，可惜江郎才未尽。

缔交得北海，怆绝黄垆梦断，何年丁令魂归来。

仁寿刘尊五，吏部为先兄丁酉同年。余弟兄戊戌会试在都时，常相过从。在

①《三指禅》：脉学著作，3卷，清代周学霆撰，刊于道光七年（1827年）。

铨署十余年，烛奸剔弊，伉直敢言，为长沙张文达公所激赏，洊擢员外郎。国变回籍，中枢屡征不起。己巳病殁成都。余寄挽联，云：

政以人存，当日百弊澄清，抗疏无惭韩吏部。

谊同兄事，回首卅年科第，旧交痛失鲁灵光。

重庆商会副会长李君奎安，巴县冷水场人。先充各学堂教习、校长多年，后被选为商会副会长。其太金[1]字万镒，为邑善士。年七十余，卒于里宅。余挽以联，云：

梓舍才高，兼教育货殖之长，鲤训渊源思爱日。

箕畴福备，集好德考终以去，龙门黯澹失晨星。

国民革命军第二十一军教导师张斯可师长之太翁，字玉清，己巳串月，庆八旬弧辰。余祝以联，云：

留侯本韩国世家，帷幄运筹，早读楹书万卷。

白传冠香山九老，康疆逢吉，同歌椿寿千秋。

又代王瑞图撰联，云：

阴符旧传，家教有义方，作十万军之榘矱。

阳月同介，寿天锡纯嘏，以八千岁为春秋。

重庆魏煦丞大令，前清曾官湖北巴东知县。国变归里，于大江南岸，小筑园林。刘君兆青，欲赠以联，托余代撰，云：

世变几沧桑，尚留得渊明菊径。

清华湛水木，今重开魏野草堂。

印江柳君琅声，为余辛卯同年，柳小汀大令之长公子。民国以来，在川黔两省历知县事，嗣经黔省府派充代表驻渝。断弦后，续娶渝中夏氏女。夏居大江南岸，成礼日，彩舆渡江而来。余贺以联，云：

八世莫京，咏陶榖鸾胶，叶[2]陈完[3]凤卜[4]。

百两[5]迎止，借人间字水，作天上银河。

万县中国银行行员钟君云阶，与万埠巨商钟某联宗，为兄弟。钟某五旬诞

---

① 金：原文作“钅”。

② 叶：xié，和洽、合。

③ 陈完：田姓始祖。

④ 凤卜：占卜佳偶，出自《左传·庄公二十二年》。

⑤ 百两：古时车几两轮，故以两计数；百两，即百辆车；特指结婚时所用的车辆。

辰，云阶托余代撰祝联，云：

介寿弟兄亲，登高好醉茱萸酒。

期颐岁月半，戬穀[1]同赓松栢诗。

盖钟某生辰为九月初旬也。

有人于重庆城外江干，设酒店兼茶社，名曰“留园”。银行同人孙君和庵，将赠以联，托余代撰，云：

入座诗清，曲阑花气侵茶鼎。

买春客至，隔岸山光落酒杯。

柳君琅声之续娶在十月中旬，余又为田甥习之昆仲撰贺联，云：

花灿梅妆，闲画蛾眉成韵事。

风高林下，定知熊胆兆贤声。

一切其时，一切其姓。

潼川陈君宛溪，前清明经。弃儒服，贾蜀丝，改用泰西铁机缫成，能与江浙之丝并售海外。陈君实权舆之，以是蜚声商界。有丝厂曰“华新”，设于嘉定，遂移居焉。年七十余，卒。余挽以联，云：

小试经纶，为天府隩区推蚕桑利。

遥将絮酒，望玉屏秋色动山木悲。

玉屏山在嘉定城外。

广安“有善堂”，为绅耆醵金设立，专事拯贫助穷。王瑞图来托，代撰联，云：

博施济众本难能，恻隐所推，终觉人饥己饥，人溺己溺。

仁民爱物期共勉，精诚可格，自然种豆得豆，种瓜得瓜。

贵州省府周主席继斌，名西成，治黔三年，盗戢民安，庶政具理。乡人中之不得志者，虽不免诋其所短，然民国以来，全黔之乂安，实未有如此三年者。己巳夏，李小炎军长偕滇军侵入黔境，周率师出御，身先士卒，竟没于阵。李军退后，周之部将毛光翔继主黔政，始为周营祭葬，且遍征挽词。余寄联，云：

以死勤事则祀之，休嗟马革裹尸，是大丈夫克全厥志。

当代如公真健者，长令虎头食肉，作万户侯亦复何奇。

[1] 戬穀：《诗经·小雅》：“天保定尔，俾尔戬穀。”意即上天保佑庇护你，使你安乐幸福即福禄。

又柳君琅声，为周充代表，驻渝数年，亦托余代撰一联，云：

生死总英[①]，溯夜郎三载治安，终有斯民存直道。

凄凉说知遇，怅蜀水一方迢递，空瞻遗像哭将军。

广东邹瑞人大令，清时宦蜀多年，喆嗣玉林。民国十七年，官盐务署长。瑞人以老病留寓成都，卒于己巳夏间。王君丝如，夙与交好，且尝感其推毂之谊。得讣后，托余代撰挽联，云：

明德有达人，看三槐庭茂，驷马门高，蔚起雏声腾凤羽。

感恩兼知己，怅千里睽违，十年憔悴，空将鹤舞累羊公。

广安周君稻荪，名代本，清末留学东瀛，归国授部曹。民国十二年，官东川道尹，数月解组后，即侨居重庆。己巳五旬初度，余与王瑞图同祝以联，云：

棠爱[②]及卅六邑而遥，豸绣[③]巡方，犹说君奭[④]余荫。

椿寿[⑤]以八千年为纪，兕觥献颂，同醉公瑾醇醪。

---

① 原稿疑脱一字。

② 棠爱：甘棠遗爱，意思是旧时颂扬离去的地方官，出自《诗经·召南·甘棠》。

③ 豸绣：古时监察、执法官所穿的绣有獬豸图案的官服，借指监察、执法官。

④ 君奭：《君奭》是《尚书》中的一篇诰词，篇名取自篇首“君奭”二字。《史记》记载周公摄政，召公疑之，因作此篇。

⑤ 椿寿：典出《庄子集释》卷一上《内篇·逍遥游》：“上古有大椿者，以八千岁为春，八千岁为秋。”后遂以“椿寿”指寿命比喻长寿、高龄。

卷三

巴县汪云松太守，德熏之封翁、茂萱先生，经商致富。乙丑九月，与其淑配张夫人庆八旬双寿封翁所营“同寿恒钱庄”，亦于是岁周甲子矣。封翁先学贾于是庄，继乃集资承贸，不迁地不易业者，阅六十年亦，阛阓中佳话也。清时以云松贵，曾应一品封典。有子三，孙曾辈十数人。余致祝联，云：

齐眉争羡地行仙，菊酒话前尘，市隐又开新甲子。

绕膝尽为天下士，芝泥封极品，家声长衍旧韦平。

马似兰大令，浙江人，清时同官四川。国变后，就事开封。余辛酉春赴京，至郑州，值彰德兵变，纡道津浦，晤于大梁，话旧两日。甲子得其讣音，寄挽联，云：

旧雨似晨星，最难忘锦水同舟，梁园剪烛。

桑田又沧海，那堪听中原鼓角，异地薤蒿。

盖是时，河南亦正有战事也。

刘兆青大令，安徽人，清末需次来川。国变后，侨居渝城。借谋生计，与商会会长温君友松善，颇资其力，遂联姻焉。甲子，温君捐馆舍，兆青倩余为作挽联，云：

青眼难逢，怅频年蓬转秋风，异地有缘依玉树。

黄垆邈渺，痛此后窗鸣夜雨，同心无处话金兰。

王君瑞駼有外甥，以七月初二完婚，双亲具庆。瑞駼倩余代撰贺联，云：

先河桥五日为期，难得佳妇佳儿，逢兹佳节。

喜宅相百年兆庆，好咏如琴如瑟，永敬如宾。

赵君资生，巴县人，曾充重庆商会会长。乙丑，筑室城内朝阳街，而颜其门曰“支祠”。余以联贺其落成，云：

奕世风声清，恰逢里号朝阳，碧梧日永巢居阁。

公族麟趾盛，共羡泽绵天水，画栋云飞蔓子乡。

其室后有小楼，可环眺双江风景。余又代友人撰贺联，云：

华屋喜连云，美奂美轮上君家旧颂。

绮窗同话雨，江南江北如画轴新开。

周君克明，云南大关人，为杨子惠督理，长军需。生辰二月，余尝寿以联，云：

金尊春酒，木笔初花祝使君寿。

鄮侯勋名，濂溪道德为吾宗光。

盘县张阴南大令，由乙酉拔贡，官云南太和县知县。乙丑冬，殁于京寓。余适在都门，挽以联，云：

经生偶现，宰官身定，知洱海沧山，此日同挥遗爱泪。

人民渐非，城郭在藉，问燕台黔岭，何年重返令威魂。

海昌钟符卿观察文虎，与余同官蜀中多年，且有姻谊。鼎革后，举家避乱上海。仅一子，字炳甫，丙寅春物故，年甫卅余，遗孙尚幼。余寄挽联，云：

修短总成空，况逢棘地荆天，自以涅盘为极乐。

事畜多未了，对此椿庭萱帐，定知泉壤有余哀。

川北盐务稽核分所经理邓君春农，名谷人，过渝时，晤谈数日后，又常通书札。乙丑秋，殁于潼川。挽以联，云：

千里寸心通，每怀涪水春云，竞说鹾纲资北鑰。

双鱼尺素在，怆绝巴山秋雨，无从烛话对西窗。

潼川滨江为城，即涪陵江也。

徐君涤之，嘉定人，肄业上海南洋大学。抱病归蜀，小愈，仍赴沪。行至宜昌，病剧，复返，竟殁于重庆，不及抵里。余长甥何建伯，亦毕业是校，与同学数人，料理殡殓，共以联挽之，倩余代作，云：

车笠共依依，回思书斋月白，学馆灯红，风雨吟空，知己顿失徐孺子。

昙花何促促，枉教歇浦催舟，彝陵返棹，云山望断，客途终丧李长庚。

聚兴诚银行，为巴县杨文光所创设。胡君文轩，为杨主计多年。杨殁后，其子灿三，继其业。丙寅，灿三四十初度。文轩倩余为作祝联，云：

两世交深，昔拜纪，今揖群，春酒盈尊，祝仁者寿。

百年未半，振旧基，拓新业，夏声必大，俾炽而昌。

长沙刘仁澍观察，清时宦蜀，数统防军，国变归里。丙寅春，卒于家。得其讣音，挽以联，云：

蓉城冠盖，邈若山河，回思裘带追随，犹及见中兴衡湘诸老榘矱。

梓舍韬钤，久承堂构，况集门墙俊彦，必克竟平昔澄清天下心期。

盖观察统防军时，余正宰华阳，频相过从。其长君介藩，由日本士官学校毕业，归任四川武备学堂教员。民国以来，川将领多属及门或再传弟子也。

贵阳唐省吾太守尔锟，清时官广西，曾权桂林郡事。归里后，以丙寅秋，与淑配杨夫人同庆六旬。其戚杨梦侯别驾，倩余为作祝联，云：

二千石循良桂管榕门，犹歌寿考。

六十年甲子贵山富水，偕老珈笄。

杜君少裳，以八月十五日为其喆嗣完婚。余贺以聊，云：

佳节月轮高，玉宇琼楼同对镜。

传家诗学富，清词丽句好催妆。

邓晋康将军，少失怙恃，育于其妗。文文无子，殁后，邓持齐衰期服，且为主丧。讣告，余致挽联，云：

卫茂漪[1]为女傅才媛，手线身衣，育成宅相。

何无忌[2]是中原名将，心丧血泪，足式浇风。

乙卯冬月十三日，王咏斋封翁七旬生辰，即以是日为其少子季武续娶。唐公宝先生，与封翁亦为姻娅，适自贵阳来成都。嘱余为撰贺聊，云：

岁寒见松柏姿，喜此来话旧，槐皆值天上月圆，瞻弧南星朗。

庭前竞芝兰秀，更难得承欢，梓舍当称觞佳日，即举案良辰。

盖封翁诸郎中，寅伯观察及晦若耕木，两太守皆有声于时也。

---

① 卫茂漪：东晋女书法家卫夫人。

② 何无忌：东海郡郯县人，东晋末年将领。

咏斋封翁，以戊午季冬，捐馆舍。余致挽聊，云：

与诸郎皆莫逆交，更十载连墙，患难追随同骨肉。

惟好德自考终令，对三槐旧荫，沧桑今古总酸辛。

盖余与寅伯，幼同塾，长同官。其诸季亦时相过从。封翁休官后，治第成都三槐树街，园亭幽胜。余亦筑室左邻。寅伯官巡警道时，余宰华阳，公暇辄游宴园中。辛亥国变，寅伯为仇家所构，只身遁免。家被抄没，久始收还故宅。而成都自是连年兵燹。每值扰攘，余即与封翁各挈孥避匿，不胜治乱之感矣。

余家麻哈乐荡阳场，百年前，乡人苦远汲。先高祖资政，公独输巨资，于对宅山麓，度地凿井，深至十余丈，卒得甘泉。乡人至今利赖。有碑纪其事，复建亭井上，颜曰“周公井”。井畔有柳数株，大皆合抱。咸丰末，苗匪叛乱，亭毁于火。阅五十余年，铭久。侄复规旧式，重建。余拟为联，悬于亭，云：

百年耕凿留先泽，

五柳门闾绕梦思。

盖余自幼即随先太守宦蜀，讫未得一居故里也。

熊君歇滋，癸亥夏，权东川道尹。其太夫人率家属，自万县本籍来渝，以孟秋上旬抵署。是月十五，为太夫人六旬晋三帨辰，余寿以联，云：

周甲纪又三龄，听巴渝郡县兴讴，争为使君歌寿母。

先中秋刚一月，正家室团圞聚庆，好随绣斧舞斑衣。

丁葆园先生，名志兰，浙江人，曾官邮传部员外郎。丁巳，充重庆中国银行行长，荐余再长成都中行。己未，先生因公入省，聚首兼旬。庚申，改绾汉口懋业银行，复荐余继任重庆中行职。辛酉、壬戌间，余赴京、沪凡四，经汉皋均作数日留。癸亥春，得公讣，卒于京邸。寄挽联，云：

古称知己胜感恩，回思锦水汉皋，送抱推襟如昨日。

既痛逝者行自念，对此花笺楹帖，鬓霜泪雨哭先生。

公得暇，即临池，书学颜平原，姿骨秀劲，直逼蝯叟，余曾乞得楹联。数事而雁去鱼来，尤无月不奉书札也。

熊君志韬，供职川康督署。在渝，闻其太夫人病，遄归成都，未几，即丁内艰。余寄挽联，云：

郝法钟礼[①]大家风，邀来紫陛荣褒，早有徽音昭炜管。

手线身衣游子泪，逐得白云归去，更无遗恨到泉台。

志韬尊人鞠如观察，清时宦蜀多年。

重庆铜圆局工人，因成都机器局及造币厂皆祀老子，亦循例祀之。于局侧建祠，又于祠中设平民学校，遂加奉孔子神位于老子之次。以联文来倩余书，语殊复赘，未便改削，只得照书付之。次日，窃拟一联，云：

紫气接函关，鼓铸洪钧[②]，岂徒垂型九府。

绀宫[③]临字水，馨香俎豆，如见问礼一堂。

陈君丽生，设"天锡生"盐号于重庆。有子二人，长继其业，次颇嗜读，且工篆书。丁卯二月，与其夫人作六旬双寿。余致联，云：

承家不坠太丘风，羡綵舞二难，天上德星，定共丙弧有耀。

涉世且为五湖长，祝眉齐双桉，堂前春日，再随甲纪重新。

又为友人撰联，云：

德并寿高，百尺元龙天下士。

福随春永，五湖范蠡地行仙。

甘君典夔，于其尊人莼如先生墓道侧，建祠奉祀。初拟颜曰"甘莼如公享堂"，倩余代作神龛前楹联，为拟句，云：

祭祀敢云丰，一掬涧蘋孤子泪。

音容如在上，百年风树昊天思。

继又改颜为"甘氏支祠"，嫌前联语气于名义未惬。复为撰句，云：

诗礼守遗经，寺对白云灵爽，千秋如在。

鼎钟怀旧德，派分丹水渊源，百世常新。

甘氏望出丹水之阳，对祠山麓有庙，曰"白云寺"，即莼如先生当年读书处也。

邓芝如司马庆桢，为华溪观察长子，清末官直隶。辛亥后，因有商业在重庆，遂挈妻孥居此。癸亥夏，省联两军，相持于塗山字水间，凡廿余日。城中弹雨横飞，余所居尤当战事之冲。芝如函，使来约者再，遂移与同居，忽忽五载。丁卯春

① 郝法钟礼：以郝钟并称，形容妇德贤淑。
② 洪钧：造化、自然。《文选·张华·答何劭诗二首之二》："洪钧陶万类，大块禀群生。"
③ 绀宫：即绀园，佛寺的别称，亦指借指道教宫观。

季，芝如赴成都省亲。别甫两月，凶问遽至。为联挽之，云：

纪群交重以婚姻，那堪锦里书来，见说西河失爱子。

兵燹中得相依倚，从此伯通庑下，怕提东道触前情。

芝如季弟玟如，余之第三婿也。

重庆商会会长李鑫五，操盐业致富。丁卯七月初五，作六旬双庆，寿以联，云：

鸱夷大业冠江州，承道德五十，庆春秋六十。

鸠祝良辰先河鼓，羡人间俪福，胜天上双星。

重庆温鹤汀明经，精岐黄，喜吟咏，且工画梅。其弟友松，子少鹤，皆有声黉。序侄孙辈，亦英英蔚起。丁卯九月十三，与其夫人刘氏，作七十双庆。寿以联，云：

梅花数点，画出天地心，百年岁月鹤精神，俪福修龄，如公有几。

菊酒千觥[①]，共祝冈陵寿，一室芝兰麟子姓，揖群拜纪，愧我无文。

又代友人撰联，云：

奇才八乂手，绝艺三折肱，用绮风高，即绪余亦堪寿世。

偕老六珈笄，称觞重阳酒，弧蜿星朗，从古稀祝到期颐。

又联，云：

梁桉齐眉到古稀，最难福慧双修，谢傅家庭郭令寿。

莱衣绕膝皆时俊，擅得才华累世，飞卿诗句子升文。

吴志云先生栋，江苏人，幼随父宦，入蜀。同治丙寅，先太守由内阁中书改官四川。志云执贽修弟子礼，以文艺就正。嗣弃举业，习申韩，当道争相迎致。旋复纳粟，以县丞发川。锡清弼制军督蜀时，余先在幕府，志云随亦奉檄入幕，与余在节楼共事一室者。累月后，因其嗣君官巴县知县，解组后，遂家焉。民国丁卯，殁于渝，年将九旬。诸子均故，惟孙辈存。余挽以联，云：

溯故节度幕府盍簪，于今谷变陵迁[②]，一炬难寻鸿爪迹。

是先太守门墙硕果，回忆闻诗说礼，卅年益动鲤庭悲。

盖入民国后，旧日督署文案处，已因兵乱被焚矣。

---

① 觥：原文该字缺笔。

② 谷变陵迁：源见“陵谷”，喻世事巨变。五代齐己《乱后经西山寺》：“松烧寺破是刀兵，谷变陵迁事可惊。”

卷四

罗仪三师长纬，南充人。工书画，虽在军旅，搦管不倦，尤善作擘窠大字。重庆城外朝天码头嘉陵码头两巨碑，皆其手笔。己巳冬，病殁于渝。余挽以联，云：

李将军书画重连城，星陨西垣悲绝笔。

羊叔子风流说缓带，人从北岘哭遗碑。

又代王瑞图撰一联，云：

名将不白头，从兹投壶雅歌，无復祭征掳遗范。

英雄终黄土，留得银钩铁画，长与岳少保争辉。

余又代友人撰挽周继斌主席联云：

五千貂锦竟丧元戎，听巷哭衢悲，自有大名齐北斗。

一水牂牁长流遗恨，咏沙沉戟折，空嗟往事怨东风。

蜀伶康紫麟，邛崃人，专唱文武小生。晚年偶串须生，技艺精稳，大有前无古人，后无来者之概。驰誉于巴歌渝舞中者，垂四十年。所入之班曰"三庆会"，向在成都演唱。己巳冬杪，重庆鼎新，舞台以重金延聘三庆会来渝。观听为之一倾，康尤负戲圣之目。惟康年已六旬有一，不胜劳苦。庚午季夏，竟病殁于重庆。各界深为惋惜，醵金开会追悼。余识康廿余年，每谈世变，辄相与感慨系之。爰挽以联，云：

康昆仑其再见乎，溯卌年沧海桑田，正花落春城，又得逢君说往事。

广陵散于今绝矣，怅千里浮云玉垒，竟霜凋夏绿，几人对酒惜清歌。

又代友人作，云：

铜琶东去赏音多，尤擅场壻馆袍红僧楼云白。

玉垒西来归梦断，不堪咏山中草绿江上峰青。

盖康所工之剧甚多，而尤以演红袍记之刘知远白云楼之潘必正为更擅场也。

又三庆会打小鼓之唐君德彝，为人有侠义气，与康深契且久，改良旧剧颇多。蜀中高腔戏以打小鼓者为重心，与唱者有最密切之关系。康一登场，非唐打小鼓不可。其死也，唐哭之恸，来倩余，为撰挽联，云：

警世具深情，君直借鲍老登场，作佛门喝棒。

同心成永诀，我欲碎花奴羯鼓，学伯牙瑶琴。

又三庆会全体艺员来倩，代撰一联，云：

称友或称师，溯生平光霁照人，岂徒楚国衣冠古难专美。

同来不同返，怅日暮乡关何处，忍听梨园子弟哭尽失声。

盖康品行纯粹，被选为三庆会会长者数年，待人仁厚有礼。殁后，全会为之辍乐，竟相继返成都焉。

贵阳周阁书部郎之麟，为余辛卯同年。乙未捷南宫，授主事，分刑部，洊擢员外郎。国变后，回黔家居，喆嗣仲卿，充成都中国银行行长。庚午三月，阁书七旬生辰，仲卿在成都称觞遥祝。余寄聊为寿，云：

鲤庭集桂子兰孙，吏部文章郭令福。

鹤算[1]永贵山富水，贞元朝士于公门。

新春桃符，分嵌本岁支干。作者虽多求其贴切工稳，无牵强之气者，殊不易觏，如光绪甲申，值中法之战，有某公题门联，云：

老去要看河洗。

甲崧高安得岳。

生申博大，昌明允宜，脍炙人口。余于民国己巳、庚午、辛未三岁，皆用此例撰春联。己巳岁，云：

莲说承先洁己自励。

兰亭修禊上巳延和。

时余绾重庆中国银行，既关合职务，复切姓及春令也。庚午岁，云：

① 鹤算：鹤寿、长寿，出自《上嘉会节贺表》。

红树花飞庚雨后。

碧醪人醉午晴初。

亦是切春令与姓。余以同治辛未生，至民国辛未年六十一。昔辛稼轩六十一时，刻一辛字图章，取辛字拆开，即是六十一三字也。故余辛未岁，联云：

六一年华拓辛家印。

五千卷轴读未见书。

以上三联，虽不敢云超脱，然尚贴切本身，非他人所可通用耳。

连君仲卿，巴县人，为同邑江孝廉瀚之婿。江为邑中望族，其外姑母家王氏，亦科第旧家。以庚午夏季殁，年七旬余。仲卿倩余，代撰挽联，云：

母仪为桑梓所钦，溯此邦王谢门楣，白雪犹传吟絮事。

慈軿[①]望鸾鹤不返，痛半世风尘坎壈[②]，碧藢长负相攸心。

吴君铁生，幼随父官蜀。父殁，母唐氏，抚铁生、锡三昆弟成立。有女，适川军第四师师长陈容生，亦奇士也。铁生毕业云南军官学校，又留学巴黎数年。归国后，绝意军政界，就渝经商奉母。庚年夏，唐太夫人卒，年七十有二。余致挽联，云：

苦心教永叔，巨眼识皋皋[③]，母真巾帼英雄，含笑九原无阙憾。

寿考逾古稀，礼法昭来许[④]，我友策权昆季，登堂一拜有辉光。

刘君柱青之次女，字周君克明之子惠黎，庚午八月在汉皋成礼。余贺以联，云：

月满桂轮高，楚尾吴头[⑤]争看小乔夫婿。

露浓花蒂並，驺牙[⑥]麟趾[⑦]定媲太姒[⑧]子孙。

王君秉钧名政，四川人，毕业北京大学。归，刘甫澄军长委充本部财政处副处长，深为正处长刘航琛所倚重。未数月，遽以病殂，人皆惜之。余挽以联，云：

---

① 慈軿：古代一种有帷幔的车，多供妇女乘坐。“不见当时翠軿女，今年陌上又花开。”

② 坎壈：不平，喻不顺利，如“英雄壈壈识天意，失路东归亦何济”。

③ 皋皋：愚顽貌。《诗·大雅·召旻》：“皋皋訿訿，曾不知其玷。”

④ 来许：后进、后辈。

⑤ 楚尾吴头：古豫章一带位于楚地下游，吴地上游，如首尾相衔接，故称“楚尾吴头”，亦泛指长江中下游一带地方。

⑥ 驺牙：兽名，即驺虞，传说中的义兽。

⑦ 麟趾：《诗经·麟之趾》篇中赞美文王子孙繁昌，后人遂用以赞誉子孙良善昌盛。

⑧ 太姒：有莘氏之女，周文王妻，武王母。《诗·大雅·思齐》：“大姒嗣徽音，则百斯男。”《毛传》：“大姒，文王之妃也。”

琅琊麟凤擅才华，方庆刘晏理财得君，直如左右手。

缟纻交情同侨札，太息王郎无命斫地，徒为慷慨歌。

余与王君，初不相识，佐财政后，始彼此酬酢，故以侨札缟纻为比。

庚午秋，梁叔子同年，与德配张夫人六旬双庆。叔子时赋闲居，挈家住本籍叙州府城内。余寿以联，云：

是同光中麟角凤毛，即兹甲子平头九老，遐龄定追洛社。

于斯世见鹿车鸿桉，伫看云礽绕膝百年，佳话继美山舟。

周阁书同年，庆七旬后，是岁之秋，即在黔垣捐馆舍。喆嗣仲卿，尚供职成都中国银行经理。闻讣后，请假一月，奔丧。余寄联挽之，云：

耆旧故乡稀，记附骥尾成名，卌载光阴惊逝水。

纪群交谊重，羡有凤雏嗣响，十年干济赖他山。

盖辛卯至今已四十年，而仲卿与余共事中行，同丁世乱亦十三稔矣。

谢敬之方伯，名汝钦，贵州鳛水人。由光绪乙酉拔贡，授知县，官辽沈，颇著政声。洊擢吉林布政使。国变后，以故乡多盗，侨寓渝城数年，又迁上海。庚午秋，殁于沪。余与公有葭莩谊，寄联挽之，云：

吴下客星沉，溯文章事业灿然，安石鸿名光简册。

辽东遗泽遍，问城郭人民何似，令威[①]鹤语[②]总酸辛。

张乙垣大令，名友枢，贵州盘县人。清时服官川省，迭绾县符。民国后，侨居渝城。有子五人，皆成立。长君朗霄，尤倜傥，任川黔军政职务多年。张氏与吾家有连。庚午秋，乙垣殁于渝。余挽以联，云：

甘棠处处见召伯，去思即今星霣郎官，定有遗碑名堕泪。

丹桂森森如燕山，盛事留得家传治谱，长将肯构迪前徽。

贵州省府毛群麟主席之母周太夫人，为前黔省主席周继斌之姑母。周幼时，与毛同受教养。己巳夏，周殁于阵，毛时以师长继领第二十五军，兼黔省主席。民国十九年十二月，太夫人庆六旬，当道为发文征词。余致祝联，云：

钟郝礼法，式是南邦，齿德集箕畴，松柏岁寒，开六十年甲子。

---

① 令威：即丁令威，传说中的神仙名。

② 鹤语：南朝宋刘敬叔《异苑》卷三："晋太康二年冬，大寒，南洲人见二白鹤语于桥下曰：'今兹寒，不减尧崩年也。'于是飞去。"后以"鹤语"谓鹤寿长而多知往事。

韩范勋猷，辉联中表，肤功原慈教，冈陵天保[①]，听百万户讴歌。

贵阳马良存观察，名汝骥，余辛卯同年也。乙未成进士，授吏部主事，改官四川，权建昌道。余筮仕入蜀，公正总办武备学堂，辟余充文案，且到处游扬。后绾通省厘金总局，余又充总文案，甚相倚信。民国初，以简任职，分发江南。嗣以眷属尚侨成都，己巳返蜀。庚午冬，没于蓉垣。余挽以联，云：

仕途知己，首逢公溯廿年前，玉斧绣衣，暴胜[②]循声留僰道[③]。

乡撰同人，今剩我望千里外，铜官锦水，项斯[④]客泪湿尘襟。

黄君香泉，内江人，以商业起家，为人笃内行。庚午嘉平，庆六旬，戚友辈祝以屏联。余既为书屏，又代撰联，云：

孝弟之至通于神明，即兹甲子平头定卜，灵春不老。

德业所基蔚为福寿，伫看曾玄绕膝永承，江夏无双。

庚午冬月，二十一军第一师唐子晋师长之母，蒋太夫人，庆八旬晋一生辰。子晋籍隶仁寿，太翁字辅臣，早食廪饩，以高才生调住尊经书院，颇擅文誉。子晋毕业陆军速成学堂后，擢营长戍西藏。太夫人勉以尽心卫国。民国初，由印度绕南洋回川。比年，驻军渝城，就巴山之侧，葺园林以养亲。余致祝聊，云：

八秩神明耄不衰，难得夫作名儒，子为名将。

九如松柏寒逾茂，竞羡人间寿母，天上寿星。

又代康君心如撰，云：

能仕教之忠，细柳风高作十万军领袖。

大德必得寿，金萱晖永祝八千岁春秋。

又代张君茂芹撰，云：

宝婺灿三巴，大好园林，寿母琼筵开梅阁。

慈云瞻万户，无边歌舞，将军金甲作莱衣。

又代友人撰，云：

涅臂励精忠，当年手线身衣，勋业都原陶母教。

---

① 天保：谓上天保佑，使之安定。《诗·小雅·天保》："天保定尔，亦孔之固。"郑玄笺："保，安。尔，女也。女，王也。"后引申指皇统、国祚。

② 暴胜：暴胜之，字公子，西汉汉武帝时期大臣。

③ 僰道：古县名，汉置，治所在今四川宜宾县西南安边镇。

④ 项斯：字子迁，晚唐著名诗人。

期颐徵上寿，到处巴歌渝舞，军民齐颂鲁侯诗。

李劲枫同年之弟，字裴知，性孤僻。劲枫殁后，仍居渝城，因愤时嫉俗，闭户不见一客。然夙号素封，遇徵筹饷糈诛求，依然不免，郁郁十余年而卒。余挽以联，云：

故家门户费支持，岂意廿载呕心，竟摧长吉。

伯氏交游成梦幻，更留数行老泪，来哭季方。

又代友人集文选句，云：

脱略公卿，跌宕文史。

驾鹤上汉，骖鸾腾天。

遵义鲁君平洲，名瀛，慷慨有奇气。清末在籍练团。民国初，滇军入黔，有师长梅某，驻军遵义，纵兵殃民。鲁乘其不意，率团众入师部，缚梅斩之。知终不可敌，遂逸出外省。熊锦帆督川，委充团长。民国十二年，任重庆城防司令。退兵之际，留鲁殿后。匪徒乘新旧更替，肆掠数处。时敌军且入城，鲁一一捕获，斩徇于市，始振旅而去，闾阎得以宴然。众为请，于敌军建碑志德。越二年，来渝侨居，闭关却扫。川黔两省执政者，屡欲畀以重任，皆力谢不就。辛未春，殁于渝，年五旬有六。邦人士靡不惋惜。余挽以联，云：

赤手说屠鲸，五十年毅力，高风事迹，足光新国史。

碧天闻驾鹤，数万户思功，颂德泪痕，湿遍故侯碑。

富顺王君和甫，名德鸾，自流井望族也。清时以道员官湖北。国变归里，尝独输巨资，解桑梓之危，乡誉藉甚。庚午，为盐场事来渝，濡滞经年。辛未春，竟客死重庆。余挽以联，云：

茂弘称江左夷吾，争传豸绣，风清楚水，苍茫遗爱在。

子渊是蜀中名士，太息乌衣，梦断巴山，黯澹旅魂归。

辛未春，刘甫澄军长之母乐太夫人，卒于本籍大邑。军长时督师重庆，就军次成服。余致挽联，云：

懿训励精忠，忽天姥峰颓，顿教百万军民同挥泪雨。

名疆资静镇，正梁公念切，从此三千世界竟渺慈云。

又代友人撰两联，一云：

岳少保勋业秉慈闱，涅臂教忠青史在。

狄梁公驰驱勤国事，伤心将母白云沉。

一云：

疆寄重万里，长城萱教，克承贤母心情光女传。

孝思切三春，寸草莪篇，遽废将军血泪湿戎衣。

罗君恒甫，名述禵，清时四川名吏，济川先生之少子。先生与先太守同官多年。余受知最早，又与先生长君德甫，共事薇垣。恒甫澹于进取，杜门不仕。民国二十年春，殁于成都，年仅四十余。余挽以联，云：

盍簪两代，判襼十年渺渺，予怀那堪失兹良友。

世浊独清，身强未艾茫茫，天意胡为遽丧斯人。

徐申甫先生，名孝刚，华阳人。光绪中，由茂才选送日本士官学校。毕业归国，掌教四川武备及陆军速成等学堂。民国后，及门诸子膺督军及军师旅长者，指不胜屈。辛未夏，先生庆五旬，余祝以联，云：

蓄道德能文章，受学王通皆将相。

大富贵亦寿考，还家徐市本神仙。

盖先生不特胸有武库，其德行文学尤为群流所仰重也。

卷五

犍为张静亭先生，为富安道尹仲铭旅长之尊人。以辛未秋考，终本籍，时富安仲铭皆于役在外。余致挽联，云：

五福到公，全溯百忍，世泽万石，家声千古足增彤管色。

三芝呈国，秀合狄相，孝思姜侯，远志一时同望白云悲。

盖先生尚有少子，亦出仕也。

秀山王君丝如，工书法。民国初，余绾成都中国银行，丝如亦充自流井支行经理。辛未秋，病殁江北。余挽以联，云：

同舟忆十五年前，红烛窗深秋雨话。

挥袂辞三千界去，乌衣巷冷夕阳沉。

胡君蘧林，名光第，山东济宁人，以茂才留学东瀛。宣统末，就聘来渝，授商科。民国初，入重庆中国银行，遂家焉。在行几二十年，由行员洊升至成都经理，甫百日，即病殂，人皆惜之。余挽以联，云：

共事二十年，可惜同心断金，向用方殷天遽召。

归魂五千里，从此他山无石，老成雕谢我何依。

中国银行总稽核汪君楞伯，浙江绍兴人，先后任总行要职垂二十年。辛未嘉平月杪，为五十寿。余与渝行副经理陈君寿民介以联，云：

托帡幪二十年，遥瞻北斗，泰山歌无量寿。

卜春秋八千岁，先借椒花[1]，栢酒祝大衍祥。

---

① 椒花：亦作“椒华”，椒的花。晋刘臻妻陈氏曾于正月初一献《椒花颂》，后常用为春节之典。

又代渝行各股主任撰一联，云：

德望重辰枢，凭字水朝宗，瞻雪溪集瑞。

寿星辉丙极，正三春启序，庆百岁方中。

国军第二十三师罗泽洲师长之弟成章，官旅长。壬申春，病殁重庆，年三十六。余挽以联，云：

名将白头难，猿臂数奇悲李广。

归魂丹旐迴，鸰原[1]泪尽恸元方。

余亲家田树人先生，名宝相，次婿习之之尊人也。世为保宁望族，晚年颐养林泉。壬申冬，考终里第，年八十有六。余寄联挽之，云：

九十年高朗令终，继起有纪群，定识在天无遗憾。

八百里关山远隔，缔姻托秦晋，惟从异地哭灵光。

叶西坪大令，名启祐，浙江人，长于文学。前清与余共事四川督幕，因而订交。补授冕宁县知县，未履新而国变。自此橐笔糊口，境遇日艰。辛未，充二十一军秘书，来渝。壬申冬，竟客死税捐总局内。太夫人已八旬，尚居成都。余挽以联，云：

文章难救长卿贫，最怜慈母，八旬尚倚门闾思聚首。

刍酒倾残徐孺泪，为问锦官，千里谁从兵燹赋招魂。

盖其时正值成渝两军激战，邮电阻绝，凶耗无由得达也。

辛未、壬申间，日本先后据扰辽沪，国人协力拒购日货。因谋推销本国物品，重庆首先组设中华国货介绍所。渝中行襄理张君禹九，主办尤力。开幕时，余与禹九，同致贺联，云：

品物萃神州，东箭[2]南金[3]，斯为枢纽。

货财征禹贡，建标陈肆，固我藩篱。

建标语见《旧唐书·食货志》。

余亲家田树人先生，为次婿习之尊人，保宁世族也。以和厚负乡望，子孙亦事业蔚起。壬申秋，卒于里第，年八十有七。余寄联挽之，云：

---

① 鸰原：比喻兄弟友爱，急难相扶持。语本《诗经·小雅·常棣》："脊令在原，兄弟急难。"

② 东箭："东南竹箭"的省称，多用以喻杰出的人才。

③ 南金：南方出产的铜，后亦借指贵重之物，比喻南方的优秀人才。

九十年高朗令终，继起有纪群，定识在天无遗憾。

八百里关山远隔，缔姻托秦晋，惟从异地哭灵光。

巴县梅黍雨孝廉际郇，光绪癸巳恩科，与其兄文伯大令，同列乡魁。癸酉春，庆六旬。余以联祝之，云：

望重艺林，溯卌载秋风，羡郊祁并第。

蹊成桃李，进百年春酒，歌寿考作人。

黍雨乡举后，在籍长校垂三十年。老则闭户著书，门墙人才称盛。

海宁钟符卿观察文虎，为余长媳王之母舅。清时仕川，历宰剧邑。甫擢道员，即值国变，遂挈家蛰居沪上。以医济人，课孙成学。癸酉九月，与德配臧夫人，同庆七旬。余寄祝联，云：

古稀甲子地行仙，松菊岁寒，介兹百福。

绕膝孙曾齐眉案，蒹葭倚玉，祝公万年。

渝城信通钱庄经理王君汝舟，名楫，兼任钱业公会主席，金融界中老手也。为人明达而好善，结社曰"忠孝堂"。于施济外时，于堂内扶鸾问治乱。余绾渝中行十余年，与汝舟契深且久。乃年未五十，遽以疾殂。致挽联，云：

谈神仙根归忠孝，习货殖心在国家，以叩寂课虚持筹握算，视斯人失之远矣。

言治业奉若椝模，论砥行式如金玉，从雨晦风潇云停月落，思故友能勿潸然。

又代友人撰联，云：

管夷吾天下才，经纬万端，岂徒货殖堪入传。

范少白五湖长，苍茫千古，我为社会哭斯人。

盖时局不靖，饷糈浩急，银钱两业，因应殊苦。汝舟身兼十余事，左宜右有，措置裕如。又手创钱业公会，以团结同业，才识实加人一等也。

陈君学池，毕业北京大学后，刘甫督澄督办器其才，委任四川全省团务学校校长，旋兼充政务处会办。陈君好学深思，为侪辈所推许。癸酉春，患肺疾，继以咯血，病八阅月而殁。太夫人犹在堂。殁之日，适为旧历九月初九。余挽以联，云：

范参政学有兵甲在胸，毕竟天地无情，千古文章憎命达。

李长吉呕尽心肝而逝，怆绝二三知己，重阳风雨罢登高。

又代友人撰联，云：

曲逆侯有宰天下奇才，如君祖武克绳，方冀赞治运筹宏兹砥柱。

团练使以结民心制胜，际此妖氛待靖，那堪榱崩栋折坏乃长城。

时赤氛正由川北东窜，绥定、宣汉相继失守，官军方议围剿也。

广安胡葆生太史骏，光绪癸卯进士。官编修，甫数年，即值国变，侨寓津门，越二十载。癸酉，旋川留渝，数月而殁。余代杨子惠军长撰挽联，云：

是吾乡邓廷尉后一人，雅望重木天，玉蕴珠含才未尽。

赋归来陶彭泽才数月，德星沉粉水，山颓木坏我何依。

杨亦广安人，为太史弟子。广安在有清一代，入词林者共四人，惟大理寺卿邓逊斋先生，名时敏，德业最盛。

袁君煜生，名恩煜，清时充成都警官。余宰华阳时，即与相善。民国后，袁君两权重庆警察厅长，复移宰巴县。居官清廉，矫然自持，不肯合污。暮年多病，任督办署一闲秩。余在渝久，时相过从。癸酉秋，殂。余致挽联，云：

遗爱遍粉水炉峰，汲长孺卧病经年，方冀为苍生再起。

制行如朱丝玉尺，袁君山风流顿歇，又失一白首故交。

李其相师长，购宅渝城，于宅后小筑园亭。余制联，赠悬园中，云：

青霄水竹将军宅。

绿野山林宰相风。

出语用少陵游何将军山林诗，对语则切其姓也。

三十余年前，为吾乡邹寅臣观察，撰挽合肥李文忠公联，云：

八公山气毓千秋，蔚成震古烁今，四十年间贤宰相。

五丈原头同一哭，从此乾枢坤纽，九万里内更何人。

谷君见三，巴县冷水场人。清时由武生积功至千总。余宰巴县时，谷充本场团总，于地方事颇资得力。癸酉冬，闻其殂，谢挽以联，云：

为桑梓捍患御灾，当年倚重长城，旧事犹萦宓子[1]梦。

看兰桂珠联璧合，休怅归真净土，家声待启于公门[2]。

① 宓子：宓子贱，名不齐，字子贱，春秋末年鲁国人(一说宋国人)，孔子的得意门生，孔门七十二贤之一。

② 公门：西汉于定国父于公为县狱吏，治狱公平，自谓有阴德，子孙必有兴者，因高大其门，令能容高车驷马，见《汉书·于定国传》。后指为官贤明而子孙显贵的人。

泸县蒋君伯庄之叔母，青年苦节。癸酉冬至日，值六十初度。时伯庄任渝市银钱业联合公库第五股主任，余则兼主库务。同人托撰祝联，云：

诗礼百年家，从花甲周天，见后雕贞柏。

春秋八千岁，借葭灰飞管，歌度索蟠桃。

余亦致祝联，云：

莱彩承欢六十年，华长至酒。

坤维正气三春慈，竹岁寒松。

又代次婿田习之挽胡葆生太史，云：

芝兰玉树竞秀庭阶，忆十年元季交游，幸及见洛水耆英，眉山矩度。

薏苡明珠何伤日月，有万丈文章光焰，足并峙墨庄渊雅，仲冶风诗。

习之与太史嗣君仲实、叔篯交深莫逆。太史因保管川汉铁路存部之款，嫉之者于其殁后，妄肆攻击，故下联云尔。

泸县高太守树，光绪乙亥举人，己丑进士，累官御史给事中，授锦州知府，又曾充军机章京。国变后，侨寓北平廿余年，著有《金銮琐记》。民国癸酉旋蜀，未几，殁于家，年八十余矣。张熙午通守，以桐城籍居泸两世，在平在蜀，与高常聚，托余为挽联，云：

谏台枢院总称贤，溯一麾出守廿载，栖迟遗事记金銮，尚留得贞元朝士①。

沧海桑田频话旧，忆都市车尘家山，杯酒仙踪迷玉宇，那堪失鲁殿灵光②。

又蒋君伯庄，于高为同里晚辈，亦托撰联，云：

宦游中外历四十年，是吾乡硕果，晨星陵谷变迁闻见在。

垂老归来越五千里，正我辈抠衣，撰杖山梁颓坏典型空。

蜀中蚕桑颇勤，惟前皆以旧法缫丝，只能适合本省织帛之用。清光绪季年，嘉定陈宛溪先生，躬赴江浙。聘工匠，购铁机，试仿新法。办理甫十年，而川丝推销欧美日盛一日，获利者垂三十稔。近虽为日本丝倾销失败，然川丝出口之功，则实自宛溪发轫也。嗣君光玉修祠落成，索余题联楹间联，云：

---

① 贞元朝士：唐刘禹锡《听旧宫中乐人穆氏唱歌》："曾随织女渡天河，记得云间第一歌。休唱贞元供奉曲，当时朝士已无多。"刘在贞元中任郎官御史，后坐王叔文党贬逐，历二十余年，始以太子宾客再入朝，感念今昔，故有是语。后诗文中多用以为典。

② 鲁殿灵光：汉时鲁恭王好建宫室，后来汉室衰微，宫殿多遭毁损，只有鲁灵光殿幸存，见《文选·王延寿·鲁灵光殿赋》。后借以比喻硕果仅存的人或事物。

伟绩著蚕业，合两川杼轴翻新，远被重瀛歌乐利。

长才甘豹隐，溯十载经纶小试，允怀明德报馨香。

余亲家王石筠太守之夫人，为钟蘧庵观察之女，符卿观察之妹，余长媳之母也。石筠，国变后，杜门不仕，以医济人。壬戌以病殂。诸子皆成立，且能各勤其业。乙亥三月，钟夫人庆七旬。长君杜若时，绾嘉定中国银行，遂迎至嘉定称觞。余致祝联，云：

钟王本江左盖代名宗，出观察门，入太守室，兰桂一庭中，济济莱衣春不老。

康宁惟寿母得天独厚，从古稀岁，祝期颐龄，蒹葭千里外，年年桃宴颂无疆。

钟王两府皆浙江人。

黄君凤三，保宁人，清时食饩于庠，有文誉。科举停后，改营鹾业，居渝多年。甲戌冬，以患疽殂。挽以联，云：

叔度才器，若千顷波世乱隐鱼盐，可惜干将莫邪①未占利用。

平仲交游，又一个弱岁寒醒鹤梦，此去琼楼玉宇想胜人间。

广安蒲伯英先生，名殿俊，博学，工诗文，性豪宕，遇龌龊事，辄勃然见色，冷嘲热骂，虽权势不稍避，以是人多衔之。由丁酉拔贡，中癸卯解元，联捷成进士，改刑部主事。清宣统时，各省设咨议局，选为川局议长。因争路事，被逮，几见杀，旋得解。未几，川省独立，以全省人民代表资任第一次都督。甫十日，值兵变，遂弃官去。晚年侨寓渝城，售文字自给。甲戌秋，诣北平，到数日，遽以疾殂。余致挽联，云：

南阮双眸子，东坡一肚皮，嫉俗愤时，死而后已。

俊逸鲍参军，清新庾开府，惊才绝艳，生有自来。

又为戚友捉刀，共撰四联，一云：

曾为七千万人拚掷头颅，敦气节，能文章，终教尺寸无权，名士新亭徒堕泪。

阅世五十九年证明因果，历迍邅，饱忧患，赢得二三知己，金台落日赋招魂。

一云：

灌夫骂座，正平袒衣，危乱能全身，是先生幸事。

采石鲸波，耒阳牛酒，文章多憎命，问造化无言。

① 干将莫邪：春秋时善铸剑的一对夫妇，曾铸干将、镆铘雄雌二剑献于吴王，见汉代赵晔《吴越春秋·阖闾内传》，后多借指利剑。

一云：

十日摄元戎，问两川鼎革功勋，谁为前者。

百年仍泡幻，有万丈文章光焰，长在人间。

一云：

帜先蜀郡，籍冠蟾宫，乃武乃文，均未作第二人想。

元亮高风，仲长伟论，立言立德，所不朽在千古名。

清光绪戊戌会试，与巴县梅文伯、黍雨昆仲，在都过从。文伯早卒，黍雨以甲戌冬殁于家。挽以联，云：

缔交在四十载前，京洛风尘，正机云年少。

挥手辞三千界去，文章彪炳，与光岳长存。

黍雨工诗文，遗稿甚富。

卷六

改岁桃符分嵌本年甲子，前己巳、庚午、辛未等岁所作者，已记入前卷。乙亥岁，又用此式撰门联，云：

菲史枕经乙辉照读，

乐天知命亥算延年。

巴县杨君廷午，经商渝市四十余年，颇负声誉，曾充重庆商会会长。甲戌冬，庆七旬。余代商会撰祝联，云：

兕觥颂日恒月升，羡福[1]无疆，喜萧规足式。

骏望比泰山北斗，从古稀衍庆，祝期颐延龄。

国军二十军杨子惠军长，乙亥春，庆五十。余致祝联，

百战继昭勇，勋名梁益，山川星有曜。

三祝媲汾阳，福寿期颐，岁月日方中。

国军二十一军第五师王方舟师长之母唐太夫人，持家政，素严于世，事尤具远识。方舟工书法，为蜀中宿将。驻师万县，剿匪有功，负长城望。乃为某术者乃所龇媒蘖于元戎，遂解兵柄。太夫人闻之坦然，但趣方舟赴沪。行甫两月，太夫人遽殁渝寓。闻绵惙时，命电方舟，通权顺变，勿拘奔丧礼节。余致挽联，云：

截发著贤声，陶士行武纬文经，都原母教。

倚闾成永诀，孟东野身衣手线，怆绝春晖。

又代友人撰联，云：

---

① 疑脱一"寿"字。

教陶侃成名，是嘉莪山川灵淑所钟，其母仪足式千古。

与介推偕隐，历升沉变迁神明不扰，读女传曾有几人。

方舟。四川乐山县人。原配吴恭人，名廷憓，字晦玖，以民国二十五年丙子旧历四月二十四日，殁于重庆下石板街本寓内寝，年六十有三。恭人自中岁得胃疾，发辄呕水不止。五十三岁时，疾曾大剧，得廖君友松医治而愈，自此目渐瞀，精力亦年衰。生平习于勤劳，性喜动，缘是中怀恒郁郁。乙亥冬，足忽肿。丙子春，药治得痊，而手及面部又略肿。三月底，猝然委顿。延补君晓岚诊治，得安定，然终日昏睡。至闰三月望后，神气又转清醒，起坐饮食皆略如旧，且时与家人谈话，惟起坐皆需人。补君赴蓉，续延廖君永中医治，亦无败状。四月二十二日半夜，忽痰壅，自此遂不能言。历一日半，至二十四日巳刻，逝世。伤哉。三子四女皆恭人出，婚嫁胥完。恭人晚年常言，但求向长愿毕，先余而逝，即为完美。今竟如其志。余悲痛之余，既赋悼亡十绝，复撰联书，悬灵帏，云：

先我死为佳，婚嫁甫完，遽从一病归真，竟如夙愿。

留君生亦苦，精魂傥在，好向九泉相待，重话离悰。

盖民国六年，在成都时，有同乡万君，精子平，推恭人命，当以丙子年死，今竟验。又推余，则后三年，当以己卯岁死，是别亦不久，泉下或及待也。

又代次婿田习之撰联，云：

每出游便与白云同瞻，悔若不远涉蛮荒，尚多侍音容一月。

感慈德欲共春晖图报，天曷竟吝兹寿考，忍弗全梁孟双星。

习之为华西公司事，常往来沪汉间。其太夫人亦就养渝城。三月二十五日，习之将赴理番、天全等处，为公司采购木料。行前一夕，来家。恭人尚与谈至夜分，始散。阅一月回，恭人病已重矣。

又代三婿邓玟如撰联，云：

视我如所生，怅年来易地养疴，竟掷晨昏虚定省。

旻天胡不吊，恸从此慈云断望，惟凭梦寐接音容。

玟如久病，数月前即赴北碚温塘养疴，至此尚不能起行也。

又代四婿王新华撰联，云：

僚婿间独我缘悭，侧甥馆甫一年，岂知天上慈云遽归佛国。

戚郿[1]中惟母福备，著阃[2]仪逾卌载，留得庭前玉树永念春晖。

新华与四女蕖寿，于乙亥四月结褵，尚馆家中。

又代内侄鹤卿撰联，云：

故乡兵燹后，率子千里相依，方期色笑长承，骨肉当前娱晚景。

诸姑伯叔中，惟母一人多福，岂料参苓无效，鸾鹤归去渺云天。

鹤卿及其子少屿[3]，均在渝。鹤卿供职善后公债基金保管委员会，少玙供职财政部四川特派员公署，时同下榻余家。

又代内侄易风撰联，云：

依母近十年，推食授衣，回首恩勤如怙恃。

濒终无一语，海枯石烂，伤心色笑隔人天。

易风先充中国银行重庆分行行员，现又改充中央银行重庆分行行员，相聚将十稔矣。

萧君次脩，四川涪陵人，清光绪间毕业译学馆，迭随出使大臣充参赞、领事等职。民国后，回外交部服务。旋经刘甫澄督办延回川，专办外交事。乙亥春，被任重庆海关监督。丙子夏，卒于官。次脩为人廉明，在渝近十载，与余雅相气谊。挽以联，云：

皇华四牡遍列邦，可惜清酒黄龙，职限方隅才未竟。

缟纻十年托旧谊，怆绝素车白马，恨遗家国泪徒挥。

内兄吴尚卿孝廉，名延相，清光绪丁酉科举人。戊戌与余弟兄同上春官，由宜昌赁肩舆赴樊城，换乘骡车至故都。礼闱报罢，乃相与航海至申，溯长江返蜀。嗣余弟兄改官川闽，尚卿亦未再梦春明。国变后，闭户读书，不问世事。民国二十五年，丙子，旧历五月十八日，终于家，年六十九。距吴恭人之殁，仅后廿余日。余挽以联，云：

计偕忆连镳卅年前，马足车尘，千古文章憎命达。

悼亡才作赋一月中，妹先兄后，重泉手足倍神伤。

巴县陈翁恩溥，长生桥人。早岁弃书经商，晚年置田宅自娱。长次两子先

① 郿：郿，水也，一聚所尊水也。

② 阃：内室，借指妇女。

③ 屿：后写为“玙”，疑应为“玙”，用作人名，指美德或品德高洁。

逝。少子德恕，设钱庄于城，兼充渝市债券交易所经纪人公会主席，能世其业。余廿余年前宰巴县时，翁任本场自治委员，有一乡善士之目。丙子夏，庆八旬，德恕浼余书撰寿文。余又祝以联，云：

十年长我应称兄，记作宰粉江曾亲叔度。

百岁祝君歌偕老，羡承欢梓舍更有季方。

重庆商业银行，建在打铜街，纯以峡石修成。楼凡五层，门面雕琢尤极工致。丙子落成，相贺。余代华西公司撰联，云：

砥柱大江东，玉宇琼楼欣得地。

绾毂五都市，吉金乐石总交辉。

四川财政厅刘航琛厅长之母陈太夫人，丙子冬月庆六秩。余既为四川省银行撰书骈体寿言，又以联致祝，云：

管夷吾天下才，教秉慈明，闿泽遍百五县。

郗超母江东范，筹添甲子，酌酒祝八千春。

汪茂萱封翁，为云松先生之尊人。以丙子九月初六日，庆九旬，精神犹甚矍铄。余祝以联，云：

后三日恰重阳，彩映茱萸家庆永。

再十年登百秩，心坚松柏岁寒荣。

又代周君见三撰，云：

嵩岳笃生，蔚为人瑞。

弧星再见①，庆洽期颐。

桂林高佩郇，泳修昆仲，为星衡先生喆嗣。诗书旧族，好学多才。在渝十余年，历充四川军务督办署秘书及地方税局局长。泳修曾宰江津，循誉卓然。丁丑春，为母黄太夫人称七旬觞。余祝以联，云：

二难称天下才，参帷幄著循良，武纬文经，胥原慈教。

万石是女中杰，协康宁绵寿考，兰馨桂馥，竞舞莱衣。

又为田甥习之撰，云：

懿德迈陶欧，本慈孝贤明，集箕畴福。

① 原稿多一个“丙”字。

令子如轼辙，有文章政事，承寿母欢。

贵州省政府主席，兼军事委员长重庆行营主任，顾公墨三之祖母杨太夫人，年九旬余，卒于海州本籍，在渝展奠。余大侄铭久，时充黔省府委员，以事赴沪。过渝，黔府诸君函托其制联公挽。铭久行李倥偬，倩余捉刀，联云：

涅臂励孙枝，不教表上陈情，欲答恩勤期报国。

徽音传古竹，岂仅诗赓述德，从兹志乘藉增辉。

又代重庆中央银行友人撰联，云：

九十年高朗令终，看贤孙纬武经文，应无遗憾。

百万家悲歌感泣，合两地巴山黔水，共沐徽音。

唐邦俊旅长，广安人。前清光绪丙午，余官广安知州时，唐在城内中学校肄业。适校中国文教习以事去，一时承乏无人。余乃拨冗往代，遂列门墙。民国后，投身营伍，洊擢旅长，兼万县城防司令。乃厌弃兵革，毅然舍去，设小贸于渝城。布衣疏食，泊如也。由是益重其为人，时相过从。丁丑春，患疾数日而殂，年未五十。挽以联，云：

投戈讲艺，古今曾有几人，君是征虏一流将才，惜抱高踪，竟黄钟长弃。

砥德论心，风雨忽失良友，我忆宕渠卅年旧谊，翻挥老泪，为宋玉招魂。

侄婿杜禄天，名显裕，三台人。前清光绪乙未，张联五先生权三台。值县考延，余往阅试卷，见杜文华赡，整洁，拔置第二。旋入庠，遂来贽，执贽为弟子。未几，以先从兄禅[①]甫之女妻之。科举停废，入法政学堂。毕业后，值考试法官，得入彀。民国纪元，川省军政府考选知事，又以第一人获隽。委署双流，复充成都法庭推事。民国九年，余由成都中国银行，调管渝行。杜亦适于此时，奉调渝庭推事。居数年，改业律师。乙亥秋，因病酒，患瘫痹，困卧两年而殁。身后萧然，赖亲友佽助以殓。挽以联，云：

由门墙缔姻缘，生死相依，三復白圭犹在耳。

读诗书兼法律，文章憎命，一棺黔被倍伤心。

余亲家陈季略刺史，名韬，次儿仲眉之外舅也，湖南衡山人。博学工诗文，精赏鉴，喜收藏。与余同在川督锡清弼制府幕中两年。余遂订兰交后，又联姻娅季

---

① 禅："禅"的讹字。

略。历宰乐至、郫县、奉节等邑，补授崇庆州知州，所至有惠政。民国后，在北京全国烟酒税局充佥事十余。晚年侨居南京。以丁丑五月卒，年六十九。余致挽联，云：

兄事卅年余，金兰谊重以婚姻，叹駏蛩[①]愿违龙蛇（比喻非凡的人）厄至。

尘缘七旬尽，循良传亦兼文苑，有蜀黎遗爱诗卷长留。

旋其喆嗣，亦飞谦受昆仲，以赴告上遗像，请题。爰拟赞语，云：

抱醴陵才藻思，濯绮现宰官身，民歌乐只老郎，署之冯唐终青袍之子美，与古为徒。

盟心如水怛化，悠然遗容仰止，贻香草于千秋，留甘棠于百里落月屋梁，我悲曷已。

季略胸有全杜，尝集工部句成诗若干首，汇为一帙，颜曰《撰杜》，殊雅趣也。

重庆川盐银行，建新屋于城内新街口曹家巷两衖交会处。规模壮丽，楼凡九层，费资五十余万元。余以联，贺其落成，云：

富业会金沙，看地跨双龙，楼高五凤。

峻名齐玉垒，喜国称多盐，人擅调梅。

盖川盐行务，悉由董事长主持。董事长吴君受彤，即创办此行之人，且为川省鹾务中之老手也。

何君绍伯，巴县人。民国十年后，设钱庄于汉口。余时以中国银行渝行行长兼汉行副行长，每岁诣北京会议，或赴汉计事，必盘桓数日。二十年后，何回渝主办信通钱庄，以同业故，又时相过从。丁丑夏，一病而殂。挽以联，云：

难忘汉上题襟，怅年来旧雨飘零，又失水部[②]。

同是尘中泡幻，有平昔高风磊落，足式江乡[③]。

吴君受彤，名炜，浙江人。两世宦川，与余家有葭莩亲。其祖父又与先太守为咸丰、辛亥同年，故少壮即相识。清末充计岸官运盐局科员。民国后历任川运使署秘书长，组设川盐银行于重庆，任董事长。复被举为渝市银行业公会主席，

---

① 駏蛩：《淮南子·道应训》："北方有兽，其名曰蹷，鼠前而兔后，趋则顿，走则颠，当为蛩蛩駏驉取甘草以与之，蹷有患害，蛩蛩駏驉必负而走。"后以"駏蛩"形容关系密切。

② 水部：职官名，掌管有关水道的政令。魏时尚书设有水部郎，隋朝则设水部侍郎，至唐乃隶属于工部，为工部四司之一。

③ 江乡：滨临江水的地方，这里指巴县。

业誉藉甚。民国二十六年丁丑秋，病鬲，殁。余挽以联，云：

君蓄道德而能文，综盐铁贷殖成一家，自有令名垂蜀志。

佛以涅槃为极乐，溯缟纻胶漆于廿载，何堪老泪哭钟期。

受彤与余交深且挚，为人明敏多才，晚年醉心佛学。所著《川盐志》一书，兼综条贯，尤有裨川省财政。

塔南读左

自序

河清难俟，矧值烛武之精亡，学殖久荒，敢谓江淹之才尽。方幸空山戢影①，世与我而相遗，何期沧海横流，天胡为而此醉。关河满目，苍凉巴国之旧封②，烽燧惊心，枨触杜家之左癖。检陈编而载读，撮隅见以成书。仆，幼困丹铅，晚丁③兵燹。此邦作宰，恨操刀制锦之未工，比岁经商，对乘韦先牛而滋愧。慨自夏失双龙，周湮九鼎，纪侯大去，郿子无归。始则篝火鸣狐，沈沈伙涉，继复中原逐鹿，处处沸羹。乃者，十年训聚，犆④奠金瓯，九域崩腾，忽张玉弩。上国洊食，极长蛇封豕之残，乱世重逢，俨叹凤伤麟之厄。上下三千载，同此纷争，笔削二百年，可参得失。漫谓风吹池水，何事干卿，无妨酒下汉书，且浮大白。观摴蒲而学子敬，豹窥知见一斑，入土室而效袁闳，兔狡聊营三窟。雷轰电掣，人争激战九天，星賈⑤云飞，我自索寻一卷。古人不作，知无取断烂朝报之评，往事重提，且纵谈缥缈浮图之下。中华民国二十七年，岁次戊寅，仲冬月，逢卢老人宜甫氏，自序于巴县南山之榕村，时年六十有八。

---

① 戢影：隐匿踪迹。

② 封：疆界。

③ 丁：当、遭逢。

④ 犆：同“粗”。

⑤ 賈：古通“陨”，降、落下。

卷一

◎郑庄克段

郑庄克段,姜炳璋氏谓其纵段有死弟之心,袭郑,秘事也,而能闻之,尤见内外侦谍之密,设心之险,东莱一论,直诛其心,层层透辟,可谓淋漓尽致。惟云封京之后,伐鄢之前,处心积虑,未尝须臾忘段,则犹未尽也。武姜初为段请制,公曰:"制,岩邑也,虢叔死焉,他邑唯命。"以虢叔之死,证制之不祥,最足动武姜之听。其实庄即恐段将来凭险以守耳,其不忘叔段之心,岂仅在封京以后哉。

◎颖考叔

礼谓为人子者在丑夷[1]不争,又曰:"不登高,不临深,东莱以见亲于羹,而不见亲于车,责备考叔,即此义也。"然考叔之孝,除舍肉一事外,他无所闻,庄公置母,已有悔意。考叔既窥于微,又畜有阙地相见之讨,特借舍肉以启之,是考叔之舍肉,爱君为主,而爱亲为宾,且舍肉在隐之元年,争车在隐之十年。此十年中,考叔之母尚存否,无不可知,东莱之论虽正,究不免迂疏矣。

① 丑夷:犹侪辈,古称年辈相同、学行相类的人。

◎王师助伐翼

曲沃未篡晋以前，在晋翼为正统，曲沃则强宗也。隐公五年，曲沃庄伯伐翼，周王不惟不能制其逆乱，且命大夫尹氏武氏，帅师助之，谬已甚矣。周世樟氏论此事，谓天子不能操废置之权，反曲徇乱贼之请，命翼为晋侯，故异日命韩赵魏为诸侯，即流极之势所必至。夫敬王为天子，且公然命师助逆犯顺，更何有于曲徇其请，与废置之权耶？自来纲纪陵替，皆先坏之于己，不必委罪于人。

◎宋宣宋穆

宋宣公舍其子与夷而立弟和，穆公亦舍其子冯，而还位于与夷。一则择贤而让，一则不负其兄，皆后世所难能。至因传殇公而酿成宋郑之祸，兵戎扰攘，几及十年，此则由于冯不能体父志，觊人拥戴所致，不特为宣公所不能预知，亦非穆公之所及料。在宣与穆，不过各行其心之所安而已，东莱以矫情归罪于宣，未免过刻。若谓不传弟而传子，即可弭乱，则传子而乱国者，宁堪偻指[①]耶。

◎羽父请杀桓公

公子翚之专横，隐公不能制久矣，其悍然请杀桓公，隐即不允，即应以所请密告桓公。桓公时已成人，弟兄合力以除之，始是弭祸之道。乃隐既不允，且曰吾将授之，而又不防其反噬之险，岂非束手待祸。桓固负心，隐亦太庸。

◎八佾

鲁以周公之功，赐天子礼乐，故舞八佾。然隐之五年，考仲子之宫，初献六羽，始用六佾，是鲁君已早降用诸侯之礼矣。乃昭定之际，季氏犹舞八佾于庭，孔子所以斥其忍也。

---

① 偻指：屈指计数。《荀子·儒效》："虽有圣人之知，未能偻指也。"

◎会于嬴

桓公四年，公会齐侯于嬴，遂成昏于齐，注谓不由媒妁而成昏也。此在今日自由恋爱时代，颇合风尚，然在当日，则大背礼经。文姜之淫乱，亦即此见端矣。

◎郑庄公

东周时，周之同姓诸侯，支系以郑为最亲。郑固不应叛周，周亦不宜疏郑。庄公雄精阴很，值周舍郑亲虢，遂不能忍，而屡与周开衅，甚至交质如敌国，东莱罪之，是也。然繻葛[①]中肩之后，庄犹知不敢过陵天子，合之置母知悔，虽不忠不孝，然事后尚谋盖愆，以视其他乱臣贼子，可取多矣。

◎子同生

顾炎武曰："庶出之子不书生。"故桓公六年子同生则书，庶出之女，不书致与媵，故成公九年伯姬归宋则书，是也。然鲁十二君中，嫡出之子多矣，何不皆书，而独书庄公耶？疑是文姜丑行，不能掩饰，然姜以桓三年会于嬴，与桓自由成昏。是冬，齐仲年来致夫人于鲁。六年九月，庄公生。此三年中，姜无会襄归齐之事，故特书以明之。此后姜会齐侯必书，所以著姜之恶，亦以反证三年适鲁之后，六年生同以前，未与齐襄见也，圣人之心苦矣。

◎郑忽辞昏

齐文姜未昏鲁桓以前，齐侯欲以妻郑太子忽，忽以齐大非耦[②]辞，盖恶文姜之不贞，而讬谦辞以谢耳。是时郑方强盛，齐亦未霸诸侯，小大并不悬殊，有何非耦之嫌。及忽败戎师后，齐侯又欲以他女妻之，忽又借不以师昏辞，虽有祭仲外援之谏，

① 繻葛：繻葛之战，是公元前707年郑国在繻葛（今河南省长葛市北）大败周室联军的一次反击作战。
② 耦：同"偶"。

亦不从。盖若辞于前而允于后，即无以解齐大非耦之前言，而嫌弃文姜之指愈彰矣。否则师昏各是一事，究有何害，而郑之公子及君之昏于齐者，前此又岂少耶。

◎郑厉杀傅原

傅瑕被获，始以纳君成盟而得赦，果杀子仪及子仪之二子，而厉公遂得入，厉入而以瑕为贰杀之，亦即后来汉高斩丁公之意也。是不足奇，所奇者，既以贰杀瑕，又同时以原繁不先通于己而杀之，是贰者杀，而不贰者亦杀矣。郑之诸臣，后将何所适从耶。谥之曰厉，可谓名副其实。

◎申生与急

春秋时，为子者以一死承父命，虽抱奇冤而不求白者，惟晋世子申生，与卫公子急二人。两人皆至孝，而皆由其父上烝所生，奇极，然申生得谥曰恭，急则无之，殊为缺憾。使寿得立，必有以表彰之也。

◎邓享楚子

邓祁侯不从三甥之请，于享时杀楚文，旋即为楚所灭，事与鸿门绝类。然楚邓至亲，祁侯不忍，犹是人情，且邓弱楚强。楚文见杀，楚讵不复仇，则郑之亡否，仍不可知。刘项则敌对也。高祖见杀，诸臣即谋复仇，亦未见能灭羽。羽真妇人之仁也，惜哉。

◎齐徒人费

徒人费甫因诛屦鞭见背见血，不惟不怨襄公，反利用此证诬贼，入而区公，出而关死，真孤忠也。其急智亦不可及。自来昏庸之主，下有忠尽之臣，生不见用，卒且以死徇之此多矣，可胜慨哉。王阮亭豫让桥诗云，国士桥边水，千年恨不穷，若逢厉柱休，死报莒敖公，亦此旨也。

◎管鲍

管仲鲍叔，至交也。小白入齐后，鲍叔请鲁讨子纠，示之以必杀。而于管仲召忽，则请受而甘心，即是生还管仲之意，特不能不借召忽作陪耳。第[1]不识当日，若子纠入齐，而小白失败，仲于鲍叔，能如此否。

◎曹刿论战

长葛之役，曹刿以小惠小信为不足恃，而以狱必准情为忠之属，此真洞悉民隐之言。民有不平，上为平之；民有冤抑，上为伸之；民有纠纷，上为解之。上下之固结在此，民庶之感孚亦在此。诚以讼狱者，人民生命财产之所系也。刿来自田间且经身受，故能洞悉隐微。肉食者深居简出，甚或生长富贵，乌足语此。当时论战，实以此为根源，鼓与旗辙，犹其末也。

◎石祁子语

宋猛获与南宫万弑闵公而奔卫，宋人请万，卫欲留之，石祁子曰："天下之恶一也，恶于宋而保于我，保之何补?"至哉言乎！此理本浅而易明，无如世之有权位者，只悦人之归我，而不计其贤奸，以手创大业之梁武帝，尚不解此，致纳一侯景，身死国亡，为天下后世笑，遑论其他哉！吾谓处乱世而有权位者，均宜书祁子此语，铭诸座右。

◎彭生化豕

彭生化豕，性相类也，其拉杀鲁桓于车也，如豕之突，其受齐命杀鲁桓，复为齐杀以谢鲁，则如豕之拙，此其厉魄，所以不能化他物而独能化豕也。

---

① 第：但。"第为上者不能察，使匹夫攘袂群起以伸其愤。"出自明代高启《书博鸡者事》。

◎卫戴公文公

卫戴公，文公，宋桓夫人，许穆夫人，皆宣公死后，惠公庶兄公子顽，烝于宣姜所生。宣姜，顽之嫡母也，是戴文岂有承位之理。盖由荥泽败后，卫已沦亡，遗民既拥随戴公以去，又得宋桓护助之力，故载公死后，文公继之，恭俭勤惠，再造卫邦。所以内而臣民，外而列邦，皆无以所生非正而议之者。然彝伦[①]攸[②]斁[③]，至春秋亦已极矣。

◎管仲得君

齐桓好名，故管仲处处以此动之。救邢伐狄，夷、夏之大防也，而必归重于简书。宁母之盟，郑华以子谋父，大逆不道也，而必归重于史记。所以桓公皆泛从谏如响，得君之专，有由然矣。

◎晋惠杀里克

奚齐卓子，非秦所立，里克杀之，与秦何与。乃惠公入后，杀克以说于秦，殊不可解。传云，里克平郑，欲立文公，故以三公子以徒作乱。是克郑所属意者，在重耳而不在夷吾，夷吾得国后，恐克又以待奚齐卓子者待之，故特借说秦以杀之耳。平郑奔秦，又请秦纳重耳，所以既杀克，复杀郑，否则只讨奚齐卓子之弑，与郑何涉耶？惜郑子豹在秦，只知数数说秦伐晋，显欲假手邻国以报其私，不能如伍员之权变多谋，致不能遂报仇之愿。

◎庆郑见杀

庆郑见理明而性情乖僻，小驷陷泞时，其对晋惠数语，虽施之朋友，亦且不堪，而况君乎？乃晋惠归国后，郑明知不能见容，而竟束手待毙，不肯他往，其崛

---

① 彝伦：指伦常。

② 攸：文言语助词，无义。

③ 斁：败坏。唐代李华《吊古战场文》："秦汉而还，多事四夷，中州耗斁，无世无之。"

强亦有不可及处。至其力请粜秦，至再至三，语语精到，不得谓非忠于晋也。郑之见杀，虽由自取，惠亦殊失君人之道。

◎臧文仲论宋襄

鲁臧文仲闻宋襄欲合诸侯，叹曰："以欲从人则可，以人从欲鲜济，真至论也。"无如世之处高位握大权者，无人不是以人从欲，无事不是以人从欲，且无人无事，不是败于以人从欲。理虽至明，而身处其中者则昧。所谓位不期骄也，可胜叹哉。

◎秦穆夫人

晋惠得秦之助而入国，秦穆夫人属以贾君，并请纳群公子。晋惠入国后，烝于贾君，又不纳群公子，所以负穆姬者至矣。乃韩原之败，穆姬至欲率子女徇之，盖怨者一人之私，救则骨肉之谊，且晋国之荣辱系焉。于此可见穆姬之深明大义，晋惠有愧多矣。

◎介之推

之推不逃于反国之初，而逃于禄不及之后，自是有激而为，非初心也。然既不言禄于先，又能隐于禄不及之后，其人品之高，自非龌龊者所能望其项背。独怪晋文从亡之臣有几，且追随至十九年之久，何归国后，竟有遗忘。观子犯之授璧，与颠颉之见杀，则重耳之凉薄可知。之推之逃，或亦借此以全其终耶。

◎季友

姜炳璋氏谓闵公[1]立后，季友与庆父，同在鲁两年，何不以酖[2]公子牙者加诸

---

① 闵公：鲁闵公，姬姓，名启，又作鲁湣公，春秋时期鲁国第十七任君主，是鲁庄公的儿子，母亲为叔姜。前662年，庄公卒，季友按照庄公的命令，立子斑为君。两个月后，庆父使圉人荦杀鲁君子斑于党氏。庆父遂立庄公之子启，是为闵公。前660年，庆父使卜齮袭杀闵公于武闱。闵公在位两年。

② 酖：同"耽"，嗜酒、沉溺。

庆父，友盖心乎般，非心乎闵般。弑而心又在僖，乃与周旋以观其衅，非独存孟氏之族也。然则立般者友之忠，立僖者友之力，惟闵之弑，友不得为无罪，此真深文周内之言，何足为定论。友许桓公以死奉般，心乎般固矣。般弑而季友奔陈，未闻奉僖以出，足见闵僖之间，友何尝先有成见。迨闵弑而友乃奉僖适邾，则其不得已之情可知。叔牙为庆父之党，而庆父尤凶恶，酖牙时，能否并杀庆父，亦事势之不可知。故惟有先杀牙以翦其羽翼。闵为叔姜所生，叔姜为哀姜之妹。闵年尚幼，依其生母，必暱近哀姜，故哀姜助庆父弑闵为最便。闵为如何死法，传不详载，然以情势揣之，必与般同出仓猝，为友之所不及防护，何得谓为有罪。庆父罪大恶极，诚不胜诛，然友究有手足之谊，且罪亦不应及孥，存孟孙氏，正足见友之厚也。

◎伐东山皋落氏

晋献公使太子申生伐东山皋落氏，因偏衣金玦之锡，诸臣既聚讼一堂，而未言何所适从。及至将战，狐突又力谏不可。传仅载突之谏辞，而迄未及战否。若不战耶，何以复晋侯之命？战耶，则晋狄之胜负何如？令读书者至此，大有曲终人不见之慨。

◎寺人披

寺人披与头须求见时，其词令皆妙。披之理以恕动听，须之心以忠自信，然窃疑吕郤[①]焚宫之谋，何以他人不闻，而披独闻之。当是吕郤以披为文公之仇，故引与同谋，披遂挟此以自献欤。

◎城濮之战

城濮之役，子玉刚愎骄肆，目空一切，晋则步步谨慎，处处谦抑，先以教信教

① 郤：同“却”。

义教礼植其基，后以存卫存曹存宋示之让，退避三舍，已践前言，犹恐有负楚惠，此左氏所谓以德攻也。德攻之外，又以私复曹卫翦敌之助，激怒齐秦树敌之仇，始能一战而霸。至楚杀子玉，文公喜乃可知，亦足见子玉才气過人，而文公之深思远虑。诚以兵凶战危，一日之仇，数世之患，其不可掉以轻心如此。乃后世之战争者，至有败衄迭闻，疆宇几尽，而犹侈言曰胜必在我，真不可解。

◎晋文杀颠颉

魏犨、颠颉，同为从亡旧臣，同以爇[①]僖负羁氏于令，赦宜同赦，杀宜同杀，岂能以距跃曲踊之故，褫犨而杀颉，十九年羁绁[②]之劳，与一日盘飧之惠，究孰为轻重，劳之不图，报于何有，语虽戆而理则当也。左氏以三罪氏服许文公，吾终以颠颉之死，不取于重耳。

◎柩声如牛

卜偃每占必验，将有西师过我击之必捷，尽可径以卜筮明之，何必借文公柩声如牛以神其说，言虽验而直证文公为化牛矣，将置君于何地。

◎桓文

召陵之役，以苞茅不贡，南征不复责楚，义正而辞严。城濮则纯为文公明出亡之恩怨，直至奏凯以后，始以朝王献俘，粉饰尊攘，且召天子于河阳而觐之。实是王朝晋侯，非晋侯朝王矣。召陵孤军深入，楚以逸待劳，以主待客，八国之师，久亦难恃，只好适可而盟。故无赫赫之功绩，城濮则楚成深知晋之难胜，先命子玉去穀，申叔去宋，重耳亦未肯遽负楚惠。非子玉之刚愎，又值少与之师，恐亦未必成战，战亦未必胜也。故桓文所处，易地皆然，惟心之公私，则天壤耳。匪风[③]

---

① 爇：ruò，本义为烧。

② 绁：同“绁”。

③ 匪风：《国风·桧风·匪风》是中国古代第一部诗歌总集《诗经》中的一首诗。现代学者一般认为这是游子或役夫思乡的诗。诗人家住西方，而远游东土，久滞不归，因作诗以寄思乡之情。

思王，下泉[1]思霸，霸中复有等级也，齐桓所以为霸之盛欤。

◎狐射姑

赵盾资浅年少，一蹴而将中军，诚为过骤。然为政之始，法纪饬然，德不及乃父而才则过之。论任官惟贤才之义，亦应舍狐射姑而用盾，固不系处父之党赵否也，乃射姑竟忿而杀处父，犯大不韪，茫无措置，既无以救续简伯之死，且无以自存而奔狄。观其以嬖于二君推怀嬴，则识解之昏瞶可知。射姑不足惜，惟狐氏两世忠贞，自此而替，殊堪慨耳。

◎晋公子雍

公子雍为晋襄庶子，已为亚卿于秦，襄公死后，不闻其有觊觎嗣位之心也。赵盾以多难故，主立长君，遣先蔑、士会逆之于秦，秦复以纪纲三千人送雍还晋。乃盾不胜穆嬴日抱太子之泣诉，且援襄公托孤之辞以迫之，遂致大反初心。盾果为难，何不用鲁隐摄位之法，则国既得贤且长者为之主，亦可以谢穆嬴，乃竟幡然变计，拒秦为寇，并蔑会六亦不得归。昨是今非，昨非今是，盾已必居其一矣。穆嬴之子，即是灵公，后又以昏虐为盾所弑。初因多难立长，旋又拒长立嫡，终又弑其所立。综前后观之，欲靖难而转致多难，真所谓天下本无事，庸人自扰之矣。厥后秦虽报令狐之役，而迄不闻讨拒雍之罪，岂以所立者为穆嬴之子，亦遂置之不议不论耶。

① 下泉：《国风·曹风·下泉》是中国古代第一部诗歌总集《诗经》中的一首诗。此诗写曹国臣子感伤周王室衰微，各诸侯国以强凌弱，小国得不到保护，因而怀念周初比较安定的社会局面。

卷二

◎长狄侨如

文公十二年，鲁叔孙得臣，败狄于咸，杀长狄侨如。传谓齐襄公之二年，鄋瞒伐齐，齐王子成父，获其弟荣如，埋其首于周首之北门。既曰其弟，则侨如必长。然齐襄二年，即鲁桓十六年乙酉，距文公十二年乙巳，已八十一年，荣如战死，总在成人以后，姑以二十岁推之，则侨如死时，应在百岁以外，虽有异禀，然绝无百岁之人，尚能作战者，殊不敢尽信书矣。

◎士会归晋

士会奔秦，本非其罪。秦伯早有归会之心，无如晋拒公子雍后，与秦一战于令狐，再战于羁马，迄无隙为会请。故明知寿余诈降骗会，不特佯信以纵之，且为归孥之盟以安其心，否则绕朝谓吾谋不用，足见朝早已窥破寿余之计而力言，何秦康竟若不知耶？非绕朝以策赠行，实秦康以策赠行耳。

◎公子元辞齐君

吴札、曹臧，皆辞君弗居，其词气均极和平近理。子臧仅就己身说法，季札则语语皆以宗社国家为念，尤婉而挚，令人读之可歌可泣。齐公子元亦曾辞商人之让，然愤懑猜忌之意，溢于言表。盖明知商人于己，不过虚与委蛇，若竟居之，即将步舍之后尘。商人昏荒，必无令终于位之理，不如待时而为之顺而利也。以退为进，以让为争，虽与札、臧同一辞君不居，然差以毫厘，失之千里矣。

◎蛇出泉宫

文十六年，蛇出泉宫，数十有七。鲁自伯禽至文公，凡十七世，遂指为妖，将谓鲁祚仅止此耶？则并未亡国。文公虽四不视朔，病亦未死，仅公母声姜，以是岁八月卒。究何足轻重，乃遽因此毁泉台，鲁君臣之无识，抑何可笑，较之嘻嘻出出，更无谓矣。

◎孟孙有后

恶人有后，非报施之或爽[①]也，有贤子孙力行迁善，足盖前愆，则前此之孽报已终，而后来之善端即启。孟孙氏为庆父之后，庆父弑君黩伦，自杀其身，其子敖，复因恋莒女而客死于外。至文伯惠叔，忠教诚敬，从此献庄僖懿，世继其美。懿子与南宫敬叔，既先侧圣门，洎周末而亚圣崛兴，直接洙泗之统。姜炳璋氏疑庆父之后，何以得此，盖未合数世间转殃为祥之理观之也。彼苍与人为善，所以勉恶人子孙者，亦于此可见。

◎楚戎之战

文十六年楚戎之战，申息北门不启，楚谋徙于阪高，欲凭险以守也。蒍贾曰："我能往，寇亦能往，遂将险不足恃之理。"一语道破，卒从贾策，伐庸以示饥不为。后又用师叔之谋，以骄庸，竟以转败为胜，而灭庸。足见制胜之道，在谋而不在险。后之作战者，动谓襟山带河，敌虽深入，迨凶锋日迫，则惟知迁以避之，将毋为蒍贾师叔所窃笑耶。

① 爽：差错、失误。

◎羊斟

郑宋大棘之役，羊斟之于华元，与韩原之役，庆郑之于晋惠，事极相似。然郑因忠谏不纳，始忿而陷惠，斟则因一脔未尝，遂忿而陷元，事虽同而原因迥异矣。郑与斟同一不去，惠入国，即先杀郑，元逃归，则不惟不杀斟，且慰而纵之使逸，其居心之厚薄，何啻天壤。此华元所以屡纾宋难，不失为春秋名臣，而晋惠之所以不克有终欤。

◎莒仆

莒太子仆，弑父弑君，载宝玉以奔鲁，文公受贿而与之邑，季孙行父，力抗君命，使人逐之，实正义也。东莱吕氏，谓季孙氏之跋扈攘权，即始于此，未免苛刻。鲁自季友佐庄立僖，杀庆父，酖叔牙，宏济艰难，厥功甚伟，政权之入季氏，已为势所必然。乃季友既极恪恭，行父复能忠洁，武子以后，始渐恣睢。否则文子之世，已不难如晋之曲沃，齐之田和矣，何能专归其责于逐仆一事耶。惟文子自辩之辞，断至是以去之，亦已反复透阙，何必引舜自喻，既觉拟不于伦，亦嫌辞费耳。

◎鉏麑灵辄[①]

昔人谓鉏麑槐下之言，浑良夫梦中之语，孰传而闻之。浑良夫语，犹可曰卫侯所传，蒯聩既使卜者筮梦，即不能不告以梦中所见所闻。独鉏麑槐下之言，如何传出，真无从寻索。又翳桑寘橐以后，已知饿者之名为灵辙。至倒戟公徒时，辄又先自应曰，翳桑之饿人也。则为灵辄可知，何必再问其名。此等处，实为盲左以罅漏。

◎赵盾弑晋灵

晋灵之死，赵盾以亡不出竟，蒙弑君之名。孔子谓越竟乃免，实于无可如何

① 原稿误为“辙”。

之中，为盾惜耳。灵弑以后，盾之罪案，系于不出竟者犹轻，系于不讨贼者实重。董狐质问宣子，明明以亡不出竟，反不讨贼，二者并举。宣子仅以怀安诒戚自咎，于讨贼迄不置一词，且即使赵穿往迎新君，以纾穿罪，则盾之主谋，益不啻自画供招矣。

◎郑灵公

以一鼋之故，君则必欲食指之不验，召至而弗与食，臣则必欲食指之有验，染指尝鼎而去。君臣之间，直同儿戏。乃君竟由是动杀臣之念，臣竟以此成弑君之恶，则又小湫生大浪矣。子家平日必有不满灵公之言论，否则子公何不谋之别人，而独谋之子家耶。子公又何所挟以反譖[①]耶，子家又何所惧而遂从之耶。观其喻君于畜，则平日轻君可知矣。子家朝诺，而灵公夕死，弑君之事，发谋于子公，实成于子家也，断棺逐族，不得为偏。

◎反马

宣公五年秋九月，齐高固来逆叔姬。冬来，反马也。反马者，送女留其乘马于夫家，谓女若被弃，即乘之以归。三月庙见后，夫家遣使反其马，此女族所以示谦也。是即后来世俗回门之权兴舆，特改三月为三日耳。

◎邲与城濮

邲与城濮，晋楚两国，事事皆得其反，却又事事极其相似。城濮之役，楚败于子玉之愎，而卒杀子玉。邲之役，晋败于先谷之愎，而卒杀先谷。城濮之役，子犯曰："我退而楚还，我将何求，是楚不逼晋，晋即不战。"邲之役，楚将饮马于河而归，若晋不逼楚，楚亦不战。城濮之役，以楚臣当晋君，而晋能退让。邲之役，以晋臣当楚君，而楚能退让。城濮之役，晋胜楚后，文公曰："得臣犹在，尤未歇也，

① 譖：同"譖"，毁谤、诬陷。

其不敢轻楚如此。”邲之役，楚胜晋后，庄王曰：“犹有晋在，焉得定功，其不敢轻晋亦如此。”足见胜负无常，惟视乎其人耳。

◎逢大夫救赵旃

邲之役，逢大夫与其二子乘，嘱以勿顾，竟因一顾而同死木下，殊为可悯。当逢嘱二子时，何不以顾否关系生死之理由明告之，则二子虽幼，亦必不敢顾，奈何以囫囵之辞，死其子耶。赵旃因求卿未得，遂向楚挑衅以覆晋师，其罪不在彘子下。此种人抑何足救，逢盖有所不得已耳。

◎伯宗

宣公十五年，楚围宋，宋遣乐婴齐告急于晋，晋景公欲救宋，伯宗以忍耻含垢谏阻之。是年景公之姊潞夫人，为潞相邓舒所弑，景公欲伐潞，诸大夫惧邓舒有俊才，皆阻勿伐，伯宗又力主伐之，因以灭潞。同一岁中，行止各异，伯宗识量，可谓加人一等。然卒因不听其妻盗憎主人之谏，竟以敢言为三郤所谮死，惜哉。然三郤欲得其死，又乌乎[①]可。

◎申舟

孟诸之田，申舟抶宋公之仆以徇，军令所关，不避强贵，可谓能执法矣。越八年，楚子遣使聘于齐，命勿假道于宋，又遣使聘于晋，命勿假道于郑。而使齐者即为申舟，夫过国而不假道，已足召祸，况不假道者，即宋之仇耶。舟又明言：“郑昭宋聋，我则必死。”楚子仍不改命，而必使舟往，其轻宋之心，亦已甚矣。舟见杀后，庄王虽授袂兴师，然围宋半载，卒仍退兵订盟而罢，徒送申舟之死，究何所取。庄王之意，岂预量宋之不敢杀使而为此耶，抑欲其杀使而后以兵服之耶？当此争霸之际，故不惜舟之一死以试宋，观其见犀而行，君臣之间，已默喻矣。

---

① 乌乎：同“恶乎”，疑问代词，怎样、怎么。

◎楚庄

孟子云："五霸假之也，假而不失其正，亦足服诸侯而收众望。"陈郑宋皆在河南，天下之枢也。郑处西，宋处东，陈则介乎郑宋间，得郑则西诸侯可致，得宋则东诸侯可致，得陈则郑宋可兼致。楚庄县陈而复封之，则曰："不贪其富。"入郑而复赦之，则曰："君能下人。"围宋而复盟之，则曰："尔无我虞。"知三国之不可取而不取，以德为威，诸夏皆服，而河南皆楚有矣。楚庄以夷狄而能继桓文之业，亦实有大过人处，固不仅系于邲之一战也。

◎逄[①]丑父

丑父于危急之际，以身代君，齐顷因得免于禽[②]，与纪信代汉高事绝相似。丑父遇郤克韩厥诸人，不惟不杀，且得脱免，信则竟见烧杀，所谓有幸有不幸。然教忠之道，自宜以郤韩为法，羽于鸿门则纵沛公，于荥阳则杀纪信，喜怒无常，安得不底[③]灭亡耶。

◎巫臣取夏姬

巫臣谋取夏姬，既谏君于前，复劝友于后，其词义正而情挚，而孰知谏君劝友之言，皆反以己身履行之耶。共王幸其父未纳夏姬，反归功于巫臣，可谓弃恶从善。而能利晋则不能锢，无益晋则不劳锢，数语尤极通达。惟陈灵与孔仪通夏姬，宣公九年，始见诸传。次年陈灵即为征舒射杀，征舒既能弑君，则其年已届成人可知。此时夏姬亦必在四十以外，又阅十年，始归巫臣，则已在五十外矣。鸡皮三少[④]，庸[⑤]或然欤。

---

① 原稿作"逢"。

② 禽：古同"擒"。

③ 底：古同"抵"，达到。

④ 鸡皮三少：《列女传》："夏姬状美好，老而复少者三，三为王后，七为夫人，公侯争之，莫不迷惑失意。"又曰："'姬，鸡皮三少，善彭、老交接之术。'"

⑤ 庸：或许、大概。

◎鞌之战

四国坛坫之际，齐顷公帷母于房而笑，蔑礼侮客甚矣。卒以一笑之衅，而致两国暴骨，此孟子所谓春秋无义战也。鞌之一役，齐以君不介马，臣贾余勇而反败，晋以元帅伤矢，张侯殷轮而转胜，足见骄者之无功，而忍者之有济也。奏凯归时，晋侯以次劳帅，皆不敢自居，俨有虞廷群后德让之盛，此晋之所以能复霸欤。

◎晋献齐捷

晋献齐捷，其谬实甚。周欲受其献，则无以处齐，欲拒其献，又得罪于晋。定王斟酌其间，援礼以辞其献，而以宴享私贿，使士庄伯满意以去，复以非礼勿籍，泯其迹。委曲求全，亦难乎其为天子矣。

◎晋卫聘鲁

成公三年，晋荀庚卫孙良夫同时聘鲁，且寻盟。成公以谁先问臧宣叔，宣叔已将等差之比例详陈，且明知晋卫同为侯国，卫不得为次矣。乃仍以夏姬于天子蛮，杀御叔，弑灵侯，戮夏南，出孔仪，丧陈国，而后复死黑要而赤屈巫之族。巫臣忿而使吴，教以战阵，吴遂尽灭诸蛮，洊食上国。春秋夷夏之局，由是大变，皆一妇人阶之厉也。女祸所极，可胜惧哉。

◎鲁朝聘晋

时至春秋，只有强弱而无礼制。鲁承积弱之势，畏晋如虎狼，虽晋无归田之劳，而朝晋聘晋者，已相望于道，况赖其力以归田，而能不往谢耶。汪克宽氏，谓成公耶汶阳之田，而躬朝于晋。济西汶阳，鲁故田也。乃以为霸国之私惠，而聘之朝之，足见鲁之不振，鲁之不振，岂系此一朝一聘耶。

◎鲁欲求成于楚

鲁于齐，甥舅也；于晋，昆弟也。其间虽屡战屡和，然究属天然之姻族，且即置情谊而论形势，无唇齿屏蔽之国，讵可舍齐晋而联楚。自盟蜀以后，益滋纷扰，反不若未与楚通以前之安谧，抑何必舍近而事远哉。鲁成四年，公因晋侯见公不敬，又欲求成于楚而叛晋。季文子曰："非我族类，其心必异。楚虽大，非吾族也，其肯字我乎？"公乃止。老成谋国之忠，目光如炬矣。

◎莒城恶

屈巫以楚臣奔晋。楚中消息，自较灵通，其使吴过莒时，盖已知楚有袭莒之意，而又不敢明言，恐晋闻之，谓通于楚，故以城恶警渠丘公。乃渠丘[1]恃在僻陋，仍不缮完守备，遂致浃辰而失三都。巫臣非先有所闻，何其言验之速耶。

◎施氏妇

声伯能善视其外弟外妹，而施氏则沈郤家二子，施氏妇以己身经历者观之，故视二子之沈，尤为痛心，此其所以誓施氏也。

◎吕相绝秦

吕相绝秦之语，洋洋洒洒，浏利负滑，然实而按之，则强词夺理之处，指不胜屈。晋惠赖秦入国，而背施幸灾，负穆已甚，韩原被虏，秦既不杀不囚，且以礼送归，归后，又济晋灾，可谓以德报怨，乃曰："又不能成大勋而为韩之师。"其强词者一。秦晋围郑，穆公动于烛之武之言，订盟退师。子犯请击秦，文公不肯背德而罢，何尝有诸侯将致命于秦，而文公绥静之事。此强词者二。三帅迭败，秦岂能无报，晋不敢出，遂封殽尸而还，何尝如吕相所言之甚。此强词者三。公子雍为

① 渠丘：莒重要城堡，今安丘南。

赵盾所主立，且命先蔑士会入秦逆雍。秦始多与徒卫，后忽变计，拒秦为寇，是晋负秦，非秦负晋，乃曰："率我蝥贼，荡摇边疆。"此强词者四。此等言论，稍明历史者，皆不值一噱，何能令秦折服耶。

◎鄢陵之战

鄢陵一役，晋楚可称劲敌。城濮以晋君当楚臣而楚败，邲以楚君当晋臣而晋败，鄢陵则晋楚两君，皆立军中。以未战之先言之，晋则士燮持重，力主不战，楚则申叔时持重，亦力劝不战。以既战之后言之，晋之郤至栾针辈，以整暇礼让胜，楚之潘尫养叔辈，以技术勇敢胜。苗贲皇，楚之良也，在晋侯侧，能以楚军情形告。伯州犁，晋之杰也，在楚王侧，能以晋军情形告。楚王伤目，而吕铸亦殪，若非子反一醉，尚未知鹿死谁手。然楚败后，共王忧勤愓厉，临死不忘此耻。晋胜后，厉公益侈，三郤益骄，旋即同归于尽。是楚虽败而实胜，晋则虽胜而实败矣。

◎范文子

士燮于鄢陵之战，其初冀诸侯皆叛以儆晋，后又主逃楚以纾忧，士匄塞井夷灶之谋，极中肯綮，卒用其策以制胜，燮乃执戈逐之。获胜以后，又立马前，苦口警告晋之君臣，归竟乞死自裁，盖明知厉公三郤之祸，胜楚以后，更逼在眉睫，故宁戢影黄泉而不见。论者或以仁柔少之，岂知老成卓识，实有不可及者，与其父让位郤克以逞志，可谓世济其德，视赵家之冬日夏日，尤为纯美。

◎晋杀三郤

晋厉之被弑，三郤之夷族，虽皆有自取之道，而其事实成于栾书。书使楚茷诬郤至于厉公，又使孙周见至以实其言。厉公之拒长鱼矫之请，不杀栾书，似以德此。弑君除恶保身，一举而三者皆备，书之险鸷可畏矣。独怪郤至骄汰，而临难不肯攻君，束手待毙，其言词亦极为纯恪，岂别有所恃而俟之耶，抑果能宁死而不干犯名义耶。惟厉公忍于三郤，而不忍于栾书，岂知不死于所忍，而反死于所不忍哉。

◎晋立悼公

厉公弑后，栾书命荀罃、士鲂，迎孙周于京师而立之，足见栾书早有立周之心，乃反借此譖杀郤至，可谓险毒之尤。悼公年仅十四，书盖欲玩孺子于股掌之上也。乃清原数语，不恶而严，已足褫权臣之魄。即位以后，任贤使能，百废具举，既奠国基，即复霸业，于惊涛骇浪之余，用哀梨并剪手段，措置井然，不激不随，其才德实迈重耳。春秋二百四十年间，晋君中当推为第一人，乃仅享国十余年，惜哉。

◎齐之寺人

春秋时，宦官用事，以齐为甚。竖貂漏师于多鱼，夙沙卫受莱赂，索马牛皆百匹，此皆他国所罕见者，此两人所以终至乱国也。

◎郑志宋志

隐公元年，书郑伯克段于鄢，谓之郑志，所以明兄弟之伦。襄公元年，书围宋彭城，谓之宋志，所以正君臣以分，皆一字之诛也。下阳，虢地也，观晋师虞师灭下阳，而不系以虢。戚，卫地也，观齐国夏、卫石曼多围戚，而不系以卫。可以证矣。

卷三

◎戮扬干仆

晋悼礼贤爱才，况当整饬军纪之际，断无因戮扬干仆而杀魏绛之理。盖逆知绛之必来谢，而留作转圜地耳，然不先示一怒，既无以塞扬干，且恐长权臣跋扈之渐，而一操一纵之间，亦即所以示诸侯欤。

◎魏绛和戎

晋之西北，处处与诸戎接壤。悼公即位之始，正与楚争霸，对于诸戎，只能羁縻招徕，岂可穷兵黩武，致分御楚之力，且魏绛之谏，乃因无终嘉父请和而允之，非晋求和于戎也。后之割地纳币，以与外国议和者，岂得以绛借口。惟绛以晋悼好田，因事纳规，引羿[①]为喻，殊太不类。后来伍员谏夫差之引羿事，则真针锋相对耳。

◎匠庆用榎

季文子取穆姜榇材以葬齐姜，以姑就妇，诚为非礼。至匠庆请榎[②]，文子已示曰略。迨庆用榎，而文子又不御，是已默许之矣。左氏乃引志所谓多行无礼必自及加之，殊与事实不合。盖用榎一事，只能美文子之能让而不居德，不能谓为取穆姜榇材之报也。

---

① 羿：夏时有穷氏国君。《左传》记载："羿犹不悛，将归自田，家众杀而亨之。"

② 榎：古书上指楸树或茶树。

◎子产论伐蔡

郑介两大之间，事楚事晋，皆召兵祸。成僖以还，困难尤甚，即兢兢自守，犹恐不足。其时楚共晋悼，晋为贤君，惟以文德交孚，庶可周旋尽善，乃子国子耳。用兵侵蔡，虽俘蔡燮，而楚师之来，已无待蓍卜，举国皆喜，可谓愦愦[①]。子产在幼年，独能以无文德而有武功一语道破，其识量实高人一等。厥后秉政四十年，悉本此语以妙因应，相业之隆，所以为郑之第一人也。

◎季氏城费

费，季氏之私邑也。叔仲昭伯欲善季氏，必先求媚于宰费之南遗，而与役以助其城，是季武子之初年，已启陪臣执国之渐，且足见费已为南氏所窃据，而非季氏所有。城费者，为南氏城之，非为季氏城之也。厥后遗之子蒯，继作费宰，国有世卿，家复有世宰，安得不据费以叛，而驯至阳虎之囚季桓耶。

◎晋悼复霸

悼公复霸，十余年中，迄未尝与楚决战，此皆知武之深沈持重，亦由悼公之能倚信武子也。观郑未服时，始则次于戚以为援，继则城虎牢以示偪，戏之盟，晋不得于郑，亦仅次于阴口而还。阳陵之役，亦仅侵郑北鄙而还。北林之会，亦仅观兵南门而行成。此外，如许不会则仅伐许，陈有急则仅救陈，终不迳[②]挑楚战。盖齐桓召陵一讨，可以明问楚罪。文公城濮一战，可以直挫楚锋。然至悼公时，楚之强盛，已非桓文时可比，若迳与决战，胜负殊不可必，故挞楚不如罢楚之有把握。观楚子囊晋不可敌数语，楚亦异常畏晋，知罃觇破此旨，故处处避楚，实处处困楚，卒不劳诸侯兵力，三驾而楚不能与争，审时之精，谋国之苦，有远胜于桓文诸臣者。于以见桓文之霸，犹为其易，而悼公之霸，实为其难。而其所以能致诸侯之故，则由内政修明，所谓战胜于朝廷也。世之谋国，当知所本矣。

① 愦愦：昏庸、糊涂。
② 迳：同“径”。

◎于思侏儒

宋大棘之败，华元归后，城者有于思于思[①]之讴。鲁狐骀之败，臧纥归后，国人有侏儒侏儒[②]之诵。君虽不能行罚，民犹敢于示讥，尚见三代直道之遗。降及后世，败军之将，依然高官厚禄，人民则敢怒而不敢言矣。

◎楚杀公子壬夫

千古国事之败坏，无不由秉钧者之贪婪而起。楚公子壬夫，以令尹而侵欲小国，致激陈叛，共王杀之，正所以明刑，乃左氏以失刑讥之，谓为杀人以逞。然则黩货者可以置之不问耶？此等评论，何足垂训后世。

◎偪阳

晋之军纪，以城濮为最严明，邲则先縠不服林父之命，遂至丧师辱国，至伐偪阳[③]，而知罃投机一怒，偃匄竟躬冒矢石，以蒇厥功，实为城濮后所仅见者。于以见悼公整饬之效，然亦非武子之忠荩勋望，无以慑服诸将。武子死而棫林之役，栾黡遂不服荀偃矣。惟伐偪阳以封向戌，此请已属谬甚，知伯不以此责偃匄，而以胜之不武弗胜为笑为辞，未免舍本齐末，其后向戌仍不敢受而以与宋，反以一享兆桑林之祟，则老师费时，究何所谓耶。

◎陈生与伯舆讼

王叔陈生，因争政与伯舆讼。陈生所执之理，仅荜门[④]圭窦[⑤]之人，不应陵上

① 于思于思：指胡须浓密的样子。《左传·宣公二年》："睅其目，皤其腹，弃甲而复。于思于思，弃甲复来。"

② 侏儒侏儒：矮人看戏，看不到戏台上的一切，只能人笑亦笑；比喻没有主见，人云亦云。

③ 偪阳：偪，古同"逼"。逼阳故城位于山东省枣庄市台儿庄西南侯孟乡境内鲍山、土山北麓，城中有米山，周代小侯国逼阳为妘姓逼阳君封地，曾以"城小而固"著称。鲁襄公十年（公元前563年）晋悼公会诸侯，灭逼阳，其地划归宋国。

④ 荜门：用竹荆编织的门，常指房屋简陋破旧。

⑤ 圭窦：形状如圭的墙洞，亦借指微贱之家的门户。

一语而已，可笑孰甚。上而有德，虽贵族巨阀，亦应服之。上而无德，虽荜门圭窦，亦可陵之。无论伯舆之先，为从平王东迁七姓之一，不过因周政不网纲，世家陵夷而贫耳。即是荜门圭窦，抑复何害。陈生前因愬戎于晋而被执，范宣子讵不知其为人。特两造俱是王室大夫，宣子虽胸有雌黄，不得不谦而俟命于天子耳，固不待不能举契而始败讼也。

◎吴秦

吴之地本远在蛮夷，晋欲困楚，故约吴入会。秦与晋本世为婚姻，楚欲御晋，故与秦结好。晋利用吴乘楚之后，楚亦利用秦乘晋之后，此实为春秋大局前后变易之枢纽。

◎晋受郑赂

自鲁成末年，至襄之十三年，此十余岁中，为晋楚争郑最烈时代。郑以成公临终所命，不忍背楚负德，遂明知晋近楚远，而不肯从晋。其后郑之执政诸臣，从晋从楚，聚讼纷然，莫衷一是。而晋以困楚为旨，迄不与楚决战，楚亦畏晋之强，迄不与晋决战，于是牺牲玉帛，待于二境。楚来则与楚，晋来则与晋，扰攘竟逾十年。卒从子展之策，一面从楚，一面赂晋，始稍弭两大之难，郑之民亦重困矣。晋虽未耗诸侯之力，然七年九合，疲苶[①]亦甚，若不借受郑赂而息事宁人，则势成弩末，恐亦将有捉襟见肘之患耳。

◎晋舍新军

晋自增新军后，共成六军，俨然僭天子之制矣。知罃既死，新军无帅，悼公遂废新军。虽以无人称职而废，非以蕲合礼制而废。然因无人而宁废官，视后世之因人而特设官者，其识量岂可道里计哉，综覈名实，悼公有焉。

---

① 疲苶：同“疲薾”，困惫。

◎师旷对晋悼

君制时代，君父虽并尊，然主恩主义，道自不同。孟子手足草芥之喻，初非过激。唐张蕴古《大宝箴》云：“以一人治天下，非以天下奉一人。”直将君之责任揭出。至明黄梨洲《原君》一文，则更淋漓透辟矣。卫人出献公，晋悼问于师旷，旷之对词有曰：“若困民之主，匮神乏祀，百姓绝望，社稷无主，将安用之，弗去何为。”又曰：“天之爱民甚矣，岂其使一人肆于民上，以纵其淫，而弃天地之性，必不然矣。”此段议论，实言君制者之先觉，而为《原君》精义所由出，此君制之所以终废也。然非君而有君之权者，亦当以此语自惕。君主虽废，而此理论不可俱废也。

◎瘈狗

宋华臣弱皋比室，既杀其宰华吴，复幽吴妻而索其璧，真大盗耳。何卿之足恤，平公欲逐之，向戌乃为缓颊，岂以曾饱受灵惊之故，欲借此沽名耶，抑以未波及彼而德之耶？瘈狗之人，若或使然，左氏连类记之，亦以见戌并瘈狗之不如欤。

◎荀偃瘅疽

晋厉昏虐，本有取弑之道。其被弑也，栾书主谋，而荀偃佐之。厉果有灵，何不祟书，乃阅二十年，至书死后，始示梦于偃。此盖因偃生疡于头而死，遂附会其梦耳。观偃死而不瞑，不以后嗣为念，而拳拳于齐未卒事，忠荩如此，恐亦非厉之鬼所不能为害也。

◎士匄逐栾氏

士鞅奔秦，秦伯问晋大夫谁先亡。鞅以栾氏对，其言曲折而有理，而孰知亡栾氏者，即为鞅哉。栾黡之妻栾祁，匄之女而鞅之姊也。鞅虽为黡逼而奔秦，然此等姻谊，岂遂至因此隙而灭其宗，且不报于黡之世，而报于其子盈，尤非敌怨不在后世之道。黡死而祁通于家老州宾，盈即欲讨，亦非得已，岂有举国皆知，而匄不闻之理。乃祁因淫乱而忍害其子，鞅亦助姊为虐而忍害其甥。匄竟信一面之词，漫不加察，而灭栾氏，且尽杀其党。栾氏自书多阴谋，黡复骄汰，覆宗亦势所必然。然匄昏愦凉薄，武子文子之泽，亦由是斩矣，此所以卒不得有后于晋欤。

◎楚薳子冯

薳子冯初奉命为令尹，往访申叔豫，赖叔豫一言，而托病得免，何以二次为令尹时，又不以去就访之叔豫。且有宠幸八人，皆无禄而多马。前则谨慎若彼，后则汰侈若此，判如两人，殊不可解。微叔豫谲谏，其不蹈子南覆辙几希，然一闻棒喝而立醒悟，犹不失为大智慧人。

◎邾庶其

季武子之待邾庶其，与鲁文公之待莒太子仆，其误相同。季文子之谏文公，与臧武仲之答季武子，其剀切爽直，亦正相同。乃父匡君之事，其子竟躬犯之，宿忝行父多矣。

◎乐王鲋

乐王鲋之于叔向，阳许为之请而阴陷之，而于州绰邢蒯，则力为解说以求复。乱世无识之徒，尚力不尚德，大率类此。

◎郑黑肱语

郑公孙黑肱临终之命曰："生于乱世，贵而能贫，民无尤焉，可以后亡。"此真乱世贵人之绝好针砭也，而无如贵人之处乱世者，愈贵而愈求富，伯张之识，可谓加人一等。

◎晏婴不死崔难

论齐相者，管晏并称。然管仲不为子纠死，晏婴不为庄公死，盖皆留其才以有待也。顾子纠死于战败，庄公死于荒淫，似管仲之宜为纠死，较婴为严切，然孔子犹美其事功，而不责以沟渎小谅。则庄公之自取剚刃，婴更无必死之道矣。桓公之不杀管仲，系因鲍叔之荐而惜其才，崔杼之不杀晏婴，系因举国之望而重其德。晏立崔氏门外对或人数语，可谓因应适宜矣。

◎晋杀栾盈

栾盈虽无过人之才德，然亦无可杀之行为，恶因种于父，而祸端发于母，故人多怜而谅之。观其过周遇掠，周王饬还所取，且送出轘辕，则非不能容身他国可知。是时齐与晋为恶，齐庄既不从晏婴之请，而力庇盈。盈年方壮盛，来日甚长，正宜在齐韬光养晦，以待事机之转，乃急于恢复，欲凭曲沃一隅，以覆晋之君相，亦太不自量，其见杀实由自取。然观胥午之觞曲沃人，则栾氏之有德于曲沃，亦殊深矣。

◎子员使秦

叔向综覆贤否，藏诸心而不宣诸口，故于与秦修成，舍当御之子朱，而用子员。迨子朱抚剑怒争，始直揭其不用之理由，平公嘉之，宜也。师旷之说，未免责望太高。非主圣臣贤之世，明良一廷，何足言心竞务德而不争善。叔季之世，鸮鸾[①]并集，用人者皆能如叔向之明慎，则国事即不至泄沓，且由是互相摩厉，自可臻于心竞务德之一途，更何有公室将卑之惧耶。

◎伯氏三世

楚子围与穿封戌争囚，伯州犁上下其手之间，已明示皇颉以袒围矣。伯氏三世，各仕一国，宗仕晋，州犁仕楚，嚭仕吴，三世皆有才，而人品则以世递降。州犁

① 鸮鸾：以鸮喻恶，以鸾为美，借指小人、贤人。

此举，伯宗所不肯为，而伯嚭之贪佞卖国，又必州犁所不肯为者，足见延世之泽，才易而德难也。

◎宁喜献复献公

宁惠子临终，嘱其子喜数语，备极沈痛，无怪喜百计千方以求复献公。献公与孙林父势难并立，于殖则无深仇大怨，何必与林父同为逐君之举。或如蘧伯玉之避免，抑何不可。乃既助其恶于生前，又欲掩其名于死后，不徒重国难耶。子鲜为献公同母弟，且不愿献复入，则其不堪为君可知。宁喜力排众议以求完父命，遂至弑君剽，杀太子角，死右宰谷，己亦卒罹其害。且以子鲜之贤，缘此终身不仕，所得实不及所失，然吾终取其不忘遗命也。谥之曰悼，当世亦必多悯而谅之者。

◎宋太子痤

平公明知伊戾为痤所恶，戾复自请随痤往享楚客，则其别有用心可知。乃凭其一面之词，往征伪作之牲书而信，遂囚太子，何轻卒乃尔。然痤非死于伊戾，实死于向戌。佐为弃所生，弃欲除痤立佐，尚是人情。戌则国之重臣，亦以疑似之词对公，复留佐而致痤于缢，是痤之祸，发于伊戾而成于戌也。独怪平公悟痤无罪后，何以仅烹伊戾，而不敢咎戌耶。谁为君夫人予胡弗知一语，戌又于杀痤后，欲以正名分博贤誉也。外持义而内阴险，颇与晋栾书相似。然书因厉公太不堪而始弑之，戌则因畏痤而竟杀之，恶更甚于书矣。

◎向戌弭兵

春秋之世，何从弭兵，宋向戌合晋楚之成，欲从此不动干戈，不特欺人，亦自欺耳。然春秋二百四十年间，凡有盟会，皆只能合盟主方面之诸侯。惟向戌弭兵之会，则合晋楚两国所得之诸侯，济济然玉帛冠裳，萃于一坛，实为空前绝后之盛况，无怪孔子亦称之。然使楚人衷甲，晋亦警戒，或晋不让楚先，亦未必有良好之结果，足见向戌奔走调和之力，不及叔向诸侯归晋之德数语之扼要。成盟之功，实应归之叔向，而不应归之向戌。戌竟靦[①]然受邑，子罕削书投之，戌顿憬悟。盖亦深知窃弭兵之名，而不能有其实耳。

◎崔杼之死

崔成崔强，欲除东郭偃棠无咎，求援于庆封，封许之，成强难作，杀偃与无咎。崔杼往投封，封复助杼讨成强而杀之，尽俘其家，棠姜缢而杼亦死。崔族之赤，非偃咎灭之，亦非成强灭之，直庆封灭之而已。天之假手恶人以灭恶人，真有不可思议者。

◎崔杼庆封

崔杼庆封，行径与结局，如出一辙。崔杼弑庄公，而庆封助之，固无论矣。杼娶东郭姜，不顾丁桓所出，庆妻卢蒲癸，不顾男女辨宗，杼之妻为庄公所暱，封之内与卢嫳互易。崔成崔强，以子攻父，卢蒲癸妻，以女陷父，杼既葬而剖棺暴尸于市，封临死而自负斧钺以徇，所作所受，竟不谋而合如此。

◎鲁宋如楚

楚康王卒时，鲁宋两君均适如楚在途。鲁叔仲昭伯曰："我楚国之为，岂为一人行。"鲁襄公遂仍如楚，宋向戌曰："我一人之为，非为楚也。"宋平公遂竟中返，不以国为主体，而以君为主体，鲁宋之优劣，于此可见矣。

◎绛县老人

三代隆养老之典，故降至春秋，此义犹为严重。绛县疑年一事，考证明确以

① 靦：同"腼"。

后，赵文子亟召而谢过，且畀以复陶县师之职。若在轻老国家，此等耄而无依之人，恐求与于食而不可得，遑言优遇哉。

◎共姬

阴教不修，至春秋而已极，而尤以各国宫闱为甚，贞烈者百不一见，秽乱者则指不胜屈。伯姬年已迟暮，竟因待女师不至，而甘委身于火，其临难不肯苟免，实足树千古坤维之正气。左氏乃以女而不妇少之，又以亳社鸟鸣[①]，为警共姬以出避。一若共姬之自取其死，尤为附会离奇。刘厂论此事，比诸首阳蕨薇，洵属无愧。

◎子产赂伯石

从来舍财以求济事者，其心在事而不在财；因事以求财者，其心在财而不在事。舍财以济事者，利用人之人；因事以求财者，为人利用之人。汉高使陈平行反间，不问所费多寡。赵太祖论赵普曰："措大眼孔小，与以十万钱，塞破屋子矣，皆此理也。"子产受政之始，七穆中所不能致者，惟公孙段氏，故因有事而赂与之邑，而邑将焉往一语，尤为独见其大。足见伯石即因求财而为人利用之人，子产则舍财以利用人之人也，其器识之广狭，岂可以丈尺计哉。

◎季武子取卞

鲁至季武子时，私强公弱，已有不可遏抑之势。武子先取卞而后以玺书追报，欺君甚矣，跋扈至此，无怪襄公不堪。若非公冶力言，荣驾鹅又赋式微，则逐君之事，已先见于襄公时，固无待鸜鹆来巢矣。

① 亳社鸟鸣：《左传·襄公三十年》："鸟鸣于亳社，如曰'譆譆'。"汉代焦赣《易林·中孚》："乌鸟譆譆，天火将下，燔我屋室，灾及妃后。"

卷四

◎鲁立昭公

襄公薨后，立子野而以哀毁卒，续立昭公，未及葬而三易衰，此实鲁之大不幸也。独怪季武子已灼见其年十九而有童心，又非嫡出之应立，何以不纳叔孙穆叔之言，而强欲立之，卒致鲁益不振，且贻其孙以逐君之罪，究何所取耶。

◎子产存乡校

孔子曰："天下有道，则庶人不议，非禁其议，乃无可议也。"子产不阻乡校之论政，既以纾民气，且以鉴从违，其识远而其心公矣，此即后世议院之权舆[①]。然议院时成一閧之市，而乡校不闻争执者，无议政之权，而纵之使言，则无所挟而言自公，有其权而奉之使言，则有所挟而言易私矣。若乡校者，无定人，无定时，无定事，有则论之，无则不言，而采纳与否，则仍听诸执政者，民抑何必挟其私以徒取无谓耶。然亦非执政者明公，不能得其益，否则仍不如其已也。

◎伯有耆酒

重耳之出齐国，醒而后知之；伯有之奔雍梁，亦醒而后知之。然一则由此

① 权舆：萌芽，比喻开始。《诗经·秦风·权舆》："今也每食无余，于嗟乎！不承权舆。"曹丕《登城赋》："孟春之月，惟岁权舆。"

奋励,得秦助归晋而定霸,一则昧于祸患,自窦入归郑而杀身。事在人为,酒何能任其咎。

◎子产论治邑

国为邑所积。一邑不得其人,则一邑不治。邑皆不得其人,则邑皆不治。邑皆不治,国尚可问耶。治世重视治邑之人,而国愈治。乱世轻视治邑之人,而国愈不治。上智下愚少,而中材居多,能学而后入政,则治邑之材,自不至患少,若以致为学,则虽具有治邑之材,而经验学术未深,遽畀以一邑,已先误一邑,且误一材矣。此子产美锦之喻,所以曰心所谓危也。凡有治国用人之权者,皆当书东里此言,悬诸座右。

◎赵文子

赵武年甫五旬,暮气颇重。如见叔孙穆叔而语偷,受郑伯享而出曰:“吾不复此。”刘定公勖其绩禹功,则曰:“吾侪偷食,朝不谋夕。”见秦后子则视荫曰:“朝夕不相及。”谁能待五,委靡颓唐,故议者皆谓其将死。然度量之渊涵,则又多不可及处。弭兵之会,能纳叔向言,不因楚人衷甲而设戒,复让楚先歃。他如谢绛县老人而使助为政,子产毁垣,而使士文伯谢不敏,会于虢,仍以读旧书加牲让楚围,以忠靖释叔孙豹,赋瓠叶辞郑五献,一以忠信笃敬为主,故能辅导中主十余年,而七鬯[1]无惊,实不失为晋之贤相。

◎徐吾犯妹

郑子皙子南,争娶徐吾犯妹,此不过一婚姻细故耳,乃犯愬诸子产。子产曰:“是国无政,非子之患也。”此是何等担当,执政者皆能以此存心,国焉有不治之理。子产之折服强大,整饬纪纲,内外翕然,无不景从,亦悉由此收效,文辞之博

① 七:七鬯,应是“匕鬯”之误。《易·震》:“震惊百里,不丧匕鬯。”王弼注:“匕,所以载鼎实;鬯,香酒。奉宗庙之盛也。”后代指宗庙祭祀。

洽,心思之细密,周旋之尽善,皆其后也。

◎赵孟赋《常棣》

鲁昭元年,晋鲁曹三国之大夫入于郑,郑伯兼享之,赵武赋《常棣》,且曰:"吾兄弟比以安,厖也可使无吠。晋鲁曹,兄弟之国也,武勖兄弟以和睦,而适以厖喻楚,抑何冷峭乃尔。"

◎实沈台骀

医者,理也。晋平公疾,卜系实沈台骀为祟,子产证明台骀虽为商星主宋,然其官则在汾川,沈姒蓐黄,皆为晋灭,实沈则为参星主唐,晋之始祖也。是实沈台骀,与晋皆有关系,乃力辟鬼神虚无之说,而归其病源于壹四时取同姓,与医和所说,若合符节。惟其见理真,故虽不以医名,而精于医者亦不能过,岂仅博物而已耶。

◎齐陈氏得氏

民情之向背何常,所谓抚我则后,虐我则仇,矧其在倒悬待解时耶。齐至景公时,刑罚繁,赋敛重,而陈氏豆、区、釜、钟,各登其一以贷出,公然布德市惠而不忌。司马昭之心,路人知之矣。乃齐之君若臣,上酣下嬉,如在醉梦,独晏子窃窃忧之,亦惟有袖手坐叹,渊鱼丛爵[1],姜祚之移,岂能专归咎于陈氏耶。

◎卢蒲嫳

庆封覆亡之际,卢蒲嫳得免诛戮,已是巨鱼漏网,乃阅数年,又因齐景之田而泣请,子尾竟欲复之,岂遂忘食肉寝皮之言耶。微子雅放之北燕,则崔庆之祸,未有不再见于齐者,景公之昏柔,于此可见矣。

① 渊鱼丛爵:爵,雀也;比喻暴君为政不善,就好像驱赶人民到敌方。语本《孟子·离娄上》:"故为渊殴鱼者,獭也;为丛殴爵者,鹯也;为汤、武殴民者,桀与纣也。"

◎伯州犁

伯州犁与伍举，皆拥戴楚围最力之人，乃围将行篡弑，先杀州犁于郏，而不忌害椒举，盖由州犁有才而太炫露之故，甚矣。处乱世之不易保身也，前谓伯乐三世皆有才，而皆不得其死。伯宗之死令人惜，州犁之死令人歉，宰嚭之死，则直令人快矣。

◎向戌子产献礼

楚灵王合诸侯，先问礼于向戌、子产。戌献公合诸侯之礼六，盖以宋为公爵，故就本国之礼答之，亦隐借公爵以媚楚也。子产献伯子男会公之礼六，自以郑为伯爵，亦是就本国之礼以答之意，然又加入子男，不知者以为连类而及，实则以楚本子爵，僭王自大，久假不归，乌知非有，子产盖借以警楚而抑之也。宋郑答辞，外貌同而优劣迥异，左氏称其善相小国，犹浅之乎视国侨矣。

◎晋三不殆

楚灵王向晋求诸侯，晋平公曰："晋有三不殆，其何敌之有？女叔齐对答之词，可谓反复透辟。夫国险与马，尚操之在我者，若齐楚多难，则所希冀者，全在敌国，与诅咒何异？古今来虎狼之邦，正肆淫威之际，忽然国内发生巨变，遂致一蹶不振，亦属或有之事。然侥幸于万一犹可，若竟日日祷祝敌方之之有国难，谓足以救我危亡，岂非掩耳盗铃，闭目捕雀哉。"

◎竖牛

叔孙豹梦竖牛事，与汉文帝梦邓通事，绝相似。穆子梦天压己，得牛而胜，文帝梦己上天，得通弗坠。然穆子重用竖牛，徒乱家而并未得其力。文帝重用邓通，徒蠹国而亦未得其力。穆子宠牛而己致饿死，文帝宠通而通卒饿死。牛为昭子所杀，通亦为景帝所杀。文帝为三代下令主，穆子亦不失为鲁之贤臣，且皆有此等失误，足见破除迷信之难。

◎楚灵王

楚灵汰侈，以为肆其淫威，世莫与抗。故于晋之送女，则欲刖韩起使为阍，腐叔向使司宫，于吴蹶由犒师，则欲杀以衅鼓，其思想之荒谬，令人可笑。然有以利害及正义规之者，则又繙然知悔，其尤人所难能者。厥维芊尹无宇一事，灵王为令尹时，无宇曾断其旌，即位后，无宇追捕阍人于章华宫，其对辞直比灵王于纣，且谓其与盗同罪，此在中主以下，亦皆不堪，王竟不念旧仇，交出阍人，且以诙谐之语寝其事，其豁达大度，实一可与为善之主。特由篡弑而得国，故内外皆深恶之，弃疾又能以恭俭得人心，所以讫不获令终，逆取顺守之难，有如此，况灵王尚未能尽顺守之事哉。

◎刑书邱赋

国家盛时，风俗敦厚，度支亦俭朴，降及叔季，则有非以刑政济道德之穷不可者。刑书邱赋，子产亦必有所不得已。然变法之初，易滋疑谤，故虽以叔向浑罕之贤，犹不免惊惧。使子产生于武庄之世，讵肯出此。然叔向所云，国将亡必多制。浑罕所谓作法于凉[①]，其弊犹贪，作法于贪，弊将若何，则皆千古不易之理也。

◎昭公知礼

鲁昭如晋，自郊劳至于赠贿无失礼。晋平公善之，则其于交际仪节，讲求有素可知。乃未几过郑如楚，孟僖子介，既不能相仪，又不能答郊劳。公何以事前未加指示，临事又不谋补救耶，前后一人，竟出两辙，岂故以此窘僖子耶？殊不可解。

① 凉：薄、轻微、刻薄。《诗·大雅·桑柔》："职凉善背。"《左传·庄公三十二年》："虢多凉德。"

◎孟僖子

僖子因过郑不能相仪，如楚不能答郊劳，归鲁后，遂愤而学礼，命其子说："与何忌，从事孔子，绌于一时，而俎豆馨香，竟获千古，可谓不幸中之大幸，然万世师表。"僖子能于未显著时知之，其识实有大过人者。

◎屠蒯酌饮

屠蒯酌饮一事，《左传》记之，《檀弓》亦记之。《檀弓》笔飞墨舞，顿挫淋漓，实有绘影绘声之妙。左氏所记，抉理亦甚精详。然以视《檀弓》，顿觉黯然无色，足见《檀弓》文笔，又在《左传》之上。惟檀弓及扬觯事，而左氏无之，《左传》及因此不废荀氏事，而《檀弓》无之，是又左氏能存其大者。

◎晋致阎田

春秋之季，王室之弱极矣。桓文创霸，皆以尊周为先，逮楚庄继霸，与晋更为盟主，则祇知争诸侯，而不闻奉天子。乃周甘人与晋阎嘉争阎田，晋竟使梁丙张趯，率陆浑之戎伐颍。颍为周地，伐颍是伐周也，昔则尊周攘夷，今则以夷攻周，其悖乱孰甚。然经周王命詹桓伯数典以责晋，韩起等犹能为正义所屈服，致阎田于周，足见春秋远胜战国，而周祚所以尚能延二百余年也。

◎晏婴

管仲以其君霸，晏子以其君显，霸之功自在显上。然管仲为其易，而晏子为其难。仲之时，齐当全盛，不特九合一匡，为所欲为，即国内雍巫寺貂之辈，仲亦力能制之。婴得君之专，亦如管仲，景公之庸，亦似桓公，然承弑逆之后，一乱于崔杼，再乱于庆封，而陈氏坐大，复与二惠为仇，心腹之疾，岂巫貂宵小可比。婴于荆天棘地之中，力持正义，不激不随，一以保君爱国为主，其处境之难，胜于管仲数倍。使管晏易地而处，婴亦不难致君于霸，而仲之能力，恐亦不过如婴而止也。

◎楚灵求鼎

楚成王问九鼎之大小轻重，王孙满以说论折之，读书者至此，无不称快。乃灵王竟欲求鼎以为分器，是直欲移周之鼎矣。诸侯之有分器，本属韦典，楚欲求分，亦不为过，至惟鼎是求，则不臣之心，已昭然若揭。况投龟诟天之言，更显而可证耶。灵王左右，不乏正人，直言讽谏，亦多能容纳，而恣睢之气，讫不能自克，此所以终底败亡也。

◎晋昭投壶

晋昭与齐景投壶。荀吴曰："寡君中此，为诸侯师，士文伯责吴失辞，诚属不谬。晋为盟主，何必再以中壶表异，设投而不中，其将何以为解？且吴既以军帅强御，卒承竞劝自诩，则晋固有其足恃者，又何必卜之于壶耶？"

◎公子慭

杜预评慭为谋乱，刘敞则称其忠于公室，不得以谋乱目之。慭之所为，固有利公室，然亦由南蒯子更其位一语，有以诉动之，是喻义之中，实有喻利之见存焉。且谋去季氏一事，何等重大困难，慭乃与南蒯叔仲小两人图之，蒯惧不克而先叛，小则只知挑拨叔季二家，不闻别有深计，轻率鄙陋如此，亦徒速祸致败而已，焉能有济哉。

◎楚灵之死

楚灵一生遭遇，皆系顺境，未尝历试盘根错节，故得意则汰肆恣睢，失意即隳颓懊丧。乾溪临危时，子革所献数策，未尝无可采用者，皆不耐其委曲，宁仓卒自裁，戢影[①]不顾，其结局情形，大与乌江之刎相似。

◎埋璧卜嗣

楚共埋璧卜嗣，弃疾既再拜压纽，共王临殁，何不舍康王而径迳传弃疾？盖以平王时尚幼弱，若遽传之，必为子围所不容，故不如传长，足以镇服觊觎，而留平王以有待。斗韦龟乃以违卜为楚危，不知共王正所以安楚也。

◎老祁虑癸

南蒯为季氏家臣，司徒老祁虑癸，又为南蒯家臣，家臣复有家臣，鲁之替乱可想。乃蒯方以费叛，老祁虑癸，即逐蒯而以费归鲁，上行下效，报应之速，捷于影响，曷小人辈尚不憬然知惧耶。家臣而欲张公室，罪莫大焉。子韩皙斥蒯之语，可谓严于冰霜，如蒯者，即令能去季氏，亦不过前门出虎，后门进狼而已，于公室究何利哉。

◎晋楚久不用兵

春秋至襄昭之际，晋楚久不用兵。所谓兴灭继绝，尊周攘夷，皆置之不顾，故能相安无事。然兵不用则愈罢，愈罢而愈不敢用。大国不敢用兵，对于小国，则徒事恫喝。小国知大国不敢用兵，亦反而要挟，要挟不行，则以贿赂为后盾。此即战国挟策游说及黄金白璧以权舆。

◎不纳鼓叛

晋荀吴不纳鼓叛，所言极有至理，然至围鼓三月，亦可受降，何必定俟民无食色而始纳之哉。传称其不戮一人。此数月相持之下，无辜之民，饥饿以死者，又

① 戢影：戢、收敛、收藏；戢影指隐匿踪迹。

岂少耶。此实吴好名太过之咎矣。

◎籍谈

籍谈介荀跞如周，数典而忘其祖，实属谫陋。晋为唐叔之后，岂有无分器及献器之理，乃一则曰晋居深山，戎狄与邻，再则曰王灵不及，何以献器，直是胸无故实，强词饰辩，尤堪嗢啄。景王能自叔虞以讫文公，历代所授各器，备举无遗，其熟习掌故，讵可厚非。乃叔向祇知以乐忧责王，是时周室既弱，晋方强盛，其宴享来使，或亦有不得已而通权达变者。且祇求器而非求田货，亦是表示亲亲之意。肸可谓明于责，人昧于责己。

◎斩木求雨

种树致雨，春秋时尚不闻有是说。乃郑大旱，命屠击、祝欵、竖树，祷于桑山，竟斩其木，子产以祈雨应艺林而反斩木，厥罪实大，遂夺三人官邑，可见已研明此理。窃谓春秋时，由格致以讫治平，贯澈无遗者，孔子而外，厥惟国侨[①]一人。

◎陆浑

辛有适伊川，见被发野祭者，谓不及百年，此地其戎，其言竟验。然至鲁昭十七年，晋又灭陆浑。自来蛮夷猾夏，虽强霸于一时，然结果无不并其固有幅员，仍归中土者。

◎许世子止

礼云，君有疾饮药，臣先尝之，亲有疾饮药，子先尝之。此不过表示慎重之

① 国侨：郑大夫公孙侨。侨字子产，穆公之孙。父公子发，字子国。以父字为氏，故又称国侨。

意，实则药之良否，岂一尝所能知。盖饮者有疾，而尝者无疾也。许悼公病疟，世子止以进药，被弑父之名。注谓其药不由医，故疑其弑，曾尝与否，传亦未及。即令先尝，而使其药为疟疾所忌，则饮者有妨，而尝者何害。然观悼公死后，止即奔晋，并未因而袭位，则无弑父之理可知，止蒙此名，未尝不冤。

◎宋归鄅俘

鄅夫人为宋向戌之女。邾灭鄅后，戌之子宁，请师于宋以伐邾，竟取其地，尽归鄅俘。戌为天下弭兵，宁乃为私亲兴兵，虽弭兵亦仅博虚名，然宁有忝乃父多矣。

◎莒嫠

莒嫠妇以莒子杀其夫，阳为纺绩，而阴以麻纑度纪鄣城。齐师至时，投纑城外，敌人借以缒登，遂致国破君逃，可谓蜂虿有毒。然因一人之私仇，忍致全国于板荡，此妇之罪，可胜诛耶。

◎吴光与伍员

伍员入吴，首言伐楚之利于王僚，急报父仇，不得不然，公子光则揭其私曲而阻之。光欲留员为己用，又须俟行篡弑后，始谋伐楚，此意不特非羁臣所及知，即光之亲近，亦未必与闻。直至其得国后，始向员言之。当员说僚被阻时，在常人处之，鲜不疾视光者。乃光甫揭其私，员已洞烛其隐，退耕于野，为求死士，此是何等机警。自来英雄与英雄相遇，其工力悉敌，针锋相对处，真足令读书者为之起舞。

◎宗鲁

宗鲁以齐豹之荐，得御公孟，遂以一死徇縶，似不失为烈士。然既知公孟不善，又无特殊知遇，何必以利故而不去。既不去，又何不以齐豹之谋，泄诸公孟，使知所警备，乃竟坐视公孟之死，而徒以身徇之，借博义烈之名，真所谓进退失据者。孔子之评，字字斧钺矣。

◎生前得谥

谥者，盖棺论定后，易名之典也。乃卫北宫喜，以灭齐氏之功，未死而先给谥曰贞子，析朱鉏以随灵公出亡之故，未死而给谥曰成子。生前定谥，实亘古所罕闻者，且喜本与齐豹同谋乱，因其宰不与闻，遂杀渠子而灭齐氏。宰不邀赏而喜得谥，喜又何贞之有。

◎宋元公

隐公三年，周郑交质，已失君臣之分，故东莱痛斥左氏，谓其等周郑于与国，然犹是天子与外藩也。至宋元公，则因与华向两氏有隙，竟以三子一弟，为质于华向，而取华向两氏之子三人，为质于公，则是一国之内，君臣互相为质，春秋礼教，更江河日下矣，无怪宋难之无已也。

卷五

◎子产相郑

郑在子产未相之先，晋楚迭争，内难环起，风雨漂摇，国亡无日。乃子产自鲁襄三十年执国政，至昭二十年卒。此二十余年中，转危为靖，七辔无惊。其得力处，全在实事求是，破除迷惑，而以全国之事为己任，由于见之明而持之定也。天道远人道迩两语，可征其见之明。苟利社稷，死生以之，可征其持之定。而周旋大国，尤能曲尽其妙。毁晋馆垣，辞韩起玉，争承登陴，驷瑕嗣位等事，则折之以理。拒楚围以兵逆婚，则动之以诚，归晋州田，又诉之以利。刚柔操纵之间，竟使虎狼强邻，既敬且爱，实为千古外交家之模范。左氏谓其善相小国，不过生于郑，遂为郑所限耳，恐伊傅之才，亦不过是。岂仅善相小国耶，孔子闻其没而出涕，如子产者，足当一哭矣。

◎城郢

楚子囊为令尹，将死，遗言谓子庚，必城郢，左氏称之曰忠，以其将死不忘卫社稷也。厥后其孙囊瓦为令尹，城郢，沈尹成则谓其必败。未几吴兵入郢，竟符成言。盖子囊于无事时修城，则人心不动，而防守可完，囊瓦于吴偪[1]时修城，则民益惶恐，且示吴以馁也。同一城郢，而利害之悬殊如此，可见凡事谋于豫则有获，谋于临转致败也，时顾可失哉。

---

[1] 偪：同“逼”。

◎周沈宝珪

王子朝用成周之宝珪祷河，津人忽得诸河上。注谓珪自出水，迨拘得玉者取之，将卖又变为石。珪乃无知之物，断无能自出水，自变为石之理。沈珪之际，万目共睹，善泅者何难入水求之，又何难琢石如珪以窃易之耶。传乃神秘其辞，盲左好怪，竟不思如此，视石言神降，更可笑矣。

◎钟离之役

鲁昭季年，春秋局势大变，楚之劲敌，已在吴而不在晋。由晋至楚，尚须越国，吴则直与楚东接壤。楚之于吴，应如何重视，乃钟离之役，楚师所会者，仅六七小国，令尹阳匄卒于军，复以位卑才绌之薳越摄其帅，故吴光之视楚，洞若观火，遂致一败再败。平王承灵王好大喜功之后，谓须息民五年而后用兵，颇得休养之道。乃光阴虚掷，土木繁兴，民未得息，而疲恭转甚，泄沓游豫，其丧师误国，有倍于灵王者，安得不召吴之入郢耶。

◎猛朝之乱

东周王室之祸，以子猛子朝争位一次为最烈。两党相攻，兵连祸结，阅六年而未已。若在桓文之世，早有以安定之矣。即遇晋悼，亦必不至此。乃晋虚拥盟主之名，顷公孱弱，既不能望孙周，韩起柔脆，亦远逊知罃，遂竟坐视天家之乱而莫为之所。郑伯如晋，范献子乃以如王室何问之，子太叔答辞，于谦让之中，寓勖勉之意，晋之诸臣，乃憬然有悟。帅师纳王，输粟具戍，虽卒赖晋之力，然实游吉数语之功也。

◎鸜鹆

鸜鹆之谣，疑系事后附会。出君至八年之久，且卒死于外，此是何等巨变，何仅于偶见之小鸟及市井之童谣征之，未免不称。若以鸜鹆为鲁所无，何以文成之时，童子即知有此鸟，且如昭公名裯。裯字于书，并不数见，何童谣能及此。推之其它各语，皆不免以同音相近之字。于事后附会成之，自来谶纬之说，大都如此。

◎鲁昭逊国

昭公人本庸騃，其攻季氏之举，纯由二三近臣，以国君为孤注。然既与季氏相见以兵，则已无相处余地。子家懿伯所劝，固是爱君，究未免以君子之心，度小人之腹，岂有决裂至此。而能为平子所容者，不过应付无方，遂至终成僵局。意如请囚请亡而弗许，此失机者一。季氏长袖善舞，以锦赂梁邱据，说转齐景，齐不可恃，即应从子家之言，早谋如晋，此失机者二。因不早适晋，致范献子又为贿所动，然乾侯之召，意如所言，恭顺恳挚。虽非由衷，然既有晋在，与自行归国不同，季孙岂遽敢有他，尚可徐图补救，乃又誓不复见意如，致荀跞掩耳而走，此失机者三。轻举妄动于前，又不能审时度势于后，亦徒取客死而已，可胜慨哉。

◎吴伐楚丧

伐丧为诸侯之大不韪。吴楚同为蛮夷，然楚通上国最早，故能守此礼义。吴则鲁襄十三年，乘楚共之丧伐楚，向之会至，为晋数其不德而退之。昭二十七年，又乘楚平之丧伐楚。而先使季札聘于上国。季札博学知礼，或不以此举为然，故借出聘使之远去。然此次即不闻有责其非者，可见礼教之日废。吴光忽于此时，归弑王僚。郤宛等闻吴乱而还，吴乘楚丧，而楚不利吴乱，楚优于吴多矣。

◎郤宛之难

楚郤宛之狱，纯由费无极、鄢将师凭空构成，无此狱，则郤宛阳令终，固无由灭族。然无此狱，则费无极、鄢将师，亦无由灭族。足见小人陷害君子，乃适所以自害，特小人弗觉耳。君子固冤，小人又何尝幸免哉。

◎羊舌灭族

叔向在晋，既忠且贤，博学犹其余事，服政数十年，迹其生平，几无瑕疵可指。其娶夏姬之女，亦属晋平所强，非其本意，乃至其子杨食我，竟因祁氏事而贾灭族之祸，此亦天道之不可知者。

◎执宋仲几

附庸之国，不达于天子，附于诸侯，此定制也。薛为太皞之后，虽曰三代异物，然在周仍属侯爵，岂有附庸于宋之理。鲁昭二十五年，诸侯戍周输粟，宋乐大心曰："我不输粟。我于周为客。若之何使客，救灾恤难，即客亦合尽力，况君臣之分耶。"迨定元年，诸侯城周，宋仲几又不受功，曰："滕薛郳，吾役也。复思委其责于弱小，谬妄实甚，乃晋不责以正理，而以薛征于人宋征于鬼为罪案。"盖晋所役小国亦多，故讳及之，免为宋所持耳。然仲几被执，究属快事。

◎平子葬谥昭公

昭公之丧归，平子竟欲沟绝其兆域，不使与鲁之先君同茔，又欲加以恶谥。虽荣成伯晓以正义而止，然死后犹且仇君，则生前之叵测可知。其卑词甘言，直所谓口有蜜而腹有剑耳，非孔子为司寇时，沟其墓外而合诸先君，则昭公永不祔于祖矣。意如之罪，可胜诛耶。

◎史墨论鲁昭

鲁昭殁后，赵鞅以季氏出君而民服问史墨。墨之所对，谓季氏专国四世，民已忘君，故死于外而莫恤，洵属实情。至谓物有陪贰，故天子有公，诸侯有卿，皆所以贰也。天生季氏，以贰鲁侯，民以服焉，不亦宜乎，则纰缪殊甚。夫所谓贰者，辅佐之义也。季氏攘夺国柄，岂仅贰而已耶？贰者又岂宜如是耶？未免太失词。然邻国之观念如此，无怪昭公无由归矣。

◎祝佗

祝佗夙负佞名，然皋鼬之会。晋将以蔡先卫，佗私于苌弘之言，原原本本，有典有则，不得以佞目之，亦非佞者所能为。卒使周晋为理所屈，而长卫侯于盟，其有光于卫多矣。佗顾可厚非哉。

◎吴师入郢

楚昭庸弱，令尹子常，又惟知黩货，致失与国之心。子胥急于复仇，深谋密计，处处制楚死命，焉得不召入郢之祸。然楚之君相虽昏贪，而忠荩之臣，犹复不少。如司马戌毁舟塞险之谋，鈩金之与随人要言，申包胥之秦庭痛哭皆是。然或谋定而中变，或临时幸免，或糜烂后始图补救，故社虽未屋，而板荡已甚。平王死时，子常欲立子西，子西拒辞，既正且严，自可见子西之贤。然观子西后因误信白公以死，其衡鉴亦殊不明，果使得立，楚祸或未必如此之烈，欲其转弱为强，无恐难耳。

◎阳虎囚桓子

鲁至定公初年，政柄又由三桓落于家宰，所谓陪臣执国命也。自桓迄定，一百六七十年间，鲁之公室，已传九君，而季氏则仅五代，其历世享禄之久，不特长于鲁君，即孟叔两家，亦所不及。而至桓子时，阳虎已恣睢如是，何况季氏之于鲁君耶。然平子出昭公，甫阅五年，而阳虎即囚桓子，果报循环之速，不啻立竿见影，令读书者不禁浮一大白。

◎宋卫叛晋

晋至顷公，名为盟主，已失诸侯，惟宋卫犹较接近，乃无故执宋使乐祁。羁至三年，归既死于太行，复留其尸，亦复何益。盟者所以示信，非以斗勇。卫灵亦不闻以勇力称，何必使涉佗成何盟卫侯，捘其手而血流至捥，无礼甚矣。故卫叛而宋亦继之，后复杀涉佗以说卫，而不见许，足见赵简范献等之谋国无术，几同儿戏。

◎阳虎出奔

阳虎欲去三桓，非为公室也，使其计果遂，则跋扈悖乱，必有倍于三家者。观其欲杀桓子，视平子之于昭公，尤为悍毒。乾侯之逊，尚是公先兴戎，桓子已畏虎如蛇蝎，事事唯唯听命。虎仍不能相容，其凶戾孰甚，使非公敛处父先其一日准备，桓子亦危矣哉。

◎阳虎适赵氏

阳虎之阴谋后患，已为鲍文子道破无遗，乃齐人已执之囚之。锲轴麻约逃后，又复追而获之。何不于此时杀却，竟听其载葱灵奔晋。定之六年，孟懿子如晋，报夫人之币，其中军司马之约，亦已为士鞅窥透其情，言诸赵简，子何奔晋以后，赵氏复纳之。虎之便佞，伎俩固多，然小人遇危不死，或亦天未厌乱欤。

◎夹谷之会

春秋盟会之间，以正义折冲樽俎者，虽不乏人，然以子产为最擅长，其理充，故其词沛也。此外则夹谷一会，孔子退莱兵，索归田，拒野享，以无畏之精神，斥非礼之要求，卒使齐人帖然弭服，实为仅见。夫子与国侨志同道合，无怪于其没时，惜之深而至出涕也。

◎夫差

阖闾伤指死后，夫差使人立庭，出入呼其名警之，复仇之志，朝气勃然，卒擒句践,此与卧薪尝胆何异。乃父仇甫报,而奢侈淫佚,其不能有终,已为子西觊破,又不听伍员之谏,留越养痈,是越未沼吴,而吴已先自沼。夫差一生始末,与唐之玄宗,后唐庄宗绝相似,可称鼎足而三矣。

◎苌弘

苌弘博通今古,识解亦富,乃暱于所事,不知审时度势,助其私亲,致蹈违天之言而见杀,良堪惋惜甚矣。欲之蔽理也,碧血不化,遗恨可知。

◎南氏生男

季桓子卒,康子已在朝,而欲易南氏遗腹之子,以嗣季氏。此必不能,且此子亦必不保,正常既受桓子遗嘱,何不挟南氏子奔卫,先求保其生命,乃仅谋以身免,未免负桓子所讬矣。

◎郢劝立辄

卫灵欲以子郢嗣位,郢一再固辞,盖知必启兄弟争夺之祸,可谓有识有守,而尤以劝立辄为具苦心。灵公死后,蒯聩必图反国,立其子,无异立蒯聩,庶可弭难也。岂知后来父子争国,其祸且烈于兄弟。大器所在,致父子亦为寇仇,此亦春秋仅见之事,利慾[1]惑人,可胜慨哉。

◎楚昭与夫差

楚昭有疾,不肯禜云祭河,可称明达。其以位遍命诸兄,亦有难言之隐。子期、子西、子闾三人,或曾让国,或力可得国,而皆不居,又均勋高权重。昭王在时,自可相安。惠王幼弱,三人能服事否,殊不可必。故不如于临殁时,先以国让

① 慾:同“欲”。

之，若皆不受，则惠王嗣后，可无虞矣，其用意与白帝托孤之旨略同。昭王嗣位之初，吴即入郢，是时吴之强盛，锐不可当，楚之危弱，不绝如缕，乃昭王小心惕厉，楚卒恢复，夫差侈肆自雄，吴竟灭亡，生于忧患，死于安乐，一转念间而成败分矣。

◎陈恒立阳生

陈氏代齐，趋势已成，不特国人知之，即景公晏子，亦曾质言不讳。然其间亦煞费苦心。陈氏所忌者，厥惟高国，故先于诸大夫与高国之间，往复播弄，借诸大夫之力，逐去高国，齐之臣皆为所用矣。旋即徇诸大夫之意，废孺子荼而迎立阳生，则君亦为所用矣。景公耄病，诸臣苦劝，不肯立太子。亦灼知立君之权，在陈氏而不在己也。阳生使朱毛告恒之词，亦是应有顾虑。恒乃貌为诚恪以安其心，不数年间，悼公简公，相继被弑，权奸之行为，究何从揜[①]饰哉。

◎吴征百牢

夫差骄肆，宰嚭复贪婪，直不知礼义为何事，故于鄫之会征鲁百牢。然亦晋宋有以开之，使赵鞅不受十一牢。宋不先以百牢媚吴，则子服景伯之言，未尝不可使吴折服。吴不足责，咎实在晋宋也。于此乃见赵武于郑之辞五献，为不可及。

◎季札退师

季札一生，未与军旅之事，惟鲁哀十年，楚子期伐陈，吴命札帅师救陈，谓子期曰："二君不务德而力争诸侯，民何罪焉。我请退，以为子名，务德而安民。"蔼然仁者之言也。"然亦季札位望，乃可如此，奉命出师，遇敌而退，若易他人，未有不以为戮者。

① 揜：同"掩"。

◎子胥谏防越

夫差好大喜功，忽近务远，在位十余年，惟日与齐楚争战。讫无所得，以鲁之孱弱，亦不过成盟而退，而于肘腋之越，则视为无能为。子胥之谏，可谓痛切，不惟不听，且因此自坏长城。夫差固自取覆亡，而句践之柔奸阴险，翌年即兴兵伐吴。此时尚能使夫差深信不疑，真所谓匕首将出袖而神不变者，实有大过人处。

◎公为

昭公之出，公为实尸其咎，故乾侯临殁曰："务人为此祸，遂黜其太子。"乃至哀公十一年，鲁及齐战于郊，务人竟能誓死于先，卒与汪锜舍生取义，亦可谓能晚盖者矣。

◎孔门多勇士

圣门多文武兼资之才，季路而外，如吴鲁泗上之役，幕庭踊士三百人，而有若与焉。齐鲁战于郊，冉有之用矛，樊迟之踰沟，皆有过人之勇。惜鲁不能用孔子，季氏则并樊冉之徒，亦不能尽其用也。

◎西狩获麟

春秋序记孔子感麟而作《春秋》。《春秋》之作，起于获麟，亦即止于所起，最为得实。先儒有谓制作三年，终于致麟者，非也。考哀公十四年春，西狩获麟，孔子殁于哀十六年夏，然则《春秋》之作，为时仅一年数月耳。

◎齐简宠阚止

阚止为简公贾祸之媒，陈豹又阚止贾祸之媒。简公之世，陈氏根深蒂固，久专齐政,岂一新宠之臣所能撼。简公即韬光养晦,事事出以明公,尚不知命在何时,况坐令陈、阚并峙耶。陈豹既为恒族,止何能于立谈之顷,遽加倚信,且曰:“是其在我,一若操纵裕如者,乃至祸作,而一筹莫展。”弑君本恒之惯技,恒不足责,独怪止之轻浮,简之幼穉[①],何视陈氏易与如此。

◎子路死难

辄嗣位后,不迎蒯聩,其据国拒父,心迹显然。然蒯聩甫入,辄即奔鲁,孔悝亦从容适宋,子路仕于辄而受悝知,辄与悝俱未死。季路即无必死之道,乃竟以身徇之,其壮烈实不可及。

◎白公之乱

胜对子期之子,而言将杀其父,卤莽灭裂至此,乌能成事。然子期、子西、子闾,皆死此难,亦楚国之巨变也。石乞助纣为虐,自是乱党。然此事也,克则为卿,不克则烹,固其所也数语,与汉主父偃生不五鼎侯,死即五鼎烹之言,则同一爽利可喜。

◎己氏杀蒯聩

卫庄死于戎州己氏之手,夫髡他人之发,以为其妾之髢,昏荒极矣。乃既构仇于先,至危亡时,复匿其家,而以璧求活,其能免乎?杀汝璧将焉往,何蒯聩并此不识也?蒯聩谋杀南子而无成,后反死于妇人之手,可笑孰甚。

◎卫匠

石圃之逐蒯聩也,因匠氏以攻之,以庄公在位时,用匠过久而致怨也。褚师

---

① 穉:同“稚”。

比等之逐辄也，亦因三匠之徒以攻之，以辄复入后，用三匠过久而致怨也。蒯聩父子，于国势漂摇，流离琐尾之际，均未尝稍辍土木，其侈肆可想，焉得不败亡耶。

◎孔门存鲁

昭公逊国以后，定哀之间，鲁之君权日弱，国势日危，赖孔子及诸弟子之力，始能迁延图存。夹谷之会，强健外交，三都之隳，整饬内纪，此外如子路之说陈瓘，子贡之说宰嚭。及辞橐皋之盟，说公孙成，答陈成子，而有若冉求樊迟辈，复以武勇制胜疆场。越后庸来聘，季康子且以子贡不在侧为恨，其为中外君臣所服如此，有裨于宗国，岂浅鲜哉。